U0677858

沙彦飞/著

企业家
决策心理锚
QIYEJIA JUECE XINLIMAO

知识产权出版社

全国百佳图书出版单位

图书在版编目（CIP）数据

企业家决策心理锚/沙彦飞著.—北京：知识产权出版社，2015.1
ISBN 978-7-5130-3287-2

Ⅰ.①企…　Ⅱ.①沙…　Ⅲ.①企业领导学—领导心理学　Ⅳ.①F272.91

中国版本图书馆CIP数据核字（2015）第009951号

内容提要

企业战略决策具有决策情境的高度不确定性、决策目标的多样性与动态性等特点，决定了心理因素在企业家决策中扮演极其重要的角色。如何应对不确定决策情境，确立适应性心理标准，既是困扰企业家的现实问题，也是困扰研究者的理论问题。本书立足于中国特色社会文化和转型经济情境，提出"决策心理锚是不确定情境下企业家决策的复合心理标准。中国企业家决策心理锚具有相对稳定性、可预期性、可认知性、可行性、时间性等适应性特征，由契合战略决策情境的、体现企业家决策本质特征的决策意志、决策预期、决策能力三标准及其子标准所构成。三标准及其子标准相互制约、相互作用，企业家依据此复合心理标准选择决策方案、确定战略决策。决策心理锚以结构化的类似'锚'的心像形式嵌于企业家大脑中，企业家决策为'决策心理锚'所确定。"的理论观点。本书描述并佐证了中国企业家决策心理锚的存在性，剖析其内在结构，实证其运行机理，以期发现企业家决策心理规律，为更多企业家构建适应性决策心理标准提供思路。可作为企业管理人员参考用书。

责任编辑： 许　波　　　　　　　　**责任出版：** 孙婷婷

企业家决策心理锚
QIYEJIA JUECE XINLIMAO

沙彦飞　著

出版发行：**知识产权出版社**有限责任公司	网　　址：http://www.ipph.cn
电　　话：010-82004826	http://www.laichushu.com
社　　址：北京市海淀区马甸南村1号	邮　　编：100088
责编电话：010-82000860 转 8380	责编邮箱：xbsun@163.com
发行电话：010-82000860 转 8101/8029	发行传真：010-82000893/82003279
印　　刷：北京中献拓方科技发展有限公司	经　　销：各大网上书店、新华书店及相关专业书店
开　　本：880mm×1230mm 1/16	印　　张：13.75
版　　次：2015年1月第1版	印　　次：2015年1月第1次印刷
字　　数：253千字	定　　价：42.00元

ISBN 978-7-5130-3287-2

出版权专有　侵权必究
如有印装质量问题，本社负责调换。

前　言

　　经济全球化以及政治、经济、技术、社会和伦理观念的不断变化给企业组织带来了巨大挑战，这种不确定性的决策环境，常常使企业家进行重大决策时付出沉重的代价。美国的兰德公司"9090"法则显示，所有破产企业中有90%来自于决策失误，决策失误的90%来自于投资。在我国，之前尤其是2012年以来的企业家不断"跑路"乃至自杀的新闻更进一步刺激了人们的神经，人们力图寻找各种导致企业家决策失败的原因，寻求科学与有效决策的成功路径。

　　决策不仅是一种理性的逻辑推断过程，而且是决策主体高度发挥主观能动性的心理过程。1978年度诺贝尔经济学奖获得者西蒙，2002年度诺贝尔经济学奖获得者卡尼曼和特维斯基，均认为人类决策行为非常复杂，必须考虑心理因素对行为决策的影响。对于战略决策而言，具有决策情境的高度不确定性、决策者自身心理结构的复杂性以及企业决策目标的多样性、动态性等特点，企业家难以发现明确的、可数量化的决策方案，也难以构建与形成明确的、一成不变的决策标准。受制于"有限理性"，企业家常常采取直觉与启发式的满意化决策，但是企业决策的满意化标准容易产生决策的短期行为，而且满意化标准也并不容易把握。

　　企业家决策理论应是决策行为理论学派最活跃、最具生命力的应用领域，遗憾的是，既有的企业家决策理论研究并未达到与企业家实际重要性相匹配的境界。我们以认知心理学、动力心理学、企业战略管理等为理论支撑，对企业家决策行为理论进行系统性整合。我们的研究属于决策行为学中的战略决策行为范畴，是动力心理学、认知心理学等心理学体系和战略管理理论和实践的结合。本书在理论分析、理论继承与批评基础上，提炼出"决策心理锚"这一核心概念。

从理论与实践两方面，论证其存在性，剖析其内在结构，探讨其运行机理。决策心理锚是企业家决策的复合心理标准，由体现企业家决策本质特征的决策意志、决策预期和决策能力所构成。企业家决策为"决策心理锚"所锚定。决策意志主要有决策的成就导向与自控性两维度，决策预期主要有决策的信心与机会感知两维度，决策能力主要有决策的责任力与创造力两维度。通过理论探讨和实证分析，本书主要得出以下结论：（1）企业家决策心理锚是高阶的"三因素-双维度"结构，企业家至少存在三种类型：决策意志型、决策预期型和决策能力型，这在16名知名企业家的质性研究中得到验证。（2）验证性因素分析显示，决策心理锚内在结构"六因子"模型和"三因子"模型的拟合效果不相上下，均为良好的结构，而单因子竞争模型的拟合结构则逊色许多。（3）决策意志、决策预期和决策能力各自对风险决策行为具有正向影响，其中决策预期的影响力度更大。决策心理锚对风险决策行为的整体影响程度要高于其构成要素的部分影响。

本书尝试性的创新可归纳为：（1）提出核心概念。企业家决策心理锚是企业家决策的心理标准结构，企业家会关注决策方案是否符合其意志水平，是否具有一定的预期利益，是否可行。（2）系统性整合企业家决策行为理论。以多学科理论为理论支撑，以多种研究方法为技术支撑，整合并丰富了企业家决策行为理论研究。（3）运用"Vivo中编码"分析技术。从互联网中采集最新的信息资料，借助于NVivo最新版本NVivo10.0中的"Vivo中编码"技术，较全面和客观地分析了企业家决策心理特征，这与传统的手工式、"先入为主"式编码技术是完全不同的。（4）提出企业家决策心理锚评估模型。以决策心理锚的三标准因素的不同组合方式，构建评估企业家决策心理锚的"三维八分"模型，为评估企业家决策心理锚提供一种分析框架和基本方法。

决策心理锚理论是对西蒙满意决策理论的继承与发展，比较科学地解释了满意标准的构成与发生机理，也有效地回答了"马奇问题"。决策心理锚概念的提出，可帮助决策者正确认知与调适决策心理，使其决策达到满意状态，接近最优决策。也可对企业家进行培训与指导，使其愿意承受更大的风险来从事创新事业。囿于自身学力不足，本书尚存诸多不足，寄望于未来之深入探究。

沙彦飞

2014年9月

目　录

第1章
绪　论

1.1　研究问题的提出

经济全球化以及政治、经济、技术、社会和伦理观念的不断变化给企业组织带来了巨大挑战，这加剧了企业间对人才、技术、市场份额等争夺的复杂程度。这种不确定性的外在环境，让企业家在做重大的企业决策时付出了沉重的代价。美国的兰德公司"9090"法则显示，所有破产的企业90%来自于决策失误，决策失误的90%来自于投资。在我国，之前尤其是2012年以来的企业家不断"跑路"乃至自杀的新闻更进一步刺激了人们的神经，人们力图寻找各种导致企业家决策失败的原因，寻求科学与有效决策的成功路径。

决策不仅是一种理性的逻辑推断过程，而且是决策主体高度发挥主观能动性的心理过程。1978年度诺贝尔经济学奖获得者西蒙、2002年度诺贝尔经济学奖获得者卡尼曼和特维斯基，均认为人类决策行为非常复杂，必须考虑心理因素对行为决策的影响。在企业决策实践中，与其他决策者相比，企业家风险行为之前的决策心理过程异常复杂，既体现在众多的影响因素上，也体现在由决策心理转化为行为的过程中。不合理和无效决策的部分原因可归咎于客观性的、技术性的因素，但是更多与企业家缺乏合理的决策规则或标准有直接关系，决策规则或标准是决策的关键要素，甚至是决策的本质。如果决策标准是单一的、可数量化的，那么企业家就能够依据数量化技术进行最优决策；如果决策标准是众多的、含糊的、抽象的，那么企业家就难以进行最优决策，甚至可能做出错误决策。

对于战略决策而言，具有决策情境的高度不确定性、决策者自身心理结构的复杂性以及企业决策目标的多样性、动态性等特点，企业家难以发现明确的、可数量化的决策方案，也难以构建与形成明确的、一成不变的决策标准。受制于"有限理性"，企业家常常采取直觉与启发式的满意化决策，但是企业决策的满意化标准容易产生决策的短期行为（盛宇华、王平，2006），而且满意化标准也并不容易把握。事实上，我们并不清楚"判断'决策是否合理'的标准"是什么，也不知道不合理决策行为究竟是如何形成的。在当下及至未来，企业运营继续并将长期处于复杂的、不确定的环境下，企业家仍需面对如下问题：在战略选择之前要考虑哪些复杂的心理因素，复杂的心理因素如何运作并对决策选择产生什么影响，依据复杂心理因素进行的决策选择是否能够让人更"满意"。这些困扰企业家的现实问题归结到一点，就是"企业家如何构建决策心理标准从而做出有效决策"。

经典决策理论在解释与构建决策标准时主要有两条路径。一是以构建最优标准为目标与路径，通过赋予决策者的完全理性，以构建最优标准来完成决策选择、提高决策质量。但是，决策者缺乏完全的信息、万能的计算能力与稳定的偏好，最优标准在现实中越来越得不到证实。第二条路径即西蒙的满意心理标准，决策方案只要令决策者满意，他就做决定。与最优标准理论相比，满意标准理论具有现实性，更适用于简单决策，并为很多普通决策者所用。但是，我们发现，满意的东西不一定是有效的，满意的空间很大。满意标准在批判最优标准时是有用的，把满意标准直接运用到现实选择中，仍然存在很大问题。决策者可能不知道自己对什么"满意"，也不知道要"满意"多少，由于满意标准的变化还常常导致由"满意"演变为"痛苦"。

例如，某一类谨慎型股民，以5元买入一支股票，常常不知道要在什么价格上卖出，按照西蒙的解释，假设期望收益2元，也就是只要达到7元的满意标准，他们就会卖出。但是，股民投资心理变化复杂，至少存在两种情形。一种是，除非他们事先设置交易标准然后远离交易现场，否则更可能出现的景象是多样的，股价在快要达到7元的时候，他们认为还要继续上涨，于是采取了撤单行为；即使股价超过了他们的满意标准，也不会将股票卖出，行为由"谨慎"变为"激进"。可好景不长，股价达到7.3后，又震荡下落，跌破7元。他们很可能会继续不卖，结果股价继续下落，最终他们会因心力憔悴而割肉离场。另一种是，在股票价格上升到7元时抛出，实现满意利润2元。但是，后来该股票大幅走高，较短的时间内该股就由7元涨到9元，他们无法平静，又以10元的价格追进，然而，好景不长，该股在冲高到11元时，快速向下，迅速跌破9元，一路向下，这些股民懊悔不已。从此该支股票一直沉寂，可能几年后，该股才随大势得以回归10元以上，而他们同样早已心碎。

就企业家决策来说，运用西蒙的满意标准来进行战略决策同样会面临难题，以一个医药公司新产品投资决策予以例证。该公司开发新药，首先碰到的难题是，在面临决策问题或机会时，可能并不存在几种可选方案，因为首先需要决策的是要不要开发新产品，如果一定要说有两个方案，那显然是在开发和不开发之间进行选择。这时候，我们很难发现满意标准会在什么环节发生作用，因为这种"满意""某种期望水平"无论是对开发还是不开发都没有任何意义，何况可能根本就没有什么"满意""某种期望水平"。其次碰到的难题是，假如企业家决定开发新产品，到底开发哪一种新产品，也没有一个可以综合的"某种期望水平"。因为不同新产品的目标与效用可能是不同质的，无法进行比较、整合，企业家可能无法确定哪个因素是最主要标准，也无法确定到底有哪些因素成为决策标准。现实的情况是，作为具有高科技特征与竞争激烈的产业，一个医药新产品的选择、研发、临床实验、获得批号、进行生产、市场行销，涉及一系列的决策。技术风险、市场风险和政策风险都很高，单一的"某种期望水平"的满意标准显然无法胜任这些复杂的不确定决策。在企业决策中，还有大量类似新产品投资决策的战略决策，如企业家创业决策、人事决策、多元化战略决策等。

事实上，在西蒙的满意决策理论中，满意决策与决策选择等同于同意反复，人们选择的时候是"满意"，如果不满意就不会选择。例如，企业家在投资决策中，因投资亏损而中途退场，其退场选择本身也是一种"满意"，否则可能导致企业破产，其结果是企业家的任何决策行为都可以用"满意"来解释。因此，西蒙的满意标准理论不但片面，而且显得随意、模糊，以至无法操作。那么到底是什么"东西"构成了企业家的满意标准？为什么决策者的满意状态会不断变化？其变化机理是什么？逻辑上说起来，我们总能找到理由，比如说与风险偏好、期望水平有关，但为什么企业家有时候偏好高风险，有的时候偏好低风险？模糊而复杂、片面而单一的心理标准都不能解释这些现实问题。理论研究有必要深入探讨"影响企业家'满意'状态变化、驱使其产生风险决策行为的合理心理标准是什么"这样的重要问题。

1.2 研究的理论价值与实践意义

1.2.1 理论价值

（1）提出"决策心理锚"核心概念，尝试弥补西蒙"满意标准"的理论缺陷。

决策的本质特征是依据一定的标准进行选择，但是决策标准并不是一成不变的，无论是最优决策理论还是满意决策理论，也无论是单因素决定论还是多因素决定论，都没有或不愿指出标准本身的稳定性与变化性问题，也就没有办法对决策标准进行操作性定义，进行量化。西蒙满意标准概念的产生，完全是为了批评最优决策。但是，西蒙并没有告诉我们这些满意标准具体是什么，这些满意标准如何形成、如何界定。西蒙力图用一个难以确定的"满意值"去否定一个不可能确定的"最优值"，同时他（包括卡尼曼、Gigerenzer、Sarasvathy等西蒙理论继承人们）既没有阐述"满意标准"的构成与变化规律，也没有虑及决策主体与决策内容的差异性问题。"西蒙意识到，组织中管理者的判断包含了比可编程的或专家的直觉更多的东西。到底包含了什么是不清楚的，而且到现在仍然不清楚。"（Powell、Lovallo、Fox，2011）

决策是决策者基于一定标准对备选方案进行选择的心理与行为过程，心理标准是不确定情境下战略决策选择的重要依据。"满意标准"需要再解释，满意标准有个稳定机制和变化机制，少数几个关键因素决定了满意标准的稳定性与变化性规律，满意标准是可以通过决策心理锚来解释清楚的。决策心理锚有助于弥补"满意标准"的片面性、随意性、模糊性等缺陷。

企业家决策心理锚是企业家决策的心理标准结构，由体现企业家决策本质特征的决策意志、决策预期、决策能力三因素所构成。企业家决策为"决策心理锚"所锚定，这里的锚定至少有三层含义：一是，决策心理锚是相对稳定的复杂心理结构，类似"锚"，三因素及其子因素共同发挥作用，其内在运行机理极其复杂；二是，企业家选择何种因素作为决策心理标准极具个性化，但仍然有章可循；三是，一旦企业家知道自己的决策心理锚，就能够作出风险决策。在不确定状态下，企业家的决策意志、决策预期与决策能力标准作为组合"锚"，锚定了其风险决策。

（2）尝试回答"马奇问题"。马奇指出，"决策理论中的几个关键问题至今没有得到很好的解释：一是应该把决策看做以选择为基础，还是以规则为基础？二是决策是由于清晰和一致而更具有典型性，还是由于模糊和不一致而更具有典型性？三是决策是一种工具性活动还是一种解释性活动，是主要应该从决策如何与问题解决、适应性相符合来理解决策，还是应该从决策如何与构建个体和社会意义所付出的努力相适应来理解决策？四是决策过程的结果主要应归因于自主行动者的行动，还是应该归因于互动着的环境的系统特性？是否有可能将决策描述为是由独立行动者的意图、身份和兴趣产生的？或者是否有必要强调个体行动者、组织和社会之间互相适应的方式？"马奇（2007）"马奇问题"是对决策理论研究中若干问题的本质性概括，这些问题迟迟得不到解释与解决，对于决策理论研究者而言是沉重的，也是急迫的。可行的办法是，立足现实决策实践，针对重要决策主体，从决策的本质或关键步骤入手，以求寻找解决问题之道。

企业家决策理论应是决策行为理论学派最活跃、最具生命力的应用领域，遗憾的是，既有的企业家决策理论研究并未达到与企业家实际重要性相匹配的境界。"如果行为取决于期望和偏好，那么我们需要知道期望和偏好来自哪里。如果行为取决于使规则适应环境，那么我们需要知道如何确定和解释适应。如果已成事实的历史分支会改变未来历史的分布，那么我们需要知道行为的时机选择。要回答这类问题，我们必须认识到任何具体组织与历史连接的方式，以及与聚集了目的、信念、技术和人员的大量组织连接的方式。我们必须知道行为生态（包括合作和竞争）如何影响行为假设。我们必须知道组织如何适合资源交流的形式对其他组织的依赖性。我们必须确定可能普遍一致的组织特征的范围，必须根据准则而不是主观意图做出选择。我们必须关注深思熟虑的行为发生的社会背景。"（马奇、西蒙，2008）企业家决策行为理论成效不大或为学者所轻视的部分原因在于其决策过程的不确定性与非程序性，企业家面对不确定的情境做出的判断性决策是相当个性化的，难以复制的，甚至每个细分决策都有特定的呈现方式、特定的步骤以及特定的参与者。我们认为，无论决策是按照选择为基础还是以规则为基础，其实质都是要回答如何确定决策标准；决策的模糊性程度是与不确定性程度紧密联系的，不同的决策主体以及同一决策主体在不同的时空环境下的决策标准虽然含糊，但有其变化的规律；企业家决策既出于内在心理结构功能的发挥，也会受制于社会文化环境的制约等。显然这样的理论观点，有益于有效回答"马奇问题"。

（3）对企业家决策行为理论研究的一个系统性整合。西蒙（1989）认为，经济学（特别是厂商理论）、认知心理学和组织理论所研究的课题，实际上是同一事物——人的决策过程和问题求解过程。到目前为止，由于决策理论太多，出现了各种零散的概念与模型，这使得建立一个兼具应用性和系统性的理论尤为重要。决策活动是人类的基本活动，它渗透于人类生活的各个层面，人类的一切行为都是决策的结果。不同的人文社会科学都将研究对象设定为人的行为，但不同学科存在单向度价值取向，无法科学解读决策过程的复杂性。对人类行为研究的一般性理论学科，如心理学、决策学，需要结合应用性学科的研究成果，如领导心理学、企业战略管理，方能既体现行为的一般规律，也体现行为的特殊性。在心理学理论研究中，动力心理学、社会心理学、理性行为理论、计划行为理论、调节定向理论等都强调行为的一般性，所谓的千人一面；在决策学理论研究中，注重数学分析的最优决策理论与心理分析的满意决策理论，则是关注决策行为的普遍性特征。这些一般性的理论研究缺少情境分析与研究对象的特殊性分析。而一些注重研究特殊现象与行为的理论，虽然强调了情境与权变的重要性，但是容易忽视人性的基本特质与稳定心理状态的作用。

因此，对两种理论体系的整合，是有意义的，但是，我们尚未发现关于企业家决策行为理论研究的系统整合成果。就多学科背景知识而言，企业家决策行为涉及多学科理论知识，至少包括心理学、决策学、伦理学、管理学、经济学等。而且，这些学科知识是相互联系与交叉的。心理学既不能与哲学和伦理学相分离，也不能与社会学、经济学和管理学相脱节。我们以认知心理学、动力心理学、企业战略管理等为理论支撑，对企业家决策行为理论进行系统性整合。我们的研究属于决策行为学中的战略决策行为范畴，是动力心理学、认知心理学等心理学体系与战略管理理论和实践的结合。而战略决策行为是带给企业战略管理关于企业家认知、情感和社会行为的真实假设，从而丰富战略理论研究、经验研究和真实世界的战略实践（Powell、Lovallo、Fox，2011）。

（4）提出企业家决策心理锚评估模型。将决策心理锚的三标准因素组合起来可以区分为八种情况，以此构成评估企业家决策心理锚的"三维八分"模型。企业家自身会对其决策心理锚各维度有个自我评价，根据三维度的不同评价等级，对照"三维八分"图，企业家可以比较清楚地评估自己的决策心理锚。虽然准确地获取心理等级很困难，但该模型仍然可以为评估企业家决策心理锚提供一种分析框架和基本方法，如图1-1所示。

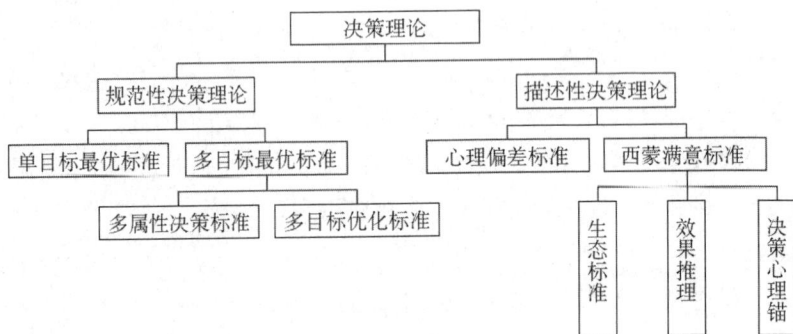

图1-1　决策心理锚理论的学术位置

1.2.2　实践意义

（1）减少与避免决策偏差。即使企业家不知道"决策心理锚"，其决策实践活动一刻也都没有停止过，他们或者按照"最优标准"，或者按照满意标准，或者是其他各式各样的标准与规则来进行决策实践活动。现实是残酷的，洛瓦洛、卡尼曼（2003）警告道："在企业界中，决策失误现象比比皆是，例如，历时20年、花费巨资的军用喷气机合作研制项目未见成果，约75%的并购项目从未赢利，抢占市场的努力最终是徒劳，商界中并购、资本投资和开发新市场的失败案例比比皆是。"他们认为是认知偏见和组织压力导致经理人在分析重大投资项目前景时容易做出过于乐观的预测。他们虽然指出了大量的决策偏差问题，但对如何避免企业家决策失误并未提出良药，甚至认为这些认知与心理偏差是人性所致，无法改变。决策心理锚的构建，将有效地防范因采取单一标准而导致的决策认知偏差的产生，从而提高决策质量。

（2）认知与调节决策心理。不同企业家的决策心理存在差异，决策心理锚类似于锚也类似于GPS，企业家可以利用决策心理锚对自己的心理因素进行识别与调节，以便快速准确地作出决策。决策心理锚三标准是对企业家决策实践的抽象，作为一个有效的决策工具也是对决策行为的具体指导，企业家可以在决策实践中有意识地形成与运用此工具。

（3）预测企业家决策心理锚。作为竞争者，企业家可以对竞争对手的决策心理锚进行预测，以更好地形成竞争战略。作为服务者，政府可以对企业家创新决策行为进行培训与指导，使企业家愿意承受更大的风险来从事创新事业。作为投资者，风险投资家可以运用它对企业家的能力进行识别和评价，以选择优秀的投资对象。这与小米科技雷军2013年的"如是说"十分类似，"回顾过去二十几年职业生涯，虽然每天都做很多决定，但回顾起来其实做下去就是几个点，把几个点搞透，就够了。"（崔西，2013）

1.3 研究范围与研究思路

1.3.1 研究范围

就目前学术研究而言，决策是个内涵不一致、外延极其广泛的管理行为。按照决策的范围和影响程度，可分为战略型决策、战术型决策和日常事务型决策；按照决策目标与标准的要求，可分为最优决策和满意决策；按决策者的人数，可分为个体决策和群体决策；按照决策环境，可分为确定型、风险型和不确定型决策；按照决策目标种类，可分为单目标决策和多目标决策；按照决策时间性，可分为静态决策和动态决策；按照决策变量个数，可分为单变量决策和多变量决策。诸如此类，还有其他多种分类标准。

"管理就是决策"（西蒙，2004），企业家是企业中最重要的决策主体，本书以企业家为研究主体；在涉及企业不同层面的战略中，以企业层面的总体战略而不是职能战略为研究重点；研究的是决策的一般过程，而不是具体的决策过程；在决策心理和决策行为中以决策心理为重点，研究战略决策风险行为的一般过程，而不是具体选择行为。

1.研究主体为企业家

心理学的大部分研究都是关注团体的结果，而很少关注被试反应的个体差异（桑特罗克，2011）。同样，大部分研究关注的是决策者的一般性特征，而忽视决策者特殊的个性特征。在企业组织中，不同的决策主体因其决策环境、决策任务与决策角色而具有明显区别，普通决策者决策处于"目的—手段"链条或不确定与确定性连续体的右端，决策环境相对确定，决策任务较为固定，决策自由度较小，角色多为执行角色。而且一般决策者容易受其他决策者影响而体现出从众效应，也会由于自身的意志力、能力等限制，而在决策速度与决策质量方面不如人意。

与其他企业决策者不同，企业家面临最大的不确定性，拥有最高的岗位风险度，承受最大的心理压力，做出最灵活的主观性决策。企业家是企业的最重要主体，企业家扮演众多角色，而决断或决策角色无疑是最重要的。奈特（Knight，1921）认为企业家在不确定条件下决定干什么以及如何去干；企业家之所以承担风险并不一定是因为他是一名风险中立者，或他不嫌恶风险，而是因为他更有自信心、更有判断力以及掌握更完备的知识，还因为他的决策带来的风险与道德危害问题有着非常敏感的联系。熊彼特（2007）视企业家为创新者，能够改革和革新生产方式。卡森（Casson，1982）认为企业家是善于在不确定的经济环境中对稀缺资源的协调配置做出判断性决策的人，而成功的企业家是拥有超常的机警、创造力和判断力的人。企业家有时被理解为高管团队（Hambrick、Mason，1984），高层管理者是来自企业的最高层经理，对企业经营管理拥有很大的决策权与控制权，在不确定性环境中，决策者会对企业战略决策产生重要影响。当环境中充满大量复杂不确定信息时，不同决策者制定的战略差别非常大，而且很难用环境因素解释，实际上这种差别反映了决策者的个人特征，如有限理性、偏见、信念等因素的不同（Finkel-stein、Hambrick，1996）。

虽然企业战略决策也会采取团队决策，但是我们依然将研究主体限定为个人，不仅基于现实中的团队决策是由个人决策组成的，也考虑到团队决策的结果最终大多依然要由最高决策人定夺。有研究表明，由董事长或总经理个人做出的企业最终的战略决策比例占 70.7%（朱振伟、金占明，2010）。孙海法和伍晓奕认为企业高层管理者是指包括 CEO、总经理、副总经理以及直接向他们汇报的高级经理，在实际中人们把高层管理者直接和企业家划上等号（孟冬妮，2011）。我们认为，企业家是拥有决策权、并承担主要风险的人，一般指拥有决策权的高层管理者，其决策多为非程序的不确定性决策。

2.不确定性决策

按照决策的自然状态可将决策分为三类：确定性决策、风险型决策和完全不确定性决策。风险型决策这类决策问题在决策过程中可以出现多种自然状态 θ_i（$i=1$，2，…，m），每一个行动方案在不同自然状态下有不同的结局，且能预先估计出各个自然状态出现的概率 $P(\theta_i)$（$i=1$，2，…，m）。不确定型决策与风险型决策一样，在决策过程中可以出现多种自然状态，但在这类决策问题中，不能预先估计出各种自然状态出现的概率，所以称为不确定性决策。确定性位于连续体的左端，同样地，完全不确定性可能看作是连续统一体右端的一个分类的情况（如图1-2所示）。在连续统一体的确定性左端，体现的是已有知识与经验、大量抽样和重复性试验所取得的客观可能性。在连续统一体的不确定性右端，体现的是决策者对面临的决策问题的朦胧经验与无知，需要发挥决策者的大胆想象与猜测。

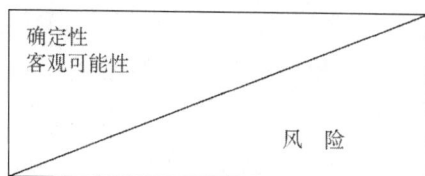

图1-2 确定性—不确定性连续统一体

对于确定性、结构明晰的问题，我们有明确的步骤与方法进行决策与求解，但是战略管理中碰到的许多问题都是结构不明型、不确定性的。"建筑师设计房屋、工程师设计桥梁或发电站、化学家寻找理想的分子及其廉价生产方式、管理者判断是否应该建立一个新工厂来满足日益增长的需求，这些全都是用很多未经明确界定的成分来解决问题的例子"（西蒙，2004）。不确定性的表现形式是多样的，"如（a）行动—事件时序不确定性；（b）事件—事件时序不确定性；（c）关于信息意思的不确定性；（d）结果的价值不确定性；（e）正确的决策过程的不确定性；（f）未来偏好与行动的不确定性；（g）他们影响未来事件的能力的不确定性"（Humphreys、Berkley，1985）。冯廷勇（2007）认为，"传统的不确定情境中的决策研究有一个共同点——在决策过程中存在两个或两个以上的同质性备择方案，个体必须在这些备择方案中做出一个选择。现实生活中，还有一种不确定情境中的决策广泛存在但又很少受到研究者的关注。这种决策是个体在面临不确定情境中的一个决策事件（如是否去申请某个项目、是否去追自己喜欢的女孩子）时，需要根据自己的主观评估作出接受或者放弃该事件的决策。本书认为，在不确定性环境中，对于结构不明确的决策有两种决策状态：一种是初始决策；一种是对异质性多方案的选择。这两种性质的方案选择存在很大的困难，一是没有明确的数量性判断标准，二是决策方案的结果是不确定的，没有可预测的属性值，三是即使有数量性标准决策者也没能力进行数理分析与计算。"企业家决策涉及众多的变量，并且这些变量含义丰富难以量化，对其分析需依赖众多分析方法，包括社会、伦理、政治、经济、文化和心理等分析方法，而不仅仅是一个概率计算或一个满意性的含糊判断。

3.战略决策

战略是企业组织长期的发展方向和范围，它通过在不断变化的环境中调整资源配置来取得竞争优势。战略决策问题是从全局战略系统角度来看的现实与期望状态之间的差距，理性的战略判断就是对环境进行各种分析作出科学决断。现有的战略决策理论和实证研究主要集中在战略决策内容的研究，注重战略设计，关注企业如何在不同环境下设计最优的、正确的战略，如投资、并购、市场、多元化等具体战略决策。战略决策形成过程研究侧重于战略形成和实施方面，关注科学的战略决策的形成。Mintzberg（1976）将战略决策过程分为：决策问题分析，确定决策目标，设计备选方案，方案选择，方案实施并且反馈修正等过程。战略决策内容与形成这两者之间是相互促进和互补的，战略决策研究正逐渐将研究重心从"内容"转向"过程"。

广义地看，战略决策过程中包括战略分析—战略选择—战略制定一系列过程；狭义地看，战略决策仅指"战略选择"，本书关注狭义的战略决策。当然即使狭义意义上的战略决策，也与其他战略过程紧密联系，其本身也相当复杂：缺乏完全科学理性的战略评价标准；战略决策结果既难以测量，又难以为各利益相关者共同接受。战略决策的核心特征之一是非结构化，其原因是战略问题的复杂性、难以描述和难以决定判断方案的标准。对于重要的决策，不确定性带来的心理状态是不平衡的，甚至是痛苦的。因而，决策者可能强行压制内心的不确定性意识，并按他们构建的关于现实的简化模型行事。为了能够驾驭这种环境，决策者可能在重现感知过程时简化决策情景。在诊断和构建新的战略问题时，决策者使用现成的图式，这种偏向和简化影响战略决策的质量，是导致战略变革决策错误的内在原因。

战略决策的目的是指导企业组织系统取得一定历史时期内整体行动的目标，而不局限于某部分的发展，战略决策在一个较长时期内具有相对稳定性。企业家必须制定自己的战略，战略决断不能委托给官僚作风的"规划者"。在通用汽车公司，"韦尔奇的战略决断是通过他与团队、客户和供应商之间高度互动、轻松随意而又非常严格的对话做出的。他上任后的头几年里解雇了所有的战略规划师，并明确地表示各子公司的首席执行官都需要自己做出战略决策。"（诺埃尔·蒂奇、沃伦·本尼斯，2008）企业家面临的决策问题既来自人事、财务、营销、产品等方面，也来自投资、融资、研发等方面。本研究范围主要限于企业家战略决策，关注企业家的创业、投资等战略决策行为，而对企业人事任免、危机解决等决策问题并不十分感兴趣。

1.3.2 研究思路

既要遵循学术研究的基本思路——发现问题、提出问题、分析问题、解决问题，也要注重形成契合特定研究对象的新思路。新思路建立在基本思路基础上的，体现了"一般"中的"特殊"。本书无意一定要"走中间路线"，理论研究应立足现实决策，从企业家决策面临的基本问题入手。决策的本质与关键是基于一定的标准进行选择，通过对经验世界的观察，我们发现与大量的被构建的数量型标准相比，如何确定决策心理标准是一个容易被忽视的问题。而任何决策标准的确定不是简单静止不变的，也不是经常变化的，应是相对稳定的，是契合于一定决策情境的相对稳定的因素组合。

决策的基本问题是"选择"问题，在深刻解读西蒙满意决策理论基础上，针对"某种期望水平""满意"标准的含糊性、片面性等特征，基于企业家决策的本质特征与实现条件，尝试提出运用"决策心理锚"概念解释或有可能替代"满意标准"的新思路。本研究以企业家、大学生等为被试，选取典型的风险决策事件，整合影响决策标准的特征因素，对决策心理标准结构进行系统性研究，并探讨决策心理标准对风险决策行为的影响，以建构决策心理标准因素模型为最终目的。

首先，通过检索相关文献以及对企业家决策的本质特征分析，确定影响决策标准的各特征因素及其主要变量；运用心理学方法与现实决策经验实例证明决策心理锚的存在性。采用因素分析法、质性分析法等方法，构建并描述决策心理锚的形态与结构。借鉴认知心理学等研究成果，分析决策心理锚的形成与作用机理。以决策心理锚核心因素为自变量，以企业家风险决策行为为应变量，运用相关统计软件实证检验企业家决策心理锚的内在结构、形成与作用机理。

进一步来说，就决策过程而言，对决策标准的思考要首先考虑决策目标的作用，决策目标必须纳入决策标准结构中。决策标准与决策目标紧密联系，并且目标与标准很多时候是一致的。目标是决策的首要职能，拟定有效合理的目标是确定决策标准的关键。由于决策环境的高度不确定和协调社会资源的复杂性，企业家很难具有明确的目标，其目标的雏形可能源于一个抽象的使命或梦想。但是，由于目标的重要性，使得任何决策研究无法回避目标。

其次，除决策目标外，决策的期望水平与决策的可实现性也要纳入决策标准结构中。对于不确定性决策而言，建立目标通常是个适应性的过程，有效的决策者能够善于适时调适目标。但是，仅考虑目标因素的作用，并不能自然地产生合适的决策标准，最简单的是目标很远大但若脱离现实能力，目标依然不能转化为决策标准。企业家决策预期、决策能力也是影响其满意程度的关键因素，这些因素可以通过调查、测量以确定，比如通过设置不同的情境，考察企业家的不同决策预期和行为。

最后，考察决策标准的意义在于为实施决策行为提供依据与指导。企业家决策行为本质是风险性行为，因为决策的前提、变化状况、决策的结果都是不确定的、无法预料的，因而是存在风险的。从某种意义上讲，决策就是对风险的考量。有效的决策、高质量的决策其实就是低风险的决策，或者高风险高收益的决策。决策的满意程度也取决于风险的大小，而风险的大小必然表现在对决策方案的取舍上，表现在风险行为上。于是，我们就可以将风险决策行为看成是决策的结果变量。

研究思路与核心概念构架如图1-3所示。

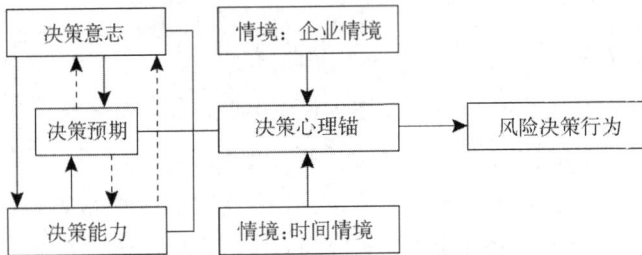

图1-3 研究思路与核心概念构架

世界是普遍联系的，决策意志、决策预期、决策能力之间，以及它们各自内在要素之间是相互联系、相互依赖的。但是为了研究的方便，我们并未太多地关注它们之间的双向关系，而是围绕决策心理锚和风险决策行为的单向形成过程梳理关系。

1.4 研究方法、研究内容、研究难点与技术路线

1.4.1 研究方法

相对于深具复杂性和丰富性的现实而言，单一学科的分析力度显然十分有限。

对决策研究而言，迄今主要存在两条路线：一条走定量研究的路线；另一条是从心理学、社会学、逻辑学、组织理论等角度，对决策过程中的心理活动、机制、行为过程和社会因素进行考察，侧重对决策者的个性、动机、情感等方面对决策过程进行描述性研究的路线（庄锦英，2006）。

任何科学研究都可以有多种研究方法，最好能体现研究对象与研究者自身特征。作为"60后"作者，时常会玩味"四十不惑，五十知天命"，因而本研究主要遵从第二条研究路线，关注行为与决策表征背后的心理性质与心理过程。我们认为企业家决策心理标准不是片面的"某种期望水平"的满意标准，决策标准是决策者在对环境的认知与判断的信息加工过程中所形成的，是决策者自身心理动力发挥作用过程中形成的，是决策者审时度势与务实行动过程中形成的。这一决策心理标准的形成与变化过程是极其复杂的，既有多种因素及因素之间的相互作用，也有环境与心理结构的相互作用。决策心理锚的多因素分析，没有必要强调运用数学工具，哪怕是模糊数学工具，因而不属于理性分析范畴（岳超源，2003）。对于如此复杂的心理作用过程的解读，数学工具是远远不能胜任的。但是，我们也会利用数理统计软件、数学工具来描述心理现象与心理过程。

（1）文献法。在文献理论的梳理和分析的基础上，结合本研究的研究问题，构建本研究的理论体系。企业家决策涉及众多理论，在对多种理论梳理的基础上，形成理论分析框架。在对相关文献综述的基础上，归纳影响企业家决策的心理标准因素，提炼其决策心理特征。在理论分析过程中引用相关理论及其研究成果作为论文的理论研究依据。

（2）质性研究。企业家决策实践活动丰富多彩，既需要定量研究，也需要定性研究。在研究期间，阅读了约300万文字的企业家素材，包括传记、访谈、演讲等，初步形成了企业家决策心理标准的理论构架。最终，我们根据时间统一、来源统一、编码统一原则，定向收集企业家决策素材，运用最新的、国际主流的质性分析软件NVivo10.0，进行质性分析。在8天内，以每天15小时以上的超负荷工作量，连续、统一、集中性地对16位知名企业家的近45万文字材料进行聚类、编码、分析，以描述企业家决策心理、提炼核心概念。

（3）实验法。以部分大学生与部分"企业家"为被试，设置决策情境，进行实验控制。运用自由描述法，让被试自由想象出描述决策心理结构的词。此方法可投射出意识中最先和最容易被激活到决策记忆中的、反映自身决策心理特征的内容。在可控的实验条件下，记录与描述其决策心理变化现象，分析变化机理。

（4）心理调查与统计分析。统计分析法以问卷调查为基础,采用数理统计和计量经济技术为手段,检验根据已有理论构建的相关因素间的关系或验证命题的真伪,属于定量研究范畴。对企业家决策心理与行为进行网下与网上的数据调研,用探索性因素分析、验证性因素分析、结构方程模型、层次回归技术等多元统计方法实证分析决策心理锚的内在结构与作用机理。在统计软件的选择上,选择Spss21.0和Lisrel8.7。

(5)比较分析。无论是实验研究还是心理调查与统计分析,我们都有意识地寻找企业家的比照对象,以突出企业家决策的独特性。实验结果显示,大学生被试与"准企业家"被试在决策现象、决策心理方面存在差异。统计分析结果显示,最高层次企业家与高层次企业家的决策心理锚同样存在差异。

1.4.2 主要研究内容

本书共分七部分,研究内容框架如图1-4所示。

第一部分为绪论。简要介绍研究问题的产生、研究价值、研究范围、研究思路、研究内容等学术研究中的一般性问题。

第二部分为理论基础与文献综述。决策心理锚理论建立在系统论、行为决策理论、动力心理学、认知心理学等理论基础之上,注重考察勒温、巴纳德两位思想巨擘对西蒙满意标准思想形成的影响。系统地归纳和总结主要决策理论与心理学理论等研究成果,以此构建本书的立论基础。

第三部分为企业家决策心理锚存在性分析。在文献分析的基础上,提炼企业家决策的本质特征,为提炼与构建决策心理锚提供理论支撑。分析西蒙满意标准的实现条件,考察企业家决策的现实状况,为提炼与构建决策心理锚提供现实支撑。通过心理实验与对企业家资料的质性研究,论证决策心理锚的现实存在。

第四部分为企业家决策心理锚内在结构分析。企业家决策心理锚是企业家进行决策的心理标准结构,由体现企业家决策本质特征的决策意志、决策预期和决策能力标准因素构成。决策意志主要有成就导向和自控性两维度;决策预期主要有信心和机会感知两维度;决策能力主要有责任力和创造力两维度。运用实验方法和统计分析法提炼决策心理锚内在结构,并尝试构建概念模型与数学模型。

第五部分为企业家决策心理锚运行机理研究。促成决策心理锚形成与变化的因素主要来自外界情境,包括企业情境和时间情境;分析情境因素对决策心理锚的影响机理,其影响机理是围绕对环境和时间的信息加工而产生的;剖析决策心理锚内在结构的影响机理;分析决策心理锚对风险决策行为的作用机理;决策心理锚对风险决策行为的作用,是以三种标准协同作用方式进行的,三种标准的协同作用效果要大于个别作用效果。

第六部分为实证检验与结果分析。在问卷设计与收集的基础上，运用探索性因素分析、验证性因素分析和回归分析技术，验证企业家决策心理锚内在结构以及决策心理锚的影响与作用机理。分析外部情境因素、企业家与企业特征因素对决策心理锚的影响机理；分析决策心理锚整体及其部分对风险决策行为的作用机理。

第七部分为研究结论与不足。

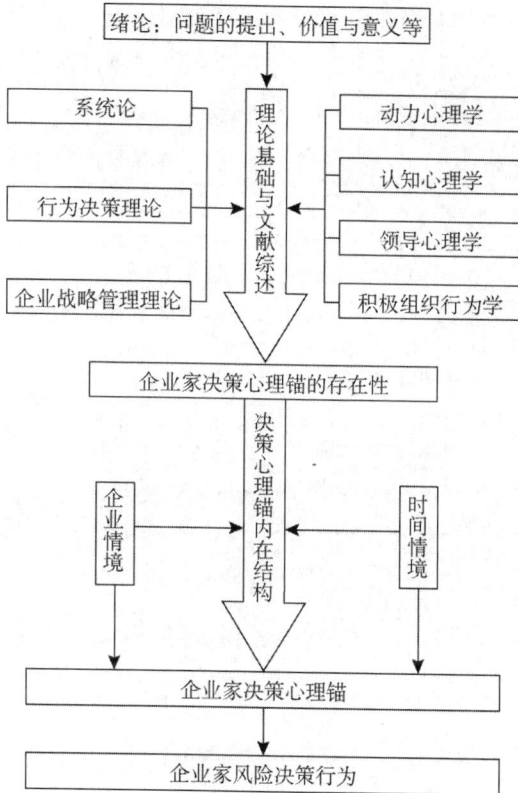

图1-4 研究内容框架

1.4.3 研究难点

（1）需要解释与辨别多个学术概念，而这些学术概念的内涵与外延虽然是各学科的核心概念，但是它们之间的区别与联系并没有被很好地予以解释，因而显得相似雷同与含混不清。例如，经济学中的需要、需求、快乐、幸福、效用、预期，决策学中的期望、预期、效用、价值，管理学中的期望、需要、需求，心理学中的欲望、抱负、志向、期望、渴望、预期。所有这些概念众说纷纭，永远没有或许也不可能有唯一公认的标准定义，这些概念极易混淆并令学者严重头痛，而众多的理论分歧恰恰根源于此。对多学科进行理论梳理，其难度可想而知。

（2）与客观的物质标准不同，主观的决策并不存在唯一客观的标准。制定非程序化的决策所依靠的是到目前为止人们尚不了解的心理过程（西蒙，1982；盛宇华、方志军，2006）。虽然人的心理活动是物质世界的反应，但是这种反应并不是简单的、完全一致的"复制"，其中涉及各种心理因素的干扰，还要经受"时间考验"。因此，决策者的心理标准并不存在绝对的、唯一的、客观的东西，也不仅仅是含糊的、随意的、简单的东西。企业家总是要做出决策，对其主观决策过程进行实验、模拟存在巨大的困难，这既表现在企业家可能并不清楚自己的决策到底是如何进行的，也表现在即使知道怎么决策，他也没有时间、没有动力去阐述决策标准。因此，对企业家决策标准的主观性构建，无论是概念模型还是数学模型构建，都极其艰难。这既需要大胆的想象，也需要小心的求证。

1.4.4　技术路线

技术路线如图1-5所示。

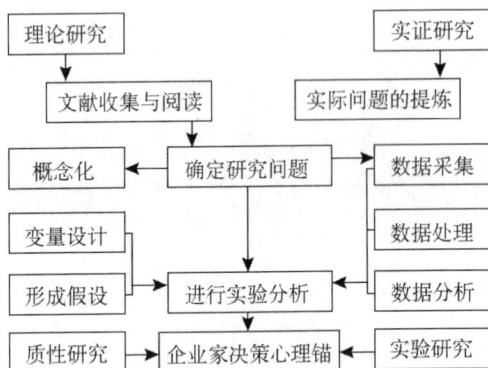

图1-5　技术路线

1.5　创新点

1.5.1　提出核心概念

面对高度不确定的企业决策情境，每种决策都具有一定的风险，企业战略能否成功取决于企业家决策的有效性，而实现有效决策的关键是确定合适的决策心理标准。决策心理标准是一种判断性、直觉性的标准，而不是一种能够进行数学处理与运算的标准，即使是模糊数学方法。对战略决策方案的判断不可能、也不需要进行理性逻辑分析，企业家常常利用其决策经历与经验进行启发式判断，为避免陷入各种心理偏差陷阱，企业家可以构建相对稳定的决策标准结构。我们认为企业家决策心理标准不是片面的"某种期望水平"的满意标准，决策心理标准是企业家在对环境的认知与判断的信息加工过程中所形成的，是决策者自身心理动力发挥作用过程中形成的，是决策者审时度势与务实行动过程中形成的。

企业家决策心理锚是企业家决策的心理标准结构，由体现企业家决策本质特征的决策心理因素构成，既包括心理动力标准、心理预期标准，也包括心理条件标准。并以驱动力、制衡力和预测力为合力产生行为，这些心理标准构成企业家决策的满意区间，企业家在此区间内根据这些心理标准的力量配比与合成进行决策。考察一个方案是否令人满意，不但要看其是否符合企业家的意志水平或目标追求，要看其是否能够被预测具有一定的预期利益，而且要看这样的方案是否可行。企业家决策心理锚是能够解释或许也可以替代满意标准的决策标准，其核心是企业家的对具有支付能力的期望水平的预期。决策意志是企业家的意志水平（欲望水平、志向水平、准需求、抱负水平），产生驱动力，主导满意决策的方向，表现为企业家的决策成就导向、自控性；就决策预期而言，是对决策方案的预测，预测水平体现为决策信心水平与机会感知度。决策能力是企业家形成与搜寻决策方案的素质与条件，体现为创造力与责任力。三因素相互支持、相互依赖。决策心理锚类似于一艘行船的GPS参考系，驱使决策主体作出可预见、可观察、可测量的决策；在遇到重大外界因素刺激的情境下，决策心理锚会发生位移，从而导致风险决策行为的变化。在相同环境下，不同的决策选择主体的决策心理锚是不同的，不同的决策心理锚决定不同的风险决策行为。

决策心理锚是对西蒙满意决策理论的继承与发展，比较科学地解释了满意决策行为的发生机理。在风险决策时，有的决策者胃口很大，追求高收益甚至最大收益，也有的决策者胆小慎微，满足于低收益甚至不赔即赚。在不同的环境下，同一决策选择主体对具体决策项目的选择标准也因时间、经历、环境等因素的变化而变化。就决策项目的风险特征而言，企业家决策与股民决策类似，但就决策标准的选择与执行来看，企业家是特殊的决策主体，具有特殊的稳定的心理结构，其外在表现为对机会与风险的把控上，风险控制与追求的内在动因来自于决策心理锚。在同一行业、同等规模等情境下的不同企业家的决策心理锚可能是不同的，这与他们不同的心理结构关联很大。

1.5.2 系统性整合企业家决策行为理论

虽然经济学、心理学和组织理论都研究人的决策过程和问题求解过程，但由于研究视角太多、研究方法较单一，导致概念繁多、混乱，且多缺乏实际应用价值，这使得建立一个兼具应用性和系统性的理论尤为重要。我们以多学科理论为理论支撑，对企业家决策行为理论进行系统性整合。与"大而全"的心理结构研究等相比，我们的研究属于"少而精"的心理标准研究；与"单一"的影响式研究相比，我们的研究属于"三角"的协同作用研究。作为战略决策行为范畴，我们的研究是动力心理学、认知心理学、行为决策理论、战略管理理论等理论和实践的结合，是带给企业战略管理关于企业家需要、认知和社会行为的真实假设，从而整合并丰富了企业家决策行为理论研究。

1.5.3　质性研究中的"Vivo中编码"方法

本书的研究除了采取心理学的常规研究方法如实验研究、统计分析研究外，还采取了对企业家的质性研究。NVivo10.0是由澳洲QSR公司最新推出的、国际主流的质性分析软件，国内的关于"护士心理素质""旅游感受"等几篇文献是借助于NVivo8.0完成的，尚没有学者使用NVivo10.0对企业家决策进行质性研究。NVivo10.0在功能与作用上比NVivo8.0要完善得多，尤其是"Vivo中编码"方法，依此方法，编码内容更为全面、结果更为可信。我们从互联网中采集最新数据，借助于"Vivo中编码"技术，较全面和客观地分析了企业家决策心理特征，这与传统的手工式的传记分析（李志、罗章利、张庆林，2008）、编码是完全不同的。

1.5.4　提出企业家决策心理锚评估模型

将决策心理锚的三标准因素组合起来可以区分为八种情况，以此构成评估企业家决策心理锚的"三维八分"模型。企业家自身会对其决策心理锚各维度有个自我评价，根据三维度的不同评价等级，对照"三维八分"图，企业家可以比较清楚地评估自己的决策心理锚。虽然准确地获取心理等级很困难，但该模型仍然可以为评估企业家决策心理锚提供一种分析框架和基本方法。

第2章
理论基础与文献综述

决策心理锚理论建立在系统论、行为决策理论、战略管理理论、动力心理学、认知心理学等理论基础之上，尤其是对西蒙有限理性决策理论进行了继承与发展。考虑到满意决策标准的心理学与决策学传统，我们注重对西蒙满意标准思想的溯源，着重考察勒温、巴纳德两位思想巨擘对其的影响，以此构建本书立论基础。

2.1　理论基础

2.1.1　系统论

系统由两个或两个以上相互依存的元素、单位或分系统所组成，这些组成因素具有可鉴别的特征和边界，与其环境系统相"间隔"。许多决策问题都是一个复杂的系统工程问题，因此需要把决策对象看作是一个系统，以系统的观点来分析它的内部结构、运动机理及其与外部环境的联系（张智光，2006）。早在20世纪40年代贝塔朗菲就提出了一般系统论，贝塔朗菲（1987）指出，"我曾提出一种生物学的机体论概念，它强调把有机体作为一个整体或系统来考虑，不妨简称为机体论革命，它的核心是系统的观念。"对系统的理解可以是多角度的，就系统的开放性程度而言，系统可分为开放系统和封闭系统。封闭系统有固定的、不可渗透的界限，而开放系统则在其本身与广泛的环境超系统之间有可渗透的界线。系统论的基本原理是以整体性、系统的态度对待所研究和处理的对象，分析系统的结构和功能，研究系统、要素、环境三者的相互关系和变动的规律性。目的性、整体性、层次性、差异协同性等是系统的基本特征。系统的目的性是指由系统自身需要所决定的、追求有序稳定结构的特性，任何系统的变化都表现为一定的方向，指向一定的目标或目的。整体性是指任何事物都是由其内在要素以一定方式、方法组合而成，各部分要素自成分系统，分系统又构成整体系统。作为有机整体的系统，并不是构成要素的简单的组合，而是有机的、协调的合成，具有"整体大于部分之和"的综合效果。任何系统都是差异和协同的统一整体，差异是系统或要素的个性特征，协同是要素之间的合作与集成。因为差异，各系统与要素体现一定的个性与生机活力，因为协同其团队与整体性作用得到发挥。

系统论分析方法已经应用于社会系统，泊存于人的态度、感受、信仰、动机、习惯和预期等之中。社会心理系统既对结构有影响，同时其自身又受到结构的强烈影响（卡斯特、罗森茨韦克，2000）。作为西方现代管理理论中社会系统学派的创始人，巴纳德对西蒙、马奇等人的影响是深刻的。在巴纳德看来，组织就是一个社会系统，"组织是由人的'各种力量'所组成的'场'，正如一个电磁场是由电子力或磁力组成的场一样。当某些其他力量对这些场施加作用或在场中发生作用时，可以明显地观察某些客观事物的反应，但通常并不把这些客观事物看成是场本身的组成要素。"（巴纳德，2007）"企业组织是由企业家有意识地协调两个或两个以上的人的活动或力量的一种系统，这种系统是由物质系统、生物系统和心理系统等系统构成。企业组织既是一个合作系统，又是一个动态的系统，它的运营环境以及组成要素都处于不断的变化之中，合作系统的稳定性与持续性，决定于合作系统的有效性和高效率。"（巴纳德，2007）在巴纳德看来，系统本身就意味着整体性，必须按照某种整体的目标形成内在的秩序，要求企业有效地处理各方的利益关系，保持各方利益的均衡，才能谋求企业的长期稳定和发展。一种开放系统决策模型应包含着从对一个问题的感觉所产生出的一连串的选择行为，人的完整决策行为通常有三个阶段。首先是决策者鉴定目标阶段，目标是行动的先导，个人从一个理想化的目标结构开始，确定出作为对结构中的理想目标的首次近似的一个或几个行为目标，即决策者具有一种使其采取相应行动的笼统的期望。其次是搜索阶段，搜索过程所形成的有限的方案构成进一步搜寻解决方案的出发点。最后是适应性的调整阶段，对备选方案进行微调，直到选中方案。作为社会活动的中心人物，企业家的个性受到社会系统影响，企业家在相互依存关系中开展合作是其固有的本性。企业家战略决策涉及面广、影响时间长，以系统的态度构建与形成决策心理标准既是情势所迫也是理所当然。

2.1.2　行为决策理论

行为决策理论，包括以西蒙为代表的有限理性论和管理决策理论（决策行为学）、卡尼曼为代表的行为经济学或行为金融学（以前景理论为代表）、Gigerenzer 为代表的生态理性理论、Sarasvathy 的效果推理理论。与传统的、理性化的最优决策理论相比，行为决策理论注重对决策行为的现实描述与分析，主张研究决策过程中决策主体的心理和行为规律，研究决策者在判断和选择中信息的处理机制及其所受的内外部环境的影响。

2.1.2.1　西蒙有限理性论

1.理性含义

作为核心概念，"有限理性"始于"理性"。理性假设自始至终，既是各学派的立论基点，也是各学派纷争的焦点。在西蒙看来，理性有时指运用才智进行选择的过程，有时则指抉择本身。前者多在早期心理学、逻辑学和伦理学中使用，后者则在经济学和社会学界流行（西蒙，1989）。按照詹姆士的心理学观点，抉择的理性取决于做出抉择的过程，而决策的非理性则主要靠情感机制（情绪、激励、天性、冲动）做出抉择。在哲学语境中，"理性"一词涵义多变，笛卡儿把理性称为"自然之光"，意即人所具有的一种天赋的抽象思维能力——认识事物，形成关于事物的清楚明白的概念、判断和推论的能力。康德提出、发展了理性的能动性和主体性的思想，将其提高和扩大到了人类活动的真、善、美各个领域进行立法的地位。可见，理性通常被定义为一种人所具有的探索真理的能力，或达到真理认识的某一认识阶段（张雄，1999），经济理性则是哲学理性在经济学领域中的表现。

经济学家一般用理性一词表示靠抉择过程挑选出来的行动方案的属性，而不是表示抉择过程的属性。达尔和林德布鲁姆这样说道："一项行动是理性的，就是说，对于指定目标及其真实处境来说，该行动被'正确地'设计成为一种能谋求最大成功的行动。"（西蒙，1989）西蒙认为，"（1）广义而言，理性是一种行为方式，它①适合实现指定目标；②而且在给定条件和约束的限度之内。（2）在某些特殊的场合下，这个定义的①、②两方面可以有更精确的规定。这类特殊用法中的重要者包括：①目标可假定是效用函数期望值在某一时间区域上极大化的形式（对策论称此为极小极大化）。效用函数的存在性，可从抉择者偏好的有序性和一致性假定上导出。形式化的经济理论就是这样认为合理消费者谋求最大期望效用，而合理企业家谋求最大期望利润的。如果要使这种极其严格的形式区别于更一般的形式，则可将前者称为最优性，称后者为适应性或功能性。②目标可假定是意欲达到的一些准则所构成的，但要么全部达到，要么全都达不到（如欲望水平的达成）。③条件和约束的一般定义，可指抉择者的外部环境的客观特征，可指该环境被感知到的特征，也可指以固定形式出现的、不受自身支配的抉择者自身特征。通过区分客观理性、主观理性及有限理性，可以区别上述第一种定义和后两种定义。④定义中的所谓目标，可以是抉择者的目标、抉择者所属的社会系统的目标或观察者的目标。⑤毫不含糊地使用理性一词，要求使用者清楚他对目标和条件这两者所做的假定"（西蒙，1989）。

在西蒙看来，无论是理性行为模型还是有限理性模型都需要具备一些要素或可以形式化为："可供选择的备选方案，在数学模型中可用一个点集 A 来表示。行为者可感知到或能力范围内的备选方案的子集。显然，行为者的选择范围要小于客观存在的备选方案。可感知的子集可为点集 $A°$，$A°$ 包含于 A。未来可能状态，或抉择结果，以点集 S 来表示。有实际结果和感知的结果之分。一个"报酬"函数，行为者对选择的各个可能结果赋以多大的"价值"或"效用"。用一个实函数 $V(s)$ 来表示这种报酬（其中，s 为 S 的任一元素）。S 中各对元素存在次序关系——即 S_1 优于或劣于比 S_2 的关系。为了避免不必要的复杂化，假设已经定义了一个基数效用函数 $V(s)$。关于一旦选定了 A 中的一个具体方案 a，将实际出现 S 中哪些结果的信息。每个备择行为 a，都可以有一个以上的可能结果 s 与之对应。用 A 中每个元素 a 到子集 S_a 的映射，来表示这种信息。这里 S_a 表示选择 a 时所可能导致的结果的集合。关于一旦选定了一个具体方案，一个特殊结果将会发生的概率的信息。"（西蒙，1989）经济理性与哲学理性、心理理性的区别主要在于形式上而不是内容上，其本质都是赋予人以一种"万能"，以体现人的理性存在。

2.有限理性与完全理性批判

作为规范性、理想性与抽象性极高的决策理论，完全理性决策理论具有下列特点：人具有完全的信息，了解全部备选方案；有完全的知识，能够准确预测各种方案的决策结果；有明确一贯的偏好，运用明确的标准进行选择，以实现最优化目标。对于企业家决策而言，其决策目标被假定为谋取最大利润，产品的需求函数和成本函数也被事先假定好，完全理性的企业家只要能够按照"边际收益=边际成本"（MR=MC）的决策标准安排生产，就能够获得最大利润。西蒙认为，"对于在主观期望效用理论模子里铸成的经济模型的成立性和有用性，是不能从形式上符合主观期望效用假定这一点出发，给以评判的。在对它们进行评价的过程中，关键是要知道那些假想的效用和未来事件在多大程度上符合实际。""没有任何直接的观察结果表明，个人或企业果真让边际成本等于边际收益。"（西蒙，1989）

经过对决策者的实际决策行为的观察与研究后，西蒙断定"理性经济人"假设是不切实际的。

首先，很多时候，决策目标是多元的、模糊的，并不存在绝对、单一、明确的目标。现实企业的战略与经营目标并不仅仅基于经济视角以追求最大利润，目标视角已经触及社会、环境等非经济领域。西蒙指出，在一定行动范围里，人的行为一般是以"经济动机"为导向产生的，但是，对大多数人来说，经济利益本身通常不是最终目的，而是实现最终目的如安全、舒适和名望的一种手段（西蒙，2004）。决策目标大多在客观上是模糊的并非完全明确的，要求决策者一开始就明确目标是很困难的，美国决策理论专家"最终购买从未审慎思考过的蓝色汽车"一例颇能说明问题，而西蒙的"为一公司提供购买计算机的决策建议"同样是个很好的例证。

其次，决策者只具有有限的信息收集与处理能力。完全理性意味着要搜索全部的备选方案，但是，决策者对于全部备选方案的分布状况知之不多，对各备选方案的可能结果也并不完全确定。而且决策者偏好并不稳定一致，不同的偏好导致决策标准的变化，难以对决策方案作出明确的评价与选择。有限的信息收集与处理能力与"注意力"密切相关，只有引起决策者的注意，信息才会成为决策的依据。决策者的注意力存在局限，既不可能注意所有信息，也不可能一直关注某种信息。"一个棋手在比赛时，如果发现了某个能将死对手的走法，那么，一般说来，他来不及考虑是否还有其他能将死对方的走法，便采用了已经想到的走法。在这种情况下，我们发现，要预见棋手究竟选取哪个方案是非常困难的。"（西蒙，1989）西蒙在1934—1935年间，曾经实际调研了密尔沃基市教育委员会和公共设施处两机构共同负责的公共娱乐设施管理，结果发现，主管们之所以不让两种活动的边际费用相等，是由于他们的智力和知识不足以使他们做到这一点。根本没有可以度量的生产函数，能让他们从中得出有关边际生产率的数量推断。

最后，决策是有成本的，并不存在不受时空限制与成本约束的决策。在一定的时空限制下作出的决策才是现实的决策，即使决策时间不受限制，也不意味着就可以作出更理性、更有效的决策。而且决策形势经常要求决策者快速决策，以把握有利时机。对于决策者来说，每次的决策投入都会形成一定的"沉没成本"，并对接下来的决策产生影响。鉴于此，西蒙建议："用一种符合实际的理性行为，来取代经济人那种全智全能的理性行为。我们所提出的符合实际的理性行为，就是符合生物（包括人在内）在其生存环境中所实际具备的信息存取能力和计算能力的一种理性行为。在这方面，人们可以向心理学文献索求答案。"（西蒙，1989）

3.西蒙的满意标准思想

西蒙认为，理性是用来评价行为后果的某个价值体系，去选择令人满意的备选行为方案。有关决策的合理性理论必须考虑人的基本生理限制以及由此而引起的认知限制、动机限制及其相互影响。"一切管理决策都有一个内在约束,即可用资源的稀缺性",这种约束"可能就是(生物学定义的)生物自身的生理、心理限度"(西蒙,1989)。西蒙根据经验,运用描述法考察了真实决策行为的特征,提出了人类对理性程序进行修正和简化的程序。西蒙认为,"进行简化的一个办法是假定:对 S 中的所有 s 来说,$V(s)$ 只须取(1,0)两值之一,或取(1,0,-1)三值之一。也就是对于任何决策方案的可能结果,只将其分为两种或三种状况,两种的状况为满意或不满意;三种状况为胜、平或负。对于三种状况,最常见的例证来自于棋赛(在棋类比赛中,象棋(国际象棋、中国象棋)出现和局的可能性要远大于围棋,围棋的和局仅当"连环劫"出现时才会发生,而"连环劫"的出现概率非常小)。对于两种状况,西蒙用"卖房"作为例证,"设 S 表示一个人出卖一所房子的可能要价。他可能认为15000美元是'可以接受的'价钱,大于这个数是'满意的',小于这个数则是'不满意的'。"从心理学理论上讲,"我们可以在'欲望水平'(又译作'抱负水平''志向水平'等)上固定这一界线;从经济理论上讲,我们可以把这条界线固定在卖与不卖两可(机会成本概念)的价钱上"(西蒙,1在西蒙看来,只要决策者不谋求最优利益,只要设定一个抱负水平,决策者就能够很快找到一个令其满意的方案。当然,决策者可能不是只有一个纯量报酬函数 $V(s)$,而是有一个向量报酬函数 $V(\mathbf{s})=(V_1(s),V_2(s),\cdots,V_n(s))$。例如,对决策者来说,某种方案可能具有几种不同的价值,并且不同价值之间不存在共同衡量尺度,对此的处理办法是给向量空间强加一种完全有序性(无差异曲线)。通过对简化的报酬函数概念的进一步扩充,西蒙提出了"局部有序法则"的决策标准,如图2-1所示,"寻找 S 中的一个子集 S',使 $V(s)$ 对 S' 中的所有 s 均为满意的(也就是,$V(s) \geq K_i$,$s \in S'$)(西蒙,1989)。

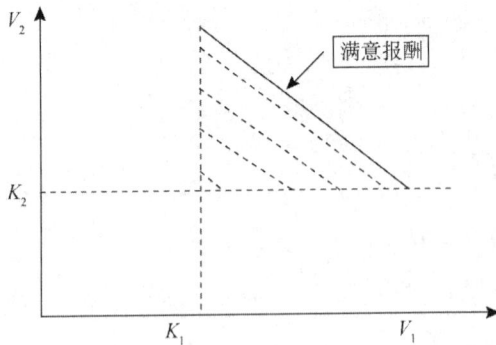

图2-1 报酬的局部有序性

西蒙指出,"如果我们不把全部备选方案都检查一番,那就必须用某些准则去确定，是否找到了一个稳妥的或令人满意的方案。在决策过程中起这种作用的准则，心理学文献称为欲望水平。我们已经发掘出苏格兰方言'寻求满意'，用以表示设置欲望水平的问题求解过程和决策过程——搜索备选方案，直到发现一个符合欲望水平准则的满意方案，并选择该方案"（西蒙，1989）。作为对效用最大化搜索方式的替代，"可以假设存在影响决策者对他找到选择进行判断的某种期望。一旦发现了一种选择满足他的期望水平，他就会终止搜索，选中该选项"（西蒙，2002），西蒙称这种选择模式为满意化。"它的根源来自于关于期望水平的心理学经验理论，是由勒温（Lewin）等人提出来的。如心理学探索显示，期望水平不是静态的，而是倾向于与经验变动一致性地上升和下降。在提供了许多好选项的良好环境中，期望水平会提高；在更严酷的环境中，它们会降低。"（西蒙，2002）西蒙认为，决策者没有一个能量的效用函数，从而也不是对效用函数求极大化，而只有一个可调节的欲望水平，这个欲望水平受决策者理论和经验知识、搜索方案的难易、决策者的个性特征（如固执性）等因素调节，以此来决定方案的选定和搜索过程的结束，从而获得问题的满意解决（司马贺，1986）。西蒙指出，"他之所以接受'足够好'的解，并不是因为他宁少恶多，而是因为他根本没有选择余地。"（西蒙，1987）"简化固然可能导致错误，但面对人类知识和推理能力的限制，除了简化，别无其他现实的方法。"（西蒙，2004）

在西蒙看来，满意型决策只需要满足两个条件即可：一是有相应的最低满意标准；二是策略选择能够超过最低满意标准。然而，西蒙在提出他的"满意"决策标准之后，也发现此概念的模糊型缺陷，于是补充说："如果认为某事物在本质上就是定性的，在应用数学家作出尝试之前不能简化为数学形式，否则这将是危险的。"此外，人们的观念、知识、能力、价值观等因素也会影响决策的正确性。尽管"经济人"追求最优，也就是从所有备选方案中选择最好的那种，但他的近亲"管理人"却追求满意，也就是寻找一种令人满意或"足够好即可"的行动方案。"市场份额""合理利润"和"公平价格"都是满意准则，这些准则多数经济学家都不熟悉，商人却耳熟能详（西蒙，2004）。

西蒙指出，满意化不但是相对于最大化的另一种决策规则，而且满意化是通过搜寻得以实现的。满意化决定了开始与停止搜寻的条件与时机，绩效与决策目标的比对情况决定是否搜寻。如果绩效逊色（低于目标），就会开始搜寻；如果绩效出色（达到或超过目标），就会停止搜寻。随着绩效的变化，搜寻也随之改变，形成了对绩效的反馈。在搜寻的满意化模型中，最重要的步骤是比较绩效与目标。决策者为一些重要指标设置了愿望水平，如企业的销售额和利润、博物馆的贡献与参观量、学校的招生与就业，然后根据这些愿望水平评估绩效。失败增加搜寻，成功减少搜寻。以卖房为例，首先，"他可能假设一个他肯定能在第n天卖出房子、并且希望到那时能出手的价格，以此限制其计划期。其次，他一开始将接受价定得很高，观察他所收到的报价的初始分布情况，并逐渐地、大致地向上或向下调整其接受价，直到他收到一个可接受的报价为止——他根本不进行概率计算。生物有足够的本领进行'寻求满意'的适应，但它们一般并不'寻求最优'。"（西蒙，1989）西蒙在研究国际象棋与人工智能的关系时发现，老道的棋手在对弈时并非思考很深，而是通常选择一定的定式或只考虑几步符合棋理的、有意义的少数棋路。棋手对所走的步骤，按照有可能获胜的经验估计，通过试探—调整—试探，寻找感觉不错的近便棋路，即进行启发式搜索，既不是一次性地计算，也不是漫无目的地乱下。这种对弈方式实质上是放弃追求"最优"而代之以获得"满意"。西蒙认为，现实决策中的问题求解与对弈策略是非常相似的。解决问题的策略与问题空间大小有关系，但是并不是一一对应的关系，决策者往往会构建有限的问题集或问题空间，尤其是如果缺少初始方案，则决策者会在问题周围进行启发式搜索，将搜寻引入有可能解决问题的区域，这反映出决策不是由问题的客观特征所唯一确定的，而是取决于用什么方式来达成决策。当然，这种启发式搜寻机制并不是盲目的，而会依赖决策者的记忆所产生的丰富信息。另外，满意化是这种启发式搜寻的前提基础，寻求最优对于搜寻来说是一件无法做到的事，而满意化则假设决策者事先具有或了解自己具有某种期望，一旦发现有种备选方案达到其期望水平，他会终止搜索，选中该方案。"满意化标准在已经发现满意问题解后终止搜索。"（西蒙，2002）

2.1.2.2　前景理论

阿莱斯悖论出现后，研究者主张摒弃主观期望效用理论，注重对决策者心理的研究，其代表是卡尼曼和特韦尔斯凯于1979年提出的前景理论（Prospect Theory），它强调人们的行为选择要受到心理因素的影响（庄锦英，2006）。前景（prospect）在 Kahneman 和 Tversky 的理论中是一个专用名词，它表示风险决策中的一个备择方案（张结海、张玲，2003）。前景理论假设，风险决策过程包括编辑与评价两个阶段。在编辑阶段，决策者主要对信息进行编码、组合、分解、删减等简化处理。编码就是要找到一个中性参照点，将结果区分为收益和损失；组合则是要合并相同的结果；分解意味着将某些备择方案中的无风险部分，从风险成分中分解出来；删减则是要将共同部分删去。1981年卡尼曼和特韦尔斯凯把编辑阶段的基本功能规定为给决策问题形成构架，不同的决策构架将导致不同的决策。

在完成编辑信息的基础上，进入决策的第二个阶段——评价阶段。前景理论假设，个体对信息价值的判断依赖价值函数和权重函数。在编辑的基础上，决策者依据价值函数、权重函数赋予选项不同的效用值，最终选取最大期望效用值作出决策。

1.价值函数曲线

前景理论用价值函数取代期望效用值，价值函数为决策者主观感受的价值，它和参照点有关，与决策框架有关。不同的决策构架，将产生出不同的价值中性点。这一价值中性点或称价值零点将成为一个参照点，后果值相对于这个参照点便有不同的盈亏变化，而这种变化将改变人们对价值的主观感受即值函数，从而改变人们的偏好。因此，前景理论的偏好准则便是：评价后果是看它围绕参照点引起的变化，而不是看它的绝对值。

价值函数表现为一条S形曲线，该曲线是一条经验曲线，而不是由具体数值计算得来的（图2-2）。价值函数的计算公式为

$$V = \sum \pi\,(pi)\,Vi\,(x)$$

其中，π为决策权重，p为主观概率，V为主观感受的价值，与参照点有关。自然的参照点为决策者的现状，在坐标中设为0点。当某一选项$x > 0$时，视为获益；当选项$x < 0$时，视为损失。i为选项的次数。

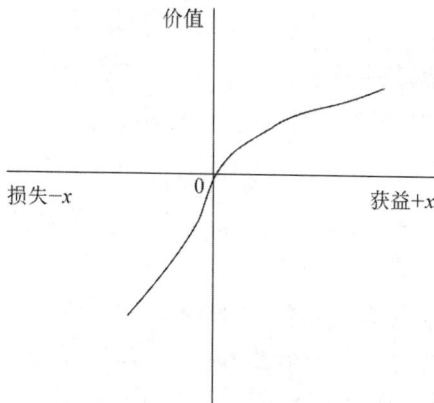

图2-2 价值函数

价值函数曲线的特点如下：

第一，价值是在选择某一参考点之后被分成获益与损失两方面进行计算的。

第二，价值函数在获益区呈凸型，在损失区呈凹形，形成一条S曲线，参照点为坐标原点。如果相对于某一参照点而言，某项结果看起来是一种获益，那么其价值函数即为凸型，决策者倾向于规避风险。

第三，价值函数曲线在赢区平缓，在输区陡峭。

第四，在零点附近，个体对损益值的变化特别敏感。

2.权重函数

决策权重是决策者根据结果出现的概率作出的某种主观判断。权重函数的一个最突出的特征是强调决策权重向概率的回归（近两个端点除外）。小概率事件的决策权重远远大于高概率事件的决策权重。

卡尼曼在认知心理学的基础上，还证明了人类的决策行为如何系统地偏离标准经济理论所预测的结果。认为决策者在不确定情形下决策时，会走一些启发式捷径，这些便捷的思维路径可能会帮助决策者快速地做出准确的判断，也可能会导致判断的偏差。

2.1.2.3 生态理性理论——发展的有限理性理论

与前景理论不同，以盖格瑞译（Gigerenzer）教授为代表的"适应行为与认知中心"（简称"ABC研究组"）基于"有限理性"和"生态理性"的假设，提出了生态理性理论。他们认为人是有限理性的，既不是非理性的，又不是纯理性的，仅凭有限理性，人就可以在现实环境中作出合理判断与决策。有限理性包含两种形式：系列搜索可用选项的"满意性启发式"和利用很少信息、运算作出多种决策的"快速节俭启发式"。快速节俭启发式能够与现实环境（包括自然和社会环境）相匹配，人的判断和决策是否合理，应该用现实的外在标准来判断，外部标准应该包括准确性、节俭性、速度以及其他一些指标，而不是用不切实际的理想标准来判断，这个标准就是"生态合理性"。他们考察了食物选择、配偶选择、父母投资等决策问题。认为，"如果说人是有限理性的，那么当面临这些决策问题时，他们应该而且必须采用简捷而精明的方法来配置和使用其自由；如果说人是具有生态理性的话，那么也只有在他们'精明地'配置和使用其有限理性资源时，才能做到这一点。"（吉戈伦尔、托德，2002）他们的简捷规则有一个共同特点，能够使有机体快速、节俭地作出判断和决策。这些简捷启发式有效的原因在于从生态学角度看是合理的，即适合于它们应用于其中的环境的信息结构。

他们在卡尼曼和西蒙理论的基础上，认为检验理性的标准是"'生态理性'标准以及快速节俭启发式规则，其中包括：① 占优规则，决策者确定以何种顺序对决策信息进行搜索；② 停止规则，决策者确定什么时候停止搜索信息，该理论同样借用心理学"欲望水平"概念作为是否停止搜索的标准，如果低于达到欲望水平，就继续搜索，如果达到或超过欲望水平，就停止搜索；③ 决策规则，指当决策者停止搜索时，他会以什么样的规则做出最终的选择。"该理论假设，决策者停止搜索时会选择更加具有吸引力的方案，出现收益的时候，选择收益多的；出现损失的时候，选择损失少的。当所有可能方案是决策者能够得到和采用的时候，可以采用基于无知的决策规则、单一理由决策规则和排除规则。当有关选项相继出现，必须花费时间去搜索时，就需要采用满意化规则。

ABC研究组以医疗决策为例形象地解释了快速节俭决策方法，如果按照"标准性"医疗程序，心脏病患者一旦被收入医院，就要对其检测多达19项的生理指标，而按照新的决策方式只要关注几个指标，逐步展开的决策过程，也许在回答了第一个问题就终止了，如图2-3所示。快速节俭决策能够像使用全部可用信息和精心计算的策略一样准确（吉戈伦尔、托德，2002）。

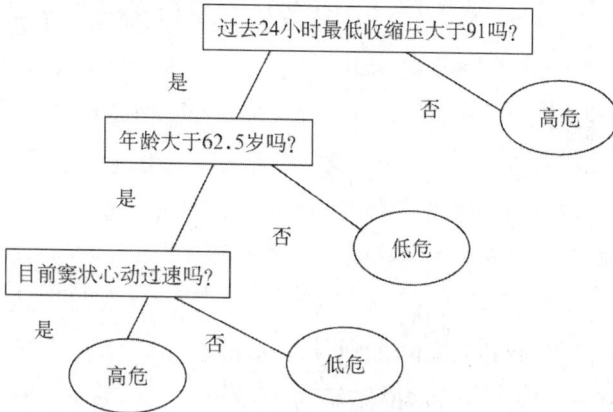

图2-3　"将入院心脏病患者归为高危或低危病人"的简单决策树

注：引自吉戈伦尔，托德（2002）。

理性与有限理性的比较见表2-1。

表2-1　理性与有限理性的比较

类别	理性	有限理性			
决策方式	最优化模型	满意化模型	简捷启发式	效果推理	快速节俭启发式
决策标准	最优标准	满意标准	与最优相偏差标准	当下手段	生态标准
决策理论	期望效用理论	西蒙决策理论	卡尼曼前景理论	效果推理理论	单一理由决策模型理论
研究范式	标准化范式	描述性范式	描述性范式	效果推理范式	进化论范式

2.1.2.4　管理决策理论（决策行为学）

前景理论与生态理性理论都强调决策者启发式决策标准，但是决策主体大多为普通决策者，这与他们的实验研究方法是相吻合的，其被试大多为自然人，并以学生为主。巴纳德和西蒙以实际组织决策主体行为为研究对象，创立了更为现实的"管理人"以替代过于抽象的"经济人"（盛宇华，1989），从而开创了决策行为学成为应用管理学的分支。在西蒙看来，企业组织不同于个人，管理就是决策。20世纪

30年代，巴纳德最早将决策的概念引入管理理论，"经理人员职务的一个特征就是：他们代表着组织决策过程的专业化，而这正是经理人员职能的本质所在。"（巴纳德，2007）他认为决策对组织系统具有直接指导性；它是由组织中的管理者、领导者制定的，这种制定，只有在面临应予解决的问题时才着手进行。作为一名实践性的理论家，巴纳德（2007）认为"心理过程可划分为'非逻辑的'和'逻辑的'这两类。在日常经验中，这两类心智活动并不是明确分开的，而是混合在一起的"。逻辑过程，是指可以用词语或其他符号来表示的、有意识的思考过程，即推理过程；而所谓的非逻辑过程，是指不能用词语表示的或不是推理的过程，而只能是由于这种过程是非常复杂的、迅速的、常常发生在瞬间的，所以决策者根本来不及进行分析。在许多销售活动、政治活动、企业管理活动中，推理程度都相当低。"非逻辑的心理过程所包括的范围相当广泛，从不把手再次放入火中的非逻辑推理决定，到当场处理大量的体验和复杂的抽象事物。如果没有这种心理过程，我们什么事情也做不成。在这里心理过程中，有些是特别难以解释的，我们将其称为直觉。其中，有不少被称作'出色的判断'，而有些则被称作'灵感'，偶尔也称其为'天才的闪现'，但是绝大多数都被称作'判断力''判断力强'或'常识''判断'或'机灵的想法'。""正如大家所熟知的，非逻辑过程如同逻辑过程一样，也常常出现错误。如果条件许可，可以把这两种过程结合起来，其效果当然比单一过程要好。"（巴纳德，2007）

在巴纳德看来，当心理活动过程的对象是真理时，主要考虑的是过去或现在，并对相关结论进行评价或测试，而有关行动方向的决策则面向未来。同时，这种决策的实际结果是一次性的，其中可能包含着许多出乎意料的或不能预料的因素，而且常常很难确定所追求的结果是否已经达成，也很难确定之所以未实现所追求的结果在多大程度上是由于这个决策所造成的。严格说来，严密的推理是不能应用在这里问题的决策上的，如果在这方面付出努力，只能表明在各种心理活动过程之间缺乏必要的平衡。难以做出不承担责任的正确决策，也许就是由于这个原因。如果仅仅把问题当做一种智力问题去处理，就不容易形成正确的"心理结构"，那样就会在处理问题的过程中忽视许多无形因素。巴纳德（2007）认为，"从表面上看，应用非逻辑的心理过程进行有效工作的能力，常常表现为有'勇气'，但是如果正确地加以对待，与以可能错误的逻辑或虚伪的推理为依据来决定问题相比较，以判断为依据决定问题并不需要更多的勇气。以这两种方法中的任何一种为依据做出决策，都可能产生错误，但我认为依据错误的推理所做出的决策可能更容易出错。从感觉上讲，猜测往往比计算需要更大的勇气。如果有什么重要的事情要决定，但又没有什么计算的依据，那么猜测要比制造出一些资料来假装计算更明智一些。"

西蒙认为决策是问题解决过程的一个部分，是指对备择方案进行评估和选择的过程（西蒙，1986）。该定义在管理学、行为决策学等领域影响最大，使用也最为广泛。西蒙认为，管理是一个决策选择连续的过程。一个决策有可能包含着数个决策，微分决策是决策的最基本单位。微分决策的积分是一段时期内微分决策的累加，这些活动构成管理活动，管理决策包括三个主要方面：一是为决策发现机会；二是寻求可能的行动方案；三是在行动方案中进行选择。狭义地看，决策可以被理解为一个步骤或要素，是决策过程中的一个关键环节，做出决定；广义地看，决策是一个过程，不仅仅包括"决策"这个步骤，还包括其他步骤或要素。西蒙认为决策不仅仅是从几个备选方案中选择一个方案，对决策的理解应从逻辑上展开，可以从认知心理学角度将决策过程理解为四个阶段。一是信息活动阶段，即通过感知关注环境的变化状况，搜集决策信息，为制定决策提供依据。决策者在分析、比对信息的过程中发现和界定决策问题，根据决策问题的紧急程度、重要性程度等确定决策的方向与目标。二是设计活动阶段，即搜寻、分析各种有助于实现决策目标的行动方案，备选方案的数量既取决于决策目标，也取决于决策成本，需要综合考虑企业外部环境因素与内在经营条件。三是选择活动阶段，即在分析和比较各备选行动方案的基础上按照某种决策的满意标准进行选择。四是审查活动阶段，即对所选择的备选方案进行评价和矫正，通过调节决策目标与备选方案，以适应内外部环境的改变以及改正备选方案本身的疏漏。

对于组织而言，有两个层次的决策至关重要：个体是参与组织还是离开组织，他们对组织参与程度有多少，投入热情有多大；如何管理业务，如何进行组织，设定什么目标，如何协调以实现目标，何时改变方向和结构。人有需要、动机和欲望，人受其知识、学习与解决问题的能力的限制（马奇，2007）。在他看来，组织成员是决策者和问题解决者，感知和思考过程是解释组织行为的关键。对于满意标准的作用过程，他构建了一个一般模型：①有机体的满意越低，对会采用的备选程序的搜寻越多；②搜寻越多，奖励的期望值越高；③奖励的期望值越高，满意度越高；④奖励的期望值越高，有机体的抱负水平越高；⑤抱负水平越高，满意度越低。

当丰裕的环境突然向衰退转变时，抱负与实现之间的差异发生得最频繁。在衰退期间，个体的抱负水平远远高于得到满足的水平。因此，许多个体发现自己陷于不能接受的个人冲突中。一个备选方案是满意的，则：①有一套描述最低满意备选方案的标准；②被考虑的备选方案等于或超过所有这些标准。不管是个体决策还是组织决策，大多数的人类决策都是发现和选择满意的备选方案。对于企业，"满意"的要求也许是一定的利润水平、市场份额和流动资产状况。这些满意的标准也可能是能与广泛的各种其他活动协调一致的活动。满意标准的概念与心理学的"抱负水平"概念密切相关。"个体抱负水平的普遍原理在组织行为领域会继续适用。最重要的命题是，随着时间推移，抱负水平往往会改变以适应的成就水平。首先，标准的调整是相对较慢的过程，而且不能无限加快。其次，当情形在某段时期处于'稳定状态'时，抱负水平也不会保持绝对不变，往往会缓慢上升。因此，即使环境没有变化，仍有持续温和的程序创新和变革的压力。最后，尽管过去的成绩为调整成就抱负（或被认为可以达到）提供了主要基准，但是其他比较基准也需要。个体会与其他人比较，从而改变他们的标准以适应其他个体的成就水平，以适应相关参考群体建立的规范。"（马奇，2007）

2.1.2.5 效果推理理论

作为西蒙的学生，萨拉斯瓦西（Sarasvathy）将马奇（March）的恰当性逻辑决策过程和身份的概念，引入到自己的研究中，提出"Effectuation"理论（效果推理理论）。马奇认为大部分的决策理论的逻辑太过于依赖后果，对于不确定的未来结果，需要创新发展一种新的逻辑规则以有效地进行预测决策，于是提出了基于规则的恰当性逻辑。马奇认为决策不是由因果逻辑所促成，而是由组织规则、角色以及管理的结构的运用逻辑所促成。恰当性逻辑是在身份的基础上，将规则与情境相匹配的逻辑推理过程，强调规则的变化。他指出恰当性逻辑和因果逻辑是不同的，恰当性逻辑指导的决策过程要考虑三个问题：① 现在的情形是怎样的？② 我是什么样的人？③ 我处在这样的情形中做什么是合适的?这三个问题分别是对情境、身份以及规则的思考（马奇，1963）。

萨拉斯瓦西从美国1960—1985年最成功的创业者及年度国家创业奖的获得者中邀请了27个研究对象，分别对他们进行为期2小时的实验和访谈。结果发现企业家并不按照教科书式的方式进行创业，他们一般不会进行市场调查，也没有明确的企业目标，他们总是立足现实，利用现有资源，抓住身边的每一个机会。效果推理是指创业者在不确定情形下识别多种可能的潜在市场，不在意预测信息，投资他们可承担损失范围内的资源，并以与外部资源持有者互动过程中建立利益共同体的方式整合更多稀缺资源，充分利用突发事件来创造可能结果的一种思维方式。在充满不确定性并难以预测的环境中，具体任务目标无法明确；但创业者具备的资源或拥有的手段是已知的，他们只能通过现有手段的组合创造可能的结果（张玉利、田新、王瑞，2011）。因果逻辑从给定的目标出发，重点在于从现有手段中筛选出最优方案以实现预设目标。而效果推理通常是从一组给定的手段开始，重点在于从这组手段中创造出可能的结果。因果逻辑关注在给定的目标和可能的手段下应该做什么；效果推理则强调在给定的手段和可能出现的结果下可以做什么。在这里，目标不是预先设定的，随着时间的推移，目标根据创业者和利益相关者的设想不断加以调整。

2.1.3　企业战略管理理论

企业家是企业战略决策的主体，企业家决策主要围绕企业如何行事、为什么企业存在差异这两个问题进行，而这两个问题集中体现了战略的本质。安德鲁斯的设计学派提出的战略制定的 SWOT 分析被认为是战略与战略决策的基本范式，该学派认为战略的形成过程是企业内外部状况相匹配的过程，企业外部状况是影响企业的外部环境因素，外部环境因素具有不可控制性，企业一般只能适应环境，并寻求环境变化所带来的市场机会。建立在对环境的分析基础上的战略决策过程，是有意识、理性的思维过程，综合内外部状况以形成合适的战略。以安索夫为代表的计划学派认为，战略的形成不但是有意识、理性的思维过程，而且是一个受到控制的过程，他们也强调要精心筹划战略，但与设计学派相异的是，更注重对计划进行定量分析。显然，在设计学派与计划学派理论体系中，战略决策被理解为是战略决策者的理性的分析与谋划过程，而战略决策的环境与企业资源更多地被理解为客观的、静态的，战略决策是一种较被动与机械的过程。

波特（1997）的定位学派将战略决策聚焦于产业结构与选择中，从产业结构的角度寻找企业间差异和竞争力的源泉。该学派认为在任何产业结构中，都可以分解为五种竞争力量，企业的竞争与利润来源取决于潜在入侵者、买方、卖方、现有竞争者、替代者等五方面力量的制约，企业战略过程就是对五种竞争力量进行分析的过程，并在此基础上进行战略与市场定位。在战略内容上，提出存在三种通用的竞争战略：成本领先型、差异型和密集型竞争战略。战略资源学派认为，企业战略的主要内容是如何培育企业独特的战略资源，以及最大限度地优化配置这种战略资源的能力（项保华、李庆华，2000）。20 世纪 90 年代伊始，普拉哈拉德和哈默尔提出了核心能力的概念，认为企业的根本竞争优势与独特的战略依赖于企业长期发展过程中所形成与保持的核心能力，核心能力具有独特性、难以模仿等特征，运用核心能力是企业的长期根本性战略。但是由于路径依赖，核心能力存在刚性化倾向，企业过于依赖核心能力可能会产生"能力刚性"，最终导致"核心无竞争力"。20 世纪90 年代末期的企业生态系统观认为，企业的生存环境已经发生重大改变，企业发展不得不考虑社会，由各利益相关者组成的生态系统构成了企业的动态环境。未来的企业竞争不再局限于企业个体之间，而是延伸至企业的生态系统之间。

企业家学派思想可追溯到熊比特的企业家创新理论。该学派强调了企业家的主导作用，认为战略决策过程是企业家主导的或决定的、直觉与理性相结合的思维过程。即在总体思路和方向上讲究理性思维，而在具体细节上则可以跟着感觉走、随机应变，企业战略由精心设计与周密的计划安排转变为有朦胧色彩的"企业使命与愿景"。企业家学派认为企业家基于自己的意志创造了企业，企业是企业家实现其人生梦想与目标的工具，企业家的创新思维与能力决定了企业能够走多远。

认知学派从认知心理学视角，认为战略是企业家个人而非团队基于信息处理形成概念后，所形成的非线性的、创造性思想的认知过程，战略体现了企业家认知结构以及自身价值观、责任观。当企业家意识并感知到环境和企业组织变化时，就会产生对环境的认知、构建概念，产生记忆、联想，然后采取行为使企业适应环境的变化。认知学派的战略分析基于个体认知水平，强调认知在战略决策中的作用。企业家认知能力是有限的，并且他们在认知风格、心智模式和行为方式上存在差异，对环境的处理可适应也可改造。

与认知学派具有内在关联的战略决策学派认为战略决策制定是战略管理研究中的重要内容。西蒙、马奇等基于决策者的"有限理性"，认为决策过程是决策者的信息加工与处理过程。由于有限理性，企业决策不止是一个理性推理过程，还是一个非理性的判断过程，企业战略决策制定过程实质上是企业家的心路历程；战略制定以及由此引发的战略行为在很大程度上是管理者个人观念与组织需求相互作用的结果。企业家个人的期望和动机以及组织结构等就是组织战略决策的内生变量。企业的战略行为其实就是一种基于企业家偏好的管理行为，企业家都会有意识或无意识地通过反映其自身个性、认知、价值观与思维逻辑的"偏好"来影响企业决策。但是，企业家也可以通过经验推断的方式做出较为满意的战略决策，而经验推断是基于个人知识及经验积累的决策行为。企业家在进行决策时经常会采用启发式经验推断方法简单化处理复杂决策问题。企业家的战略决策行为与方式取决于企业家的心智模式、战略远景，企业的资产和能力的作用程度也取决于企业家的的机会识别与风险判断。Mintzberg 等战略学家认为战略决策是一过程，并提出了识别、开发和选择三阶段模型（Mintzberg，1976），其中的每一个阶段又包括许多惯例。在识别阶段，包括决策识别惯例，如机会、问题、危机被识别，并提出决策问题。在开发阶段，决策者集思广益，形成产生问题的可供选择的方案，并完善已被识别的好的方案。在选择阶段，通过分析和判断选择出一个最优方案。

2.1.4　动力心理学

西蒙的"满意""某种期望水平"概念来自于勒温的动力心理学。目前西方心理学中仍然对立着的人本主义心理学与认知心理学，都把勒温看作是自己阵营中的一员（申荷永，1999），以需要层次理论著称的马斯洛，曾经就把勒温视作自己人本主义心理学阵营中的主要成员。就对于人的动机或动力的来源的理解而言，"求乐"与"稳态"是心理学中的两种主要思想。稳态论者主张，有机体内有一种典型的自我保护和自然平衡的倾向，强调人所具有的一种自我控制的能力。坎农认为，"稳态这个词，不是表示某种固定不变的事物或一种停滞状态。它表示这样一种情况：一种可变的，而又保持相对恒定的情况。"（申荷永，1991）稳态的失调就会产生有机体的紧张状态，并促使有机体通过适应性行为，去获取新的平衡。勒温的心理紧张系统，便是遵循了这种稳态论的动力模式。只有当需求打破了原有的心理平衡，才会引起内在的紧张；而由这种紧张所激发的行为，不是为了避苦求乐，而是为了获取新的内在平衡。

勒温认为人的行为根源是由意志或需求压力所致的心理紧张系统。"心理紧张系统"，是勒温心理学中的基本动力概念，也是其心理场论中最基本的动力观念。他认为，只要在一个人的内部存在一种心理的需求，也就会存在一种处于紧张状态的系统。紧张的释放可为心理活动和行为提供动力、能量，从而也就构成了决定人的心理活动和行为表现的潜在因素。为了证明这一理论设想，他指导学生进行了一系列的实验研究。勒温认为，一件要完成的工作等于一种准需求，并会随之产生相应的心理紧张；如果完成了工作，紧张就会消除；如果工作受阻没有完成，心理紧张将继续存在，并且会影响被试的行为和心理活动。他的学生蔡加尼克实验的结果完全证实了勒温的理论设想。其实验解释是，"当被试接受一项工作时，内心便产生一种完成这项工作的准需求，完成工作便意味着解除心理紧张，或使准需求得到满足；如果未完成工作，紧张状态继续存在，准需求有待实现。中途受阻未完成工作的被试，之所以在回忆工作时占优势，一定与这些继续存在的准需求有关。"（申荷永，1991）他的另一个学生奥芙散金娜进行了关于"受阻活动的重做趋势"的实验，实验的目的是要证明"意向性活动的潜在动力不是联想而是一种紧张系统，我们将会看到一种对受阻活动的重做趋势"。实验得到了预期的结果，勒温认为这一实验同样证实了"一种目的或一种意向，可以形成一种准需求，产生具有动力意义的紧张系统"。

"欲求水准"概念首次出现在勒温的学生丹波的实验报告中，在丹波看来，"欲求水准"意指一个人"对目标所期望的程度"。他的另一个学生霍普，也对"欲求水准"问题进行了探索试验，结果显示，成功的体验倾向于提高未来活动的欲求水准，而失败的体验则会降低欲求水准。它一般可被归纳为如下程序：让被试做一种活动或工作，使他在这种游戏或工作中可得到一定的成绩记录。在取得一定成绩后，让被试说出他下一次准备取得的分数。被试再做一次游戏或工作，取得另一项成绩。对第二次成绩，被试将产生成功或失败的体验，并会产生新的欲求水准。在这一程序中，第二点（即设立欲求水准）与第四点（对成就的反应）最为重要。就目前来说，心理学家仍然把人的欲求水准看作是人格发展中的一种动力因素。在勒温的动力心理学理论中，行为或心理活动的目标，也具有一种力或力的性质，勒温称为"引拒值"。正的引拒值具有吸引力，负的引拒值具有排拒力，所以，人的行为不单是由于内在需求和紧张的推动，而且还由于目标本身的吸引（或排拒）。需求的强度增加，与该需求有关的目标的引拒值也会增加；而引拒值的增加，又会反过来影响到需求的强度。勒温的团体决策理论把"决策"作为动机与行动之间的中介，这是对动机理论的一种新的发展。传统的观点把行为看作是动机的直接结果，忽视了行为者的主体意识性，而团体决策理论则提出了心理认知的动力意义。

勒温继承并发展了格式塔心理学，形成了具有特色的"场心理学"。格式塔心理学强调经验和行为的整体性，主张以整体的动力观、结构观来研究人的心理现象，注重人格和人的社会心理世界的探索。一个格式塔系统既具有动力性也具有结构性，勒温认为任何一种心理活动或过程，都必然发生在一种特定的心理环境（或称为心理场）之中。一个场就是一种动力的整体，或者说是一种系统，其中任何一部分都会对其它部分产生影响。勒温认为，为了理解或预测行为，就必须把人及其环境看作是一种相互依存因素的集合，并称为个体的生活空间（life space），其公式为 $B=f(PE)=f(LS)$。也就是说，生活空间（LS）包括人（P）与其环境（E），行为发生在这种生活空间之中，它既是人与环境的函数，也是生活空间的函数。生活空间以对人的行为发生实际影响者为存在标准，将主体和客体融合成一个共同整体，并表现着整体所具有的格式塔性，即其中任何一部分的变化都必将引起其它部分的变化（勒温，1948）。在勒温的动力心理学思想中，人与环境是密切相关的，他的心理紧张系统便既包括了人与环境的关系，也包括了紧张与目标的相互作用（刘九林，2005）。以拓扑学为背景，勒温把人的心理生活空间划分成不同的区域。按照拓扑学的原则，区域没有数量和大小的区别，也没有质的规定；它不但具有拓扑的形式，而且表现着拓扑的特性。然而，就心理学的意义而言，一个人所在的环境与区域，将对其行为产生很大影响；不同的环境与区域，会引发不同的行为表现。由于在同一时间，可能会有几个系统或区域处于紧张状态，而且每一紧张系统，又都与其周围区域中的一种或几种引拒值有关，因而，行为便成为这一动力场中各种力相互作用的结果。将心理动力、认知和环境结合起来考察人的行为，可谓是一种具有现代意义的心理动力论，对企业家决策依然具有很强的现实指导意义。

2.1.5　认知心理学

认知心理学产生于20世纪50年代，被认为是继行为心理学之后的第二次心理学革命。认知心理学的主要理论是信息加工理论，信息加工理论研究人如何注意和选择信息、如何对信息认识和存储、如何利用信息进行决策等。认知心理学的目的就是要说明和解释人在完成认知活动时是如何进行信息加工的，如人知觉到物体的哪些特征，看到了事物间的什么关系；外界信息是怎样存储在头脑中的；他在解决课题时利用了哪些信息，采取了什么样的思维策略等（司马贺，1986）。人的认知活动主要包括感觉、知觉、注意、记忆、联想、思维、情绪、创造力等。认知是一个过程，可以分解为一系列阶段，信息加工系统的各个组成部分之间都以某种方式相互联系着。

西蒙认为，人类认知有三种基本的信息加工过程，它们是再认、问题解决和学习。

再认是指由感觉通道输入的信息经过一定的加工过程，使这些信息与记忆中已经存储的信息发生联系，从而导致对外界物体和关系的确认。这是人类信息加工的基本过程，表现为模式识别的能力。在认知心理学看来，决策者依靠感觉器官与外在事物相联系，产生感觉信息，在感觉的基础上形成知觉。知觉作为一种较高层次的抽象活动，通过对感觉信息的整合与解释，从而完成一系列的信息加工和处理。决策者的知觉依赖于其过去的知识和经验，知觉信息是现实刺激的信息和记忆信息相互作用的产物。人的知觉不仅受外部输入信息的影响，而且也受人们已有的、有组织的知识经验的影响，即认知图式（通常叫做经验）影响。经验或图式在人的直观决策中有两种作用："第一，图式是一种信息接收系统，环境中的信息只有与个体具有的图式发生联系时，才具有意义。在这种情况下，人类对外部信息的抉择，不是取决于刺激物的特性，而是取决于被激活的图式特点，即人们已有的知识经验的特点。第二，图式提供了从环境中提取信息的计划，也就是说，当某种图式被激活后，人们将预测环境中某种信息的出现并积极探索所需的信息输入、加工及输出过程。"（王军，2009）图式或认知结构的作用过程往往伴随着知觉的错误与扭曲，当决策者面临复杂的、不确定的决策情境与问题时，由于理性的限制，不可能完全客观地分析各种信息，考虑到心智成本，决策者常常会走认知捷径、节约认知能量。

决策由问题开始，西蒙认为，当一个人接受一项任务，但又不知道如何去完成它时，他就面临一个问题。因此，问题解决就是使面临的问题得到解决的认知活动。河内塔、书生和野人过河、下棋以及数学等问题是理想化的、结构完整的问题。可是日常生活中的一些现实问题和专业问题，却不那么清楚明确。对于这些问题，西蒙提出可用两种方法帮助人们解决复杂的、结构不合理的大问题，使问题统一于一个汇聚点。一种方法是做计划，把整个大问题加以抽象，把有助于解决问题的部分充分抽象出来，如设计师可以根据以往的经验，先把大的框架设计出来，这样，属于细节性的小问题就容易解决了。解决结构不合理问题的另一种方法是满意法。就是只要求找到一个比较满意的解决办法，而不保证这个满意的解决方案就是最好的。在设计方案的过程中，应该先满足最重要的要求。决策者并不一定要确切地解决复杂的问题，而只是希望得到满意的解决，满意的程度则取决于人脑的能力和所获得的信息。在一般情况下，人并不进行大量的计算，而只借助于启发，以获得满意的解决。以有限合理性满意地解决问题，运用启发式能集中注意，这是人脑的信息加工特点，如图2-4所示。

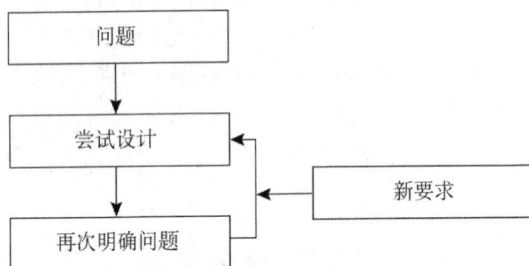

图2-4　解决问题的循环过程

西蒙对学习所下的定义是："人在活动过程中，机体本身会发生一定的变化，这些变化使他在以后的活动中能更快更灵活地完成某种作业，并且不经练习也能完成其他同类作业，这就是学习。"（司马贺，1986）从信息加工的角度，学习可以理解为是对一系列符号的编码、存储以及以后的提取和应用过程。作为西蒙信息加工心理学的另一个重要部分，他运用信息加工理论对直觉、顿悟、理解和格式塔等重要的人类认知心理现象作出了解释。顿悟的现象是科学发现中最令人费解的事实，通常被人们称为"灵感的火花"或"创造的瞬间"。针对该问题，西蒙认为其本质是再认、规划是顿悟的源泉，从一个新的角度来观察问题是导致顿悟的直接原因。

西蒙认为学习、记忆和习惯是与决策相关的心理基础。无论是社会实践与经验学习还是知识学习，在学习过程中自然会产生记忆现象，通过记忆，决策者将决策的信息复制到大脑中，当相似的决策问题再现时，不需要重新搜集信息与分析，而直接从记忆库中提取相关信息。决策者的认知与记忆经过多次重复，就容易形成习惯。西蒙认为，习惯是一种有助于保存有效行为模式的机制。习惯养成非常重要，一旦决策者形成某种决策与行为习惯，面对相似决策情境，决策者不需要重新思考就能让相似的情境与刺激形成类似的反应。在学习、记忆和习惯这三种心理学因素作用下，西蒙认为决策行为行为模式可以分为两种类型。一种是"刺激—反应"模式，即那种一旦出现刺激，便几乎不经思考就作出反应的行为，称为简单的行为模式。另一种是"犹豫—选择"模式，即那种在抉择之前有段犹豫的过程，围绕决策目标、备选方案、预期结果进行仔细的权衡与反复的过程，称为复杂的行为模式。管理决策中的理性决策模式往往强调和肯定"犹豫—抉择"模式，轻视和否定"刺激—反应"模式。西蒙认为，决策是有时间限制的，决策者不能只考虑决策的理性而错过行动时机。并没有切实的证据证明"刺激—反应"模式都是不科学的，为提高效率，企业组织实际上总会训练人们实施简单的行为模式。面对刺激，决策者的大部分本能反应是习惯性的，而且往往是合理的。因为对目的而言，它是事先被条件限制的适应性行动。

情境认知、具身认知和动力认知等认知观点被一些学者称为"第二次认知革命"。该理论强调，认知心理学向情境化、社会实践、动态性转变，认知过程的分析既要包括内在情境的分析，包括认知者的态度和能力、动机和需要，也要包括外在的环境分析。要在具体的社会实践中，在实时的活动过程中分析认知的形成和发展。传统认知科学把理性、推理和概念的形成过程视为离身的、抽象的，忽略了人类生理构造和身体体验的重要作用。他们认为心智本来是具身的，认知或心智主要是被身体的动作和形式所决定的。心智是通过身体与环境的相互作用而产生的；思维大多是无意识的，这意味着思维并非是一种有意识的符号加工；抽象概念主要是隐喻的，而隐喻归根结底来源于身体和身体的感觉运动图式。如热情、冷淡，这些抽象的情绪概念都与身体和身体的体验有关。身体通过心智的作用而延伸到环境，环境中的事物通过身体而作用于认知和心智，因而，心智、身体、环境在相互作用的过程中组合成紧密交融的一体。在这个意义上，环境也是身体的一个部分。环境中的物体、文化、历史事实、社会风俗、行为规则、道德规范都通过身体的媒介对行为产生影响。因此，身体决不是一个由肌肉、血液和骨骼组成的"客体"，而是一个产生各种生活体验的"主体"。推理、判断、语言等都是通过这个"主体"的活动而形成的。叶浩生（2011）认为，人是嵌入这个世界的，同世界是一体的，人认知世界的方式是用我们的身体以合适的方式与世界互动，在互动的过程中获得对世界的认识。

2.1.6　领导心理学

在围绕领导这一核心概念的研究进程中，形成了两大理论：一部分理论注重了解领导者的动机层面，即关注"与生俱有"超凡魅力和改造能力的领导者的情感负载之类的动机变量；另外一类理论则趋向于强调和探究认知因素在领导行为中的作用。领导者一直是决策学关注的焦点，包括领导者自身具备什么特征、如何识别领导者。20世纪30年代，形成了领导特质理论，研究领导者的心理、性格、知识、能力等方面的特征，研究领导者的个性或人格，研究领导者和追随者在本质上是否存在差别。特质（个性、人格）是指个体在生活和实践活动中经常表现出来的，比较稳定的、带有一定倾向性的个体心理特征的总和，是一个区别于他人的独特精神面貌，是一个结构或系统。弗洛伊德把人的精神世界划分为潜意识、前意识和意识三个层面，进而认为完善的人格系统由本我、自我和超我组成。

斯托格迪尔（Stogdill，1948）认为领导者特质分为五个方面：能力（智力、敏感性、表达能力、创造力、判断力）；成就（学位、知识、学术成就）；责任（可靠性、开创力、执著、进取心、自信心、超越的欲望）；参与（积极主动、社交、合作、适应性、幽默）；地位（社会经济地位、个人声望）。领导特质理论经过多年的发展，通过研究视角的转变，又产生了魅力领导理论、麦克利兰（MaClelland）的成就动机理论与领导者动机理论。成就动机历来是领导心理学研究中的一个重点领域。以 MaClelland 和 Atkinson 为代表的动机心理学家，以个体的成就需要为基础来构建成就动机的理论框架，主张成就动机是个人要积极获得并追求完美的自认为对自己有价值的工作的一种心理历程，因此他们更加强调成就动机作为个体的一种个性心理特征来加以分析。与马斯洛的需要层次论一样，麦克利兰也关注人的需要的内容，但是他的成就需要理论认为人的有些需要是靠后天获得的，是通过生活经验能够学习的。麦克利兰（1953）把人的需要归纳为对权力的需要、依附的需要和成就的需要。在分析成就需要的基础上，他把成就动机或成就需要定义成"个体与某一良好或优秀标准相竞争的冲动"，成就需要是指渴望完成困难的事情、获得某种高的成功标准、掌握复杂的工作以及超过别人。麦克利兰认为，早期的生活阅历决定着人们是否获得这些需要。有强烈成就感需要的人，是那些倾向于成为企业家的人，他们喜欢比竞争者把事情做得更好，并且敢冒商业风险（周三多、陈传明，2000）。成就需要可以造就富有创业精神的人物，成就需要强烈的人往往做出成就，因为他时时想着如何把工作干得更好。人的社会性需求不是先天的，而是后天的，得自于环境、经历和培养教育。同样地，麦克利兰（1963）坚信成就需要或成就动机尽管是相当稳定的个性特征，但它毕竟是后天形成的，受到环境的影响，因而也是可以改变、可以培养的，特别是在特定行为得到报偿后，会强化该种行为模式，形成需求倾向。

阿特金森（Atkinson）作为麦克利兰的学生从一开始就参与成就动机的研究，并在麦克利兰的基础上更加强调成就动机的个体差异性，他采用假设分析的方法，逐步将麦克利兰成就动机理论纳入期望—价值理论的框架之中，并提出了成就动机的期望价值模式（阿特金森，1957）。他认为成就动机应包含两个部分，即追求成功的动机和避免失败的动机，而且这两者在强度上可能是不一样的，一个人不可能不考虑失败的后果而去追求成功，因而一个人趋近目标的行为最终要受到这两种动机的综合作用的决定。在阿特金森的理论中，个人追求成功的倾向（期望强度 Ts）是一个多变量的函数，其中的变量包括追求成功的动机（Ms）、成功的可能性（Ps）和成功的奖励价值（Is）。考虑到如果成功的可能性小（任务难度大），则成功的奖励价值高；相反地，如果成功的可能性大（任务难度小），则成功的奖励价值低，因此可以有 Is=1-Ps 的简化假定。于是阿特金森提出三种因素与成功期望间的关系可用以下表达式来表示（杜红，2001）：Ts=Ms×Ps×Is =Ms×Ps×（1-Ps）。同样的分析，阿特金森认为个人对失败的回避倾向（If）也可用避免失败的动机（Mf）、失败的可能性（Pf）和失败的刺激价值（If）三个变量来表示，并且也有 If=1-Pf。因此三种因素与成功期望间的关系可用以下表达式来表示：Tf=Mf×pf×If=Mf×pf×（1-pf）。以上两种动机相加的结果便导致了行为合成动机的产生，所以成就行为的合成动机为：Ta=Ts+Tf=Ms×ps×（1-Ps）+Mf×pf×（1-pf）=（Ms-Mf）［Ps×（1-Ps）］。当 Ms>Mf 时，倾向于积极地追求成功。而且在 Ps=0.5 时，这种倾向达到最大值。当 Ms<Mf 时，倾向于消极逃避。对高成就的人（Ms>Mf）来说，他们在决策时，将偏爱那些中等难度和风险的任务，而对于那些低成就动机的个体（Ms<Mf）来说，他们要么选择他们确信能成功的任务，要么选择那些他们认为肯定要失败的任务，因为在非常困难任务上的失败，将不会使失败者产生羞愧，大多数人也不会去期望一个人在非常困难的任务上能获得成功（杜红，2001）。数学公式只是为了说明的便利，阿特金森模式试图把复杂的动机问题简化为一些数理问题，这难免在一定程度上抹杀了动机的丰富性和多样性，没有考虑到其他因素如能力、原因知觉等对行为的影响。再者，这个模式将成就动机看成是一个人稳定的人格倾向，这与现实中的情况也有一定的距离，有些实验研究显示，人的成就动机并不一定稳定，可能受意外事件的影响。

20世纪70年代，心理学领域出现了"认知革命"，领导心理学领域的研究已然将兴奋点转移到如领导者的判断、知觉、智力、能力以及经验等认知变量上来（王沛，2001），认为正是这些变量决定着领导者的工作绩效。社会认知理论认为个体因素（包括认知、情感和生理等方面）、环境因素和行为因素三者之间因相互影响而产生了三重交互决定作用，并将重点放在个体所具有的信念方面，主要包括对自己能力的信心以及在成就情景中对背景因素知觉的信心。班杜拉（1977）认为人们实施自己的行为不仅凭意志力，还要依赖于个体运用自己的力量，自我功效就起着这样的作用。自我功效或自我效能，会影响人的行为选择、影响对待困难的坚持性、影响面临任务时的准备和努力程度、影响人们在预期或实际处理问题时的思想方法和情绪反映。应该看到，对成败原因的认知因素只是影响人的行为因素之一，人的成就需要、能力、个性、过去的经验等同认知因素一道决定着人的成就行为。况且，在认知因素中，除了成败归因分析外，人对目标价值的认识、行为策略的选择、自我功效感等因素都影响人的认知效果（张兴贵，2000）。

2.1.7 积极组织行为学

积极组织行为学是积极心理学在组织行为中的应用。积极心理学关注人性中的积极因素，而不是关注人性中的消极因素。在马斯洛看来，健康人格具有对现实的清醒认识，对未来的准确预感，对他人的谦逊态度，对社会的明确责任，对自己的健全个性以及对生活的乐观进取。除马斯洛之外，其他积极心理学家也都提出了自己的健康人格模式，如罗杰斯的"充分起作用的人"、弗洛姆的"创造性的人"、弗兰克的"超越自我的人"等。在积极心理学运动之前，组织行为学虽然也研究员工正强化、积极情绪与积极关怀，但理论上最终的应用点是处理工作场所的员工消极问题，如过多的研究员工压力与离职问题，而不是如何使他们轻松快乐（高英，2011）。

在不确定性上升、环境日趋复杂、员工心理问题日益突出的背景下，卢桑斯（Luthans）最早将积极心理学成果应用到组织行为领域，他将"积极组织行为学"定义为："为提升今天工作场所中的绩效，针对那些具有积极导向的、可测量的、可开发的、可有效管理的人力资源优势和心理能力所进行的研究及其运用。"某项针对修女的长期研究显示，在修道院生活的修女由于心态上不一致而导致寿命存在巨大差异。那些对生活乐观、态度积极的修女的寿命要比那些消极悲观的修女平均寿命要延长十年之久。修女们的差异点就是她们的可控心态，部分修女是积极主导，而另一部分是消极主导（卢桑斯，2010）。积极组织行为学主要关注的是积极人力资源对企业的积极作用，关注员工心理能力的测量，心理潜能的开发、培育及有效管理，从而帮助员工提升工作绩效。卢桑斯（2006）等提出的积极心理学概念，是积极、可测量、易于开发的。积极，指的是一种良好的状态，如坚韧或善意，以及和这种状态关联的力量或者结果，如感激。可测量这就要求积极组织行为学包含的概念是状态类的变量，而不是特质类的，而且必须有理论支撑。卢桑斯（2007）指出，在实践中，并不缺少关于如何取得成就、幸福、高效等积极结果的通俗文献，例如，《谁动了我的奶酪》《一分钟经理》以及《高效能人士的七个习惯》等，尽管这些畅销书填补了一个有意义的空白，推动了积极心理学的发展，但这些从实践观察中得到的描述性的经验总结，缺乏实证研究的支撑。

根据积极组织行为学标准，他们提出心理资本构念，所谓心理资本是指个体在成长和发展过程中表现出来的一种积极心理状态，具体表现为：信心（自我效能）、乐观、希望和韧性（卢桑斯，2007）。心理资本概念提出之后，国内研究者也都纷纷参与展开相关研究与应用，发现其中可能存在文化差异。卢桑斯等（2007）认识到了该问题，认为文化的差异性会对人生中资源集的获得产生重大影响，在个人主义、集体主义文化中，个体心理能力受鼓励的程度肯定会不同。柯江林、孙健敏和李永瑞（2009）以POB标准为基准，开发了本土心理资本构念，"该构念具有二阶双因素结构:事务型心理资本，包括自信勇敢、乐观希望、奋发进取与坚韧顽强；人际型心理资本，包括谦虚诚稳、包容宽恕、尊敬礼让与感恩奉献。事务型心理资本包含内容与西方心理资本基本相似，人际型心理资本具有本土文化的气息。"目前心理资本主要应用于员工心理开发，由于心理资本干预模型的局限性与企业家的决策心理和行为特点，决定了该模型完全应用于企业家决策心理的描述、评价与开发中。

2.1.8 理论述评

系统论强调整体性、目的性与协调性，认为人与事物都是一个整体、一个系统，企业组织与企业家、决策与决策标准也都是系统，勒温的动力心理学与企业战略管理理论等都可以理解为一种系统论。

西蒙的有限理性决策理论构建了比较含糊的"满意标准"——"某种期望水平"以批判难以实现的"最优标准"——"边际收益等于边际成本"。由于满意标准的现实性特征与大多数人的简单决策过程十分类似，因而有限理性理论在与完全理性理论的竞争中获得了巨大成功。但是，这并不意味着理性与最优标准思想的彻底溃败，经济学对最优思想的迷恋一直也没有停止过，包括后来的卡尼曼等深受西蒙影响的经济学家。

"满意"与"最优"之争的传统在战略管理理论中体现在战略决策的逻辑分析与直觉决策上。设计与计划学派认为战略的形成是一个受控的、有意识的正式规划过程；与之持有相反观点的认知学派认为战略形成是一个心理过程，是一个认识过程，战略决策是依靠决策者个人的认知——感觉、直觉、思维和判断形成的。越往高层，战略决策离逻辑分析越远，离直觉决策越近，越具有艺术性。

按照西蒙的说法，满意标准的思想来自于勒温的动力心理学，动力心理学强调人的需要、心理动力、动机等对行为的影响，强调了人的主体性与目的性特征。西蒙不仅对心理动力感兴趣，还对人的认知心理过程作了深入研究，并顺利进入人工智能领域。认知心理学强调信息加工过程对行为的影响，认为信息是决策的基础。在心理学发展史中，动力心理学与认知心理学经历了"对立—渗透—融合"的过程，对决策标准的深入研究，需要综合考虑来自这两个理论领域中的研究成果。

　　某种意义上，领导心理学是特质与个性心理学在领导管理、战略管理中的应用。人格特质研究者对人格特质是否一致、能否培养及其对行为有何影响机理等问题并没有或许永远也不会有最终答案。这样的研究尴尬也体现在领导心理学中。领导心理学关注组织高层管理者，突出了高层管理者的心理结构与个性特征，认为有什么样的领导特质就有什么样的决策行为。而领导心理学的"认知革命"以及领导行为理论与权变理论等现代领导理论的出现，使得领导特质理论陷入了更大的尴尬之中。积极组织行为学关注组织场合中的员工的心态，寻求高效的人力资源竞争优势，所提出的心理资本构念确实能够有效地改善企业经营管理水平，打造竞争优势，提高组织绩效。但是此构念是开放性的，不稳定性很高，尤其是对于心理资本与组织绩效之间的决策机制探讨明显不足。

　　这些理论为决策心理锚理论奠定了坚实的基础，如图2-5所示。相对来说，"决策意志"从动力心理学与领导心理学中汲取了更多的营养，"决策预期"从认知心理学与行为决策学中汲取了更多的营养，"决策能力"从战略管理理论中汲取了更多的营养。尽管并不存在完美的理论，但是各理论中的精华思想可以为构建新理论提供思想启迪，甚至可以直接汲取。康德说过，"没有理论的经验是盲目的，没有经验的理论是空洞的"。就理论定性而言，决策心理锚理论属于决策行为学范畴。决策行为学是应用管理学的分支，研究决策过程中决策主体的心理和行为的规律，研究决策主体的目标价值体系、研究决策主体的合理社会行为和规范行为，从而增加决策者的感知、思维、分析判断、创造和选择的能力，以提高决策有效性的科学（盛宇华，1989）。对于决策心理锚理论将成为决策行为学的重要组成部分，我们充满了信心。

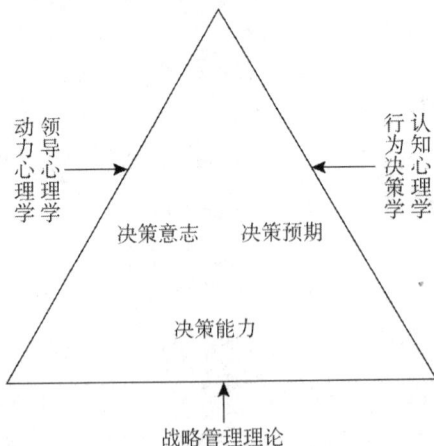

图2-5　决策心理锚的理论支撑体系

2.2 文献综述

在"决策心理锚"理论产生之前，明确以企业家决策心理标准为研究对象的成果几乎没有，但是涉及决策标准与决策心理的文献如同决策的影响因素一样浩如烟海。与行为经济学与行为决策学注重探讨决策主体的"一般性"相比，企业战略管理、企业伦理涉及了企业家的"特殊性"。而心理学家致力于各种个性特质与心理特征对行为的影响，将决策标准隐含在不同的、复杂的心理体系之中。

2.2.1 不确定情境下行为决策的心理偏差标准

鉴于 Ailais（1953）悖论的出现，在行为决策领域中形成了两个阵营：一个为"最大化"阵营；另一个为"满意化"阵营。"最大化"阵营中的研究者坚持以效用最大化为标准，认为决策者试图获得"最优"，采取简捷式、启发式决策规则，但由于众多的心理效应与偏差的作用，使得决策者的实际决策按照"心理偏差标准"进行决策。Kahneman 和 Tversky（1979）强调人们的行为选择受到心理因素的影响，人类实际的推理规则是充斥着谬误的启发式规则。即利用非常简单的方法简化复杂的问题，形成一种单一的决策过程，其中主要有代表性法则、可得性法则和锚定与调整法则等。与"执行角色"相比较，扮演"决策角色"的个体往往高估自己的成功可能性，形成脱离客观事实的不合理期望，一旦受挫，则将失利归因于不可控力。Weinstein 和 Neil D（1980）、Kunda 和 Ziva（1987）等发现持续性的过度自信偏差会驱使决策者产生重大风险行为。当然，决策者并不总是过度自信，决策者还常常自信不足以致跟风决策，Shiller（1990）发现投资品价格的异常表现与大量的"羊群效应"不无关系，其他投资者的决策行为成为决策者的决策标准。由于信息缺乏，决策者可能仅凭少量有限事实或有限个人经验而决策（Busenitz、Barney，1997），决策者甚至会迷恋迷信与超自然信仰（陈震红、董俊武，2011）。李心丹、王冀宁、傅浩（2002）认为我国投资者有政策依赖心理，注重收集政策信息，并以其作为决策依据。王宁、茅宁（2005）归纳了近30种心理偏差标准，包括前述的过度自信、从众效应、政策依赖等。显然，决策者决策深受各种情绪波动与心理偏差标准影响。

但是，他们没有揭示简捷启发式等非理性行为产生的内在认知机制，没有阐释如何避免心理偏差。对于认知偏差影响决策行为的内在心理机制缺乏深入探讨，认知偏差所导致的决策行为模式有待进一步研究（王军，2009）。有着浓厚Simon理论色彩的德国学者 Gigerenzer（1996）一直认为 Kahneman 和 Tversky 在算法式和偏差方面的研究存在着致命的缺点。主要问题是同时解释得太少又太多：太少，是我们不知道这些启发式和偏差标准何时以及如何发挥作用；太多，是因为事后其中的一个启发式与偏差标准几乎可以解释任何实验结果。众多研究者揭示出规范性模型与实际决策的不一致，却把造成不一致的原因理解为之决策者的非理性，而不是模型的缺陷。"偏差"一词正体现了决策研究者对于决策理论或模型的规范地位的认可，是行为偏离了理论准绳，而不是相反。大家的注意力都集中在对不断增加的偏差的分类上，并根据与规范模型的偏离程度为标准定义偏差（Anderson，1986）。

2.2.2　不确定情境下行为决策的满意标准

在"满意化"阵营代表西蒙看来，"满意标准的确定主要与愿望水平有关，而愿望水平是变动的，愿望水平的满足过程就是满意标准的实现过程，而这实现过程是通过搜索机制或直觉机制等来实现的。""可以假设存在影响决策者对他找到选择进行判断的某种期望。一旦发现了一种选择满足他的期望水平，他就会终止搜索，选中该选项。"（西蒙，1989）西蒙在提出他的"满意"决策标准之后，就注意到了这个概念的模糊性，他于是补充道："如果认为某事物在本质上就是定性的，在应用数学家作出尝试之前不能简化为数学形式，否则这将是危险的。"（西蒙，2002）西蒙指出，"他之所以接受'足够好'的解，是因为他根本没有选余地"（西蒙，1987）。由此可见，西蒙虽然意识到满意标准的含糊性等缺陷，但是并未试图予以解决，毕竟在最优标准理论浸淫的时代能够提出满意标准的概念与思路就已经很伟大了。几乎与西蒙的思想完全一致，Kozielecki（1977）认为抱负水平是一切不确定性风险中决策者进行风险选择时的标准。而且决策主体会不断调整自己的抱负水平，使其尽可能地适应不断变化的客观环境（Selten，1998；泽尔滕、高雷，2011）。在满意标准基础上，研究者还探索了其他标准。Montgomery 提出了寻求优势结构的决策规则（Montgomery，1981）。Li（1994，2004）将复杂的决策过程简化成了"齐"与"别"两个阶段，人们利用强优势和弱优势原则进行决策。Gigerenzer 等进化论范式提倡生态理性标准（刘永芳，2003），认为人类的决策原则由三部分组成：信息搜索原则、停止信息搜索原则和决策原则（Peter、Todd、Gigerenzer，2001；Brandstatter、Gigerenzer，2006）。Sarasvathy 把西蒙决策思想应用于创业管理研究领域，提出了不同于目标推理的、基于效果推理的决策模式 Sarasvathy（2001）。Sarasvathy 在提出因果逻辑和效果逻辑的基础上，进一步提出了构成效果推理理论的基本规则：① 可以承受的损失而非预期回报；② 策略联盟而非竞争分析；③ 开发偶然性而非现存知识；④ 控制不可预见未来而非预测不确定事物（Sarasvathy，2001；2004）。创业者不能采用以目标为导向的因果推理模式，而必须改用效果推理模式来进行决策（秦剑，2010；张玉利、田新、王瑞，2011）。决策不是对过去的选择，而是反映了对未来的预期，决策者应该根据"预期组合"标准进行决策（徐文政、盛宇华，2011），而决策预期在很多时候其实是"选择性预期"（郭新强、盛宇华，2011）。

也有学者明确地对满意标准提出了不同看法，刘霞、潘晓良（1998）认为，不确定性风险决策备择方案的选择标准是存在于决策不同阶段上的抱负水平-相对效用整合标准。满意标准是含糊的，新的决策准则应该是最优准则和满意准则的辩证结合（叶泽方，1996；李广海、陈通，2007；唐馨，2009）。冯廷勇（2007）提出了两种不确定性决策情境中存在两种决策标准：一种情境中的两种或两种以上的备择方案是同质的，方案选择的标准是相对择优（满意）；另一种情境中的两种备择方案完全是不同质的——接受或放弃，方案选择的标准是主观"接受阈限"；但是他没有解释个体的"接受阈限"是如何形成的，"接受阈限"的改变受到哪些因素的影响。西蒙的令人满意的决策原则是一种简单化决策准则，即只用一个十分简单的决策准则来处理较为复杂的决策问题，很多时候只凭经验与直观决策，以应付过去。满意标准只有选择和确定了上限和下限，才具有可行性（盛宇华、王平，2006）。从心理动力形成基础来看，满意所指的是可达到状况，事实上这是一种"有限最优"。满意只是追求最优的不完全或不成功的后果，无法事先以此作为决策指导原则，否则易使决策陷入无须或放弃尽善尽美的努力，甚至还可能陷入一切皆空的哲学思辨之中（李广海，2007）。

2.2.3 企业战略管理与企业伦理中的决策标准

战略管理学界对企业战略决策的形成过程与机理研究尚不充分（朱振伟、金占明，2010），未清楚详细地说明决策标准如何影响战略决策过程，且研究还相当有限（Rajagopalan,1993；Papadakis,1996）。安德鲁斯的设计学派提出的战略制定的 SWOT 分析，将环境因素与企业自身因素相结合，以此作为战略决策标准。但 SWOT 分析法在测定机会、威胁、优势、劣势时并没有采取一个统一的标准，结论可能与企业经营决策者的经验有较大差异，从而使企业决策层怀疑甚至否定 SWOT 分析结论（宋继承、潘建伟，2010）。

认知学派认为战略形成是一个心理过程，大多数研究者认为战略决策是依靠决策者个人的认知——感觉、直觉、思维和判断形成的，直觉与经验成为决策的标准。Tversky、Kahneman（1983）认为对于主观风险的预测和分析主要基于决策制定者的直觉判断。在选择阶段，企业家通过分析和判断选择出一个最优方案（Mintzberg，1976），选择的依据更多的是企业家的直觉与经验。高层管理者进行战略决策时会采用简化直观推断，利用感知进行决策（Cooper等，1995）。杨乃定和李怀祖（1999）将直觉决策称为"直感决策"，认为高层管理者的直感决策常常建立在一定的参考点基础之上，直感决策的研究涉及决策者选择合适参考点的思维机理，并定义区分了四类直感决策参考点：低值参考点、高值参考点、匹配型参考点及背景型参考点，以及讨论了决策者在分别运用这四类决策参考点时可能引起的偏差。Lisa Sayegh等（2004）构建了基于情感和直觉的管理决策模型，着重分析了情感在直觉决策中的作用。孟冬妮（2011）通过对高层管理者的访谈发现，几乎所有企业在面临行业进入或多元化决策等重大战略决策的时候，都会有几个相当的备选方案可供选择，被访对象在谈及选择依据与标准的时候，大都认为是"凭感觉或直觉，别人能做的我一样能做好，我相信我的感觉"。

战略决策涉及利益相关者利益，战略决策标准常常也是伦理标准。Velasquez（1985）和Rostankowski（1985）指出，受自由意志支配，给他人带来幸福或伤害的行为是伦理行为。依此论断，一切战略决策都是道德决策，因为任何企业活动都会对他人产生影响。Jones（1991）就深刻指出，管理者的很多决策都是道德决策，只是管理者没有意识到其决策所包含的道德因素罢了。决策者一般根据某种社会伦理标准来选择实现目标的手段，Hunt、Vitell（1986）认为个体主要依据手段论和目的论两种哲学标准来指导道德判断。但由于伦理准则的相对性，企业伦理决策理论不可能形成一致性的伦理判断标准。"烂苹果"学派提出伦理决策是决策者个人特征的直接结果，决策者个性特征成为伦理决策标准（Trevino、Youngblood，1990）。"烂木桶"学派则强调了外部环境因素对企业家伦理决策的影响，应该用权变观点看待伦理决策问题，群体规范、组织文化等情境因素才是伦理决策和行为的标准因素（Jones、Kavanagh，1996）。张坊（2005）认为，德才标准在理论和实践中至少暴露出三个问题：一是该标准过于抽象，缺乏可操作性，往往带有极其强烈的主观色彩；二是标准过于宽泛，缺乏针对性；三是标准只有质的规定性，缺乏量化设计。伦理与心理都是精神层面的范畴，伦理决策与心理关联很大，谭艳艳、汤湘希（2012）提出伦理意向标准，将会计人员的行为意向作为他们伦理决策的替代变量。

2.2.4　心理学中的心理结构与心理锚标准

我们知道，管理决策学家与战略管理学家大都认为决策是一个过程，确定决策标准是决策的重要过程也是本质环节。心理学家虽然考察了众多心理因素对行为的因素，但大多忽略了"犹豫—选择"模式、忽略了决策标准的作用环节，充其量是将标准隐含于心理体系中。与行为经济学者关注不同的心理偏差标准不同，心理学家更愿意同时探讨多因素组合对个体行为的影响，这些心理组合也称为心理结构。阿尔波特（1936）认为每一个人都具有根本特质、核心特质、次要特质等特质，据此可预测一个人的行为反应。卡特尔（1950）找出了16种根源特质，Tupes 和 Christal（1961）则发现了"大五"人格因素。甘怡群等（2002）认为"人际关系取向"包含和谐、人情、面子和灵活性的维度，在理论上已被普遍承认并作为独立于"大五"之外的第六个人格维度。为了理解或预测行为，勒温（1948）强调把人及其环境看作是一种相互依存因素的集合，即个体的生活空间，$B=f(PE)=f(LS)$，生活空间（LS）包括了人（P）与其环境（E）。Atkinsno（1957）认为行为是动机、期望和诱因价值三者的函数。Fishbein、Ajzen（1975）的理性行为理论认为，行为意向是行为的标准，行为意向标准由行为态度和主体规范构成。计划行为理论（Ajzen、Fishbein，1980；Ajzen，1991）则增加了感知的控制力标准，使其与行为态度和主体规范一起作为行为意向标准以决定行为。Sternberg（1988）则提出了由智力、智力风格和人格组成的决策三维模型。Letcher 等（2004）将心理资本等同于"大五"人格，认为心理资本是人格特质。Fred Luthans 等（2007）提出的心理资本构念包括自我效能、乐观、希望与韧性四个心理能力。孙健敏、李永瑞（2009）构建了本土心理资本构念，认为其具有二阶双因素结构。在自我效能（Bandura，1986）、图式、经验等概念基础上，学者还提出了综合性的心智模式概念（Holyoak，1984；Senge Peter，1990；姚凯、陈曼，2009；骆志豪、胡金星，2010），强调众多心理因素的框架性与整合性作用。

就企业家的心理结构而言，Miller（1983）提出了通过创新性、风险承担和超前行动三个维度来描述企业家人格特征。Lumpkin、Dess 在三维度基础上加入"自主性"与"积极竞争"两个维度，将企业家导向内涵扩展为五维度（Lumpkin、Dess，1996）。Judge 等（2002）发现"大五"人格的每一个人格因素都和领导决策行为的产生存在显著关联。Korunka（2003）等认为企业家至少存在以下方面的特征：对成就的高度需要、内部控制倾向、风险倾向。其他方面如个人先动性、主动性、动机等均会影响企业的成功。贾良定、唐翌、李宗卉（2004）将23名愿景型企业家分为3种类型：易变者、创造者和改进者，认为企业家成功的关键心智能力不是灵感和想象力，而是远见、洞察力和处理各种关系的聪明，并必须寻求市场和产品间的平衡。朱宏俊、汪宜丹（2007）构建了以内外控倾向、自我取向成就动机、社会取向成就动机、不确定性容忍力、风险偏好为特征的企业家心理结构。刘向东（2011）提出战略领导者的个性特征具有四个维度：控制倾向、成就需求、风险倾向、自恋倾向。孟冬妮（2011）认为高层管理者的风险倾向、控制幻想、相信小数定律、过度自信、预期收益、信念、能力都会影响高层管理者战略决策风险行为。

　　锚定效应是心理偏差标准的一种，其对一般决策者的影响显而易见。与心理学强调对心理结构进行多因素分析不同，行为经济学与行为金融学更强调对锚定效应进行单因素分析，且作为一种普遍存的心理偏差来研究。锚定效应是指在不确定情境的判断与决策中，人们的某种数值估计会受到最先呈现的数值信息即初始锚的影响，以初始锚为参照点进行调整做出估计，但这种调整往往不充分，使得其最后的估计结果偏向该锚（即高锚会导致较高的估计，低锚则导致较低估计）的一种判断偏差现象（Tversky、Kahneman，1983）。Epley、Gilovich（2001）在研究中发现根据锚定值来源实际可以把它们分为两种：外部锚和自发锚。其中，外部锚是指情境中其他人直接提供的参照值，自发锚是指个体根据自己以往经验及获得的信息线索在内心自行产生的比较标准，自发产生的锚比实验者给予的锚带来的偏差要小（Chapman、Johnson，2002）。锚定效应最先作为一种启发式被提出，它在人类复杂任务的判断决策中起到了一定的积极作用，但它往往也会给人们的决策带来负面的影响，使得人们的决策出现判断偏差（李斌等，2010）。如大量研究表明，锚定效应可以使得个体产生自我中心偏差（Epley、Keysar、Gilovich，2004）、法庭判断偏差（Englich、Mussweiler、Strack，2006）、患病概率的诊断偏差（Brewer、Chapman、Schwartz，2007）以及共享信息互换中产生两难情境（Cress、Kimmerle，2007）。在经济决策领域研究表明，锚定效应常常会对消费者的消费意愿、讨价还价产生影响（Simonson、Drolet，2004；Chandrashekaran、Grewal，2006）。不同特征的决策者受到锚定效应的影响是不同的，Mcelroy、Dowd（2007）研究了不同人格特质的被试受到锚定效应的影响程度，如果被试更为"开放性"，则受到锚定效应的影响程度则更大，而其他"大五"人格因素的被试在不同的锚值下，受影响程度变化不大。其中的解释是性格开放的被试喜欢与外界交往，喜欢变化，关注变化的环境信息，并对信息进行加工处理，使得新的信息处理水平不断地接近锚定的信息，结果导致较大的锚定偏差。不同的知识结构与知识水平的人被锚定效应影响的程度也存在差异（Wilson等，1996），如果个体对决策问题知之甚少，则容易受到锚定效应的影响。不同个体的主观意志努力程度的差异，受锚定效应的影响程度也存在差异，认真思考、独立思考等可以一定程度上减少自发锚定效应的强度。Epley、Gilovich（2006）的研究发现在自发锚定效应情境中，与低认知需求的被试相比，高认知需求的被试积极思考，调整比较充分，基本不受锚定值的影响。李斌等（2010）指出，当前虽然探究了个体因素如能力、情绪与人格等因素的影响作用，但它们是否存在交互作用还需进一步明确。

与行为经济学与行为金融学的单因素的锚定效应不同，人力资源管理中的锚定效应被理解为是一种综合锚。施恩（2004）认为"职业锚"是个人能力、动机和价值观三方面的相互作用与整合。他指出，"当我们经历了不同的工作时，就会认识到其中只有一些价值是我们真正关心的，影响我们职业的这一因素叫'职业锚'。它是人们内心深层次价值观、能力和动力的整合体，它体现了'真实的自我'"。之后，职业锚概念被广泛地应用于人力资源管理实践中，当然作为职业决策的有用工具，职业锚理论依然需要进一步完善与实证。

2.2.5　综合评述

"有限理性"和"满意标准"这两个决策理论的基本命题是西蒙对经济学、管理学所作的最主要的贡献。西蒙的理论特别强调心理因素对行为的影响，从而使其研究领域得到了很大的扩展，给经济学、企业行为理论等研究开辟了广阔的领域。满意标准理论是对最优标准理论的革命，具有重大的理论意义，西蒙因此作为管理学家首次获得诺贝尔经济学家。但是，正如西蒙自己发现的那样，满意标准具有含糊性等缺陷。虽然西蒙声称其"某种期望水平"的满意标准有心理学理论支撑，但是，经过文献检索与理论溯源，我们发现，勒温的心理学传统并不能给西蒙以明确的支撑，满意的主体、对象、程度、情境等问题都需要进一步地得到解释。满意是人的心理状态，是一种感觉，甚至是一种直觉。西蒙理论的继承者与批判者的理论，或脱离具体决策主体与决策情境，或偏离满意决策方向，因而大都也需要再解释。

卡尼曼等行为经济学者通过大量的心理学实验证实了当人们面对不确定的复杂情境时，存在着通过简约法则，运用启发式策略走"认知捷径"的倾向，但是他们重点关注的是这一认知倾向如何系统化地偏离理性决策范式，产生的"谬误"，却没有揭示简捷启发式等非理性行为产生的内在认知机制，没有阐释如何避免陷入决策偏差陷阱。人的心理因素非常复杂，哪些个性心理能够成为影响决策的结构与标准，是很确定的，虽然心理学的研究成果非常丰富，但是由于缺乏明确的研究对象以及特定的行为环境，这使得既有的研究十分雷同且令人迷糊。

战略决策理论标准更强调企业家的建立在经验基础上的直觉决策标准，直觉决策迅速，有时很有效，但是战略决策总是以直觉为标准则显得十分危险与玄乎。直觉是什么？直觉包括哪些内容？直觉决策有无规律可循？如何形成科学的直觉决策？在部分研究者看来，这些直觉决策的问题似乎无需解释，只可意会不可言传。但是对企业家来说，并不会将企业战略决策仅仅建立在难以言明的直觉标准之上。就这点来看，直觉决策与满意决策并没有太大的差别，唯一共同之处是两者都需要再解释。

心理学对影响人之行为的因素分析可谓十分全面，但我们发现众多的研究彼此雷同、相互交叉。虽然心理学注重实验研究，但是实验室环境与自然环境相比仍然有相当大的差别，并没有"放之四海而皆准"的心理结构，也没有"牵一发而动全身"的锚定效应。更关键的是，这些研究既缺少实践的例证，也缺少实证研究。

由是观之，探讨人的决策心理标准的路还很遥远，或许既没有正确通道，也没有尽头。但是，科学研究的步伐从来没有、也不会就此戛然而止。

第3章
企业家决策心理锚存在性分析

　　包括行为决策理论在内的心理学理论旨在探讨行为发生的过程机理，研究行为之前的"心理状态"。动力心理学、认知心理学分别从心理动力与信息认知驱动视角解释了行为发生的规律，但是更为现实与科学的方法是将两者结合起来，以系统的态度对待复杂的决策心理与行为。与理性决策分析理论相比，行为决策科学并不将研究视角集中于纯粹的、抽象的理性想象，更不将决策状态定量化为一个"量化指标"，而是致力于探讨决策过程的各种心理现象与心理过程，探讨各种心理因素成为决策标准的可能性与现实性。注重对经验归纳与总结的描述性决策理论，运用大量的事实与实验例证了某种决策规律与标准的存在，典型的如西蒙的满意决策理论、卡尼曼的前景理论。但是，我们发现，西蒙理论的满意标准——"某种期望水平"是片面的、含糊的、随意的，仅有"某种期望水平"一种决策标准是不够的，恐不能应对复杂的决策情境，也无法反应决策者的复杂决策心理与变化规律，其本身需要再解释，需要解释满意的主体、对象、时机、程度、实现条件以及满意标准的变化机理。

　　令人疑惑并产生兴趣的是，在现实决策实践中，一些由复杂心理因素构成的某种复合标准一直在发挥作用，这种标准似乎与梦想、经验、经历、能力、信心、感觉等多种因素有关。例如，在婚姻决策实践中，有的红娘的婚介成功概率很高，其原因就在于这些红娘不但有经验、有直觉，而且对双方的家庭基本情况、个人条件、兴趣、期望水平等比较熟悉，大体上能够构建双方匹配的复合标准，进而取得较高的婚介率。在投资决策领域，决策者越来越关注综合性的投资决策指数，而不是片面的单一指标，如"央视财经50指数""克强指数"等。类似的决策现象还表现在"剩女"、股民等决策者身上。诺埃尔·蒂奇、沃伦·本尼斯（2008）指出，持续不断地做出正确决断的成功领导者，会用头脑中建立起的清楚的思维框架来指导自己的思考，思考关于这个世界怎样运转以及他们想要看到怎样的结局，他们的头脑中上演着生动的故事。企业家必须不断地作出决策，驱动决策产生的标准结构或框架是存在的，只是需要将其更为现实地而不是抽象地、更为综合地而不是单一地揭示出来。企业家决策心理锚类似锚或GPS，它以结构化的心像形式嵌入在大脑中，制约和驱使企业家作出可预见、可观察、可衡量的决策。如同航行在未知海域的船只，是否航行以及航行的方向、条件与范围，取决于全体船员尤其是船长的坚强意志、对速度、航程等的预见与判断以及对船只资源条件的配备与维护等。探讨与提炼企业家决策本质以及决策心理锚的"存在性"需要建立在综合性的理论体系之上，这些理论体系涵盖第2章；需要接受现实的检验，可以从其他决策者的决策现象中得到启示，也可以通过直接分析成功企业家的决策行为以检验决策的本质性特征与心理标准结构的存在性。

3.1 企业家决策的本质特征分析

通过理论梳理与相关研究文献的回顾，我们发现构建决策标准既要考虑决策主体、客体的一般性，也要考虑它们的特殊性。对企业家决策的一般性与特殊性分析的实质是探讨其本质特征。对企业家决策的本质特征的深入思考必须回答来自于实践的三个问题：一是在一个企业组织中，为什么企业家是最终的决策者，为什么绝大多数的企业家不愿意放弃决策权；二是作为一种心理与行为，决策是否是"自由的""任意的"；三是与其他决策者相比，为什么企业家的决策非常重要又非常复杂，但是很多时候决策的过程似乎是"简单的""直觉的"。同时，深入思考还必须回答来自于决策理论的四个问题。如前，马奇指出，"决策理论中的几个关键问题至今没有得到很好的解释：一是应该把决策看做以选择为基础，还是以规则为基础？二是决策是由于清晰和一致而更具有典型性，还是由于模糊和不一致而更具有典型性？三是决策是一种工具性活动还是一种解释性活动？四是决策过程的结果主要应归因于自主行动者的行动，还是应该归因于互动着的环境的系统特性？"马奇（2007）来自实践的问题与"马奇问题"对于决策理论研究者而言是沉重的、急迫的，也是饶有趣味的，要求我们立足现实决策实践，从决策的本质或关键步骤入手，以求寻找解决问题之道。

决策的本质特征决定企业战略行为选择是在一系列备选方案中进行的，这种选择在一定意义上是管理者行为选择的直接产物（罗珉，2012）。在西蒙看来，任何决策者都以满意为决策标准，满意标准是其决策的本质特征。作为决策主体，企业家既不同于企业其他决策者，也不同于企业外部的决策者；企业家决策既体现了自身的心理特征与个性特质，也反应了企业的战略环境与企业特征，因而企业家决策与其他决策者具有本质差别。就规范性理论而言，正是决策的本质特征决定并要求决策者具备一定的心理结构，综合各因素的功能发挥以应对复杂的决策问题。

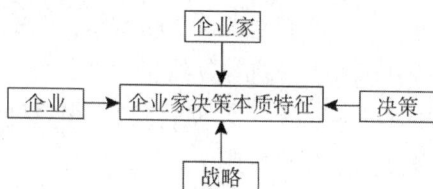

图 3-1　影响企业家决策本质特征要素

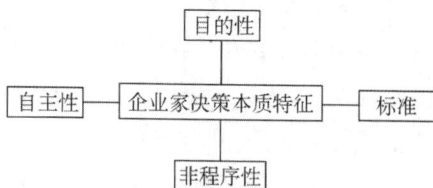

图 3-2　企业家决策本质特征

3.1.1　决策的自主性

决策问题的本质是客体存在运动不能满足主体的需要（刘应宗，2001），决策一时一刻都不能脱离决策主体，是决策主体的自发性、自主性行为。战略决策同样是主观见之于客观的实践活动，是战略决策主体作用于战略决策客体的过程。由于事物的复杂性和多变性，主观与客观既存在一致性也存在背离性，而一致性是短暂的，背离是必然的，这种背离使得自主决策得以存在。自主决策意即决策者具有一定的自由意志，只有当决策者意识到其是自由存在的时候，其决策才是正当的、合意的。决策者的自由程度决定了其满意度，越是自由的决策者越能够调节其满意水平，没有自由意志也就没有满意状态。按照精神分析理论，决策者有三种人格状态——本我、自我与超我，"我"是行为的主体，无限自由的"潜意识"是决定决策产生的根本动力与标准。作为决策者自主性的最新研究成果，自我决定认知动机理论认为，"自主决策"是一种关于经验选择的潜能，是在充分认识个人需要和环境信息的基础上，个体对行动所做出自由而不是被动的选择。该理论认为决策者是积极的有机体，具有先天的心理成长和发展的潜能。自主性潜能可以引导人们从事感兴趣的、有益于能力发展的行为，这种对自我决定的追求就构成了人类行为的内在动机。Deci、Ryan（1985）认为个体身上存在着三种水平的因果定向，即自主定向、控制定向和非个人定向。不同因果定向水平的人具有不同的人格特点：高水平自主定向的人富有创新精神、勇于承担责任、善于寻求有趣的和有挑战性的活动；高控制定向更青睐地位、荣耀、财富以及其他的外在因素；非个人定向的人则极其"自由散漫"，不会为自己制订各种计划。因而，企业家的因果定向水平多为高水平自主定向，也偶尔表现为高控制定向。

企业家决策的自主性体现在企业家与其他职员的决策权力博弈过程中。对于为什么是企业家成为最终的决策者，为什么不愿意放弃决策权，经济学的争论并没有停息，阿尔钦和德姆塞茨就不认同科斯的思想，认为对于许多工作来说，计量问题几乎无法解决，因为努力程度有的时候很难观察，这需要一个监督人（Alchain、Demsetz，1972）。包括科斯、威廉姆森在内的经济学家都给出了自己对企业性质的理解和企业边界的理论，但是他们并没有明确地回答"权威"的来源，而且也没有明确回答企业的归属和企业边界是什么这样的问题（杨其静，2005）。企业契约论认为，企业是一组契约，企业家是企业合约的主导因素（丁栋虹，2002），企业契约在签约之后的权威和不平等关系正是来自事前不平等的权力结构，事前不同生产要素所有者之间的市场讨价还价是经济权力的较量，表现为说服和诱导，事后企业成员之间则变成是政治权力的实施，表现为企业内部的命令和服从，控制权的真正来源是双方签约之前的权力比较（王广亮、张屹山，2007），甚至来源于契约规定的权利、因契约不完备所引致的剩余决策权以及个人权威等众多因素（朱国泓、杜兴强，2010）。企业家的决策权力对于企业意义重大，其动力来源于企业家自身的自主性及其滋生的意志力。对此，熊彼特指出，企业家"有一种征服的意志：战斗的冲动，证明自己要胜过其他人的冲动，追求成功不是为了成功的果实，而是为了成功本身。财富比赛的结果是次要的考虑，或者不管怎样，只有作为成功的指标和胜利的象征才被重视，对财富的炫耀常常更重要的是作为大量开支的动机，而不是作为对消费者商品本身的渴望"（熊彼特，2007）。在他看来，唯有体现企业家自主性的创新职能、创造性才是区别于资本家的唯一特征，企业家是"惯常的毁灭者"，他的创新不仅来自于利润的激励，而且来自于他必须完成的内在冲动。

企业家是企业的最终决策者，是企业意志的集中体现，企业家意志力的方向与大小决定了企业自生能力（林毅夫，2002）的强弱，也决定了企业发展的方向与规模。企业家意志具有方向性，决定了满意决策的方向是向上满意还是向下满意。企业虽然也采取群体决策，但是，更多的时候，企业家才是真正的决策者。企业家代表企业作出决策，决策的过程并不只是相互妥协的过程，更是企业家自由性的体现过程。这不但体现在创业过程、战略变革中，体现在产品与市场的开拓方面中，甚至体现在企业家与各利益相关者的各种商务谈判与合同文本的缔结中。在现代企业中，企业家决策具有极高的自主性，而基层员工则依据企业中的各种规范与标准被动决策。

3.1.2　决策的目的性

如果说"自主性"是企业家决策的先天要求与必要构件，那么"目的性"则是决策的归宿与存在价值，自主性是"目的性"的基础，没有决策"自主性"就不会有"目的性"的产生；同样，如果决策没有"目的"，也就无所谓"自主"与否。人是"目的性动物"，决策存在的意义在于满足决策主体的"目的"。决策面向未来，决策者之所以要自主决策，是因为"未来"可能暗含与实现决策的目的性与期望性。我们往往不能及时解决当下问题，也不能及时抓住当下机会，但我们可以有期待与希冀，期待与希冀决策能够解决问题，能够抓住机会。

"目的"这一术语导源于希腊文，意指目标、理由、结果、指向。动力心理学、认知心理学等认为，通过研究"目的"这一概念，人们便能够很好地解释有机体的行为。"个人主义哲学——选择和自由意志哲学，最普遍的含义就是'目的'；与此相对的哲学——决定论、行动主义，最普遍的表现则是'限制'。"（巴纳德，2007）人类行为是有目的性的创造性行为，绝非机械式的最大化行为。"目的意图并不仅仅是某种需要'予以考虑'的因素，而是理解人类行为概念的唯一基础"（Mises，1949）。以托尔曼为代表的目的行为主义，反对麦独孤把目的划为心灵主义的观点，认为目的是嵌于行为主义刺激—反应公式之间的一种变量，是引发行为反应的关键，是决策与行为的决定者（托尔曼，2010）。

在西蒙的管理决策理论中，企业目标是企业目的的具体化，企业组织是以目标为导向的，而目标具有层次性，表现为"目标—手段"链。"'目的'一词，可大致定义为一项活动所要达到的目标或终点；'过程'一词，可定义为实现某'目的'的一项手段。"决策的目的是以价值前提体现的，西蒙（2004）指出，"要得出一个'应该是'的结论，一开始在前提里至少就应该为其埋下伏笔。我们对世界的事实知识累积得再多，也不可能完全说明这个世界应该处的状态。想要知道这个世界应该是什么样子，我们就必须愿意开口说，我们自己想要什么样的世界，也就是除了事实，我们还应该提出一些价值观。"

企业家决策的目的自然是要解决决策问题，填平应然与实然的鸿沟，并将"应然"明确为决策目标。企业家主体的各种需要反映到意识中来，形成主体的目的、愿望、好恶、情趣等，即主观欲求。这些主观因素构成了主体活动的意向性（刘应宗，2001）。企业家"有一种梦想和意志要找到一个私人空间，通常，虽然不一定，它也是一个王朝。现代世界实际上并不知道有这种地位，但是通过工业或商业上的成功所获得的地位可能仍然是现代人可能达到的最接近于中世纪贵族的那种地位。对于那些没有其他机会可以获得社会地位的人来说，它的诱惑力特别强烈。"（熊彼特，2007）当马云与自己的伙伴1995年创办中国黄页的时候，就开始构想从这一起点到十几年后阿里巴巴集团的道路。在1999年创办阿里巴巴网站时，马云提出了激动人心的口号："我们要建成世界上最大的电子商务公司，进入全球网站排名前十位！"在宝洁公司，"雷富礼表示：首先，你要了解自己，你需要了解自己究竟有哪些渴望、有哪些梦想。你需要了解自己的价值体系。你需要知道对你来说真正有意义的是什么？你真正关心的是什么？在你的人生中真正重要的是什么？"（诺埃尔·蒂奇、沃伦·本尼斯，2008）我们很难想象，在竞争社会，一个"无为"的人如何立足，一个没有"目的"的企业家如何在竞争中胜出。

3.1.3 决策的标准性

与计划、组织和领导相比，作为管理核心职能的决策最为复杂，其复杂在于由于缺少明确、稳定的决策标准，导致我们很多时候不知道如何决策。狭义地看，决策就是选择，选择必须依据一定的标准。决策的标准性是连接决策的自主性与目的性的桥梁，所谓决策标准，就是对决策问题的实施制定的标准或准则，是决策总目标的具体化，是用来衡量决策方案的主要依据。如果没有明确的目的、不需要顾及选择条件，那么任何一种选择都是可以的；如果不考虑选择的时间与空间，那么无论以什么方式进行选择都是可以的。最"简单"的二选一，也要有一定的标准，如果没有标准，那就无所谓有效、科学选择。即使依据感觉与直觉进行选择，其实也是有标准的，没有无标准的选择。如果说"给我一个支点，我可以撬动地球"，那么，"给我一把尺子，我可以丈量世界""给我一个标准，我可以做出任何决策"。从决策的本意看，决策是人们主观判断的过程，但由于个体决策者的智力或潜能往往无法应对现代决策的复杂性，决策者只能寄希望于依靠正确的决策规则作出有效的决策。因此，决策规则或标准是决策的关键要素，是决策的本质。在目前的决策理论中，至少有两种决策逻辑体系与决策标准，"有两个相关的行为逻辑：一是因果逻辑，即分析理性，决策者以其偏好评估其行为的可能后果来选择行为，因果逻辑与预期、分析和计算等概念有关。它主要通过选择、试探性搜寻备选方案、评估已发现方案的满意性等起作用。第二个行为逻辑是相宜逻辑，即规则要与情境相适应。通过识别熟悉的常见情境及其类型并使一套规则与已识别的情境相适应来选择行为。"（马奇，2007）

或许对于理论家（尤其像西蒙与马奇等大家）来说只需要一两个定性的标准理论体系，但就决策实践来说，决策者希望决策时有一个明确的、实在的标准。令人遗憾的是，决策标准常常是多样的、变化的。不同的决策者依据自己所处的地位、知识经验、环境和对风险的态度等，对不同的决策准则是有所偏爱的或决策者的偏好是各不相同的（杨保安、张科静，2008）。西蒙指出，在符合要求的选择中，"要求"和"标准"本身也是决策人所处的环境的一个组织部分，因而不应该把标准看成是给定的。当替代的措施被证明是容易发现时，就可提高标准，而难以发现时，就应降低标准。如果一并考虑寻找替代措施所产生的成本时，那么当由于提高标准而得到替代措施所产生的"边际效益"抵补了为寻找满足这个更高的标准的措施所花费的"边际成本"时，那未选定的替代措施将会接近"最佳条件"。由此可见，标准不应一成不变，其高低应与寻找替代措施的成本相适应。

在企业管理中，一个决策问题的选择标准一般是由决策总目标派生出来的，是目标的进一步具体化，由于决策主体对决策问题所建立的目标不同，其提出的标准也往往不同。并且，我们发现组织的目标常常也是多样的、变化的，甚至是模糊的。对决策标准的划分有多种"标准"，最一般、最普遍的标准包括"道义"与"功利"标准。标准的"道义性"，是指标准不考虑结果，只看其本身是否符合一定的原则，考察行为本身是否正确，这是伦理决策中"道义论"传统在决策中的具体运用。决策标准的复杂性在于，就功利性来看，选择最大化还是满意化，并没有明确的答案，最大化令人神往，满意化好像更为现实；就道义性来看，几千年来的哲学思想也没有形成明确的、唯一的标准。这也恰恰是"是按照选择还是按照规则"决策的"马奇问题"的历史渊源。

对于企业家来说，与他人的选择相比，决策标准更为重要、也更为复杂。企业家决策事关全局、长远、重大，需要企业家具备一定的决策能力。战略性选择很少是一种精确计算的结果，而更多的是多方利益的博弈与谋划。从决策过程来看，它只是一个步骤，但是选择并不是简单的"瞬间""随手"活动，选择的前提是经过目标的建立、方案的比较和评价、标准的确认等，每一个过程伴随大量心理活动。必须要说明的是，不能把企业家的直感决策简单地理解为其决策很随意，后面部分还将不断予以论证。由于企业家本身的意志、愿望以及战略决策的地位、范围等特点，使得企业家的选择标准具有个性化色彩，往往会被贴上企业家个人的标签。决策选择的复杂程度是与决策标准的多样性、动态性、时效性等密切相关的，不存在一个永恒不变的决策标准，也不存在一个难以捉摸不定的决策标准。

3.1.4 决策的非程序性

所谓非程序化，是指一种反应，即某系统处理目前环境时，不具备特定的过程，而该系统必须求助于它所具有的一般的理解、适应、面对问题的行动（西蒙，1982）。企业家决策不只关系到企业家个人自身利益，更关涉企业整体、重大与长远利益。与其他企业决策主体相比，企业家的战略决策环境是动荡的、复杂的，企业家的"战略决策最重要的特征是非结构性"（Mintzberg，1976）。

按照传统的思维方式，科学的决策过程应建立在程序化的基础上，以程序化的过程表现出来。确实，通过程序化的过程，可以提高战略决策的效率和质量。但现实的战略决策过程往往是非常复杂的，匹配于复杂环境的战略决策问题具有新鲜性，这类问题在过去尚未发生过；战略决策问题的结构、性质与严重性等都是不可把握的；处理这些战略决策问题没有现成的答案。对战略决策问题的程序化处理过程，随着不确定性因素的变化而变化，是因人、因时、因环境条件而异的。当做高度非程序化战略决策时，战略决策过程常常表现为一种"摸着石头过河"的决策模式。非程序化战略决策的质量，取决于战略决策者丰富的决策经验和权变性思维在战略决策中的运用。

程序化决策与非程序化决策并非截然不同的两类决策，而是像一个光谱一样的连续统一体：其一端为高度程序化的决策，而另一端为高度非程序化决策。连续体的中间为不确定程度，不确定的程度既与决策问题面临的环境与问题自身的复杂程度有关，也与决策者对不确定性的认知与处理能力有关（图3-3）。企业家的战略决策分析能力取决于企业家的自身经验与经历，也取决于企业家的信息加工水平。面对多变的环境与激烈的竞争态势，常常需要企业家具有非凡的创新意识和敏锐的直觉，而这种战略决策过程表现为一种较为开放的决策行为。非程序化决策的传统技术主要是行使"判断"，而这种判断是通过某种不确定的方式由经验、洞察力、直觉和创造来决定的。

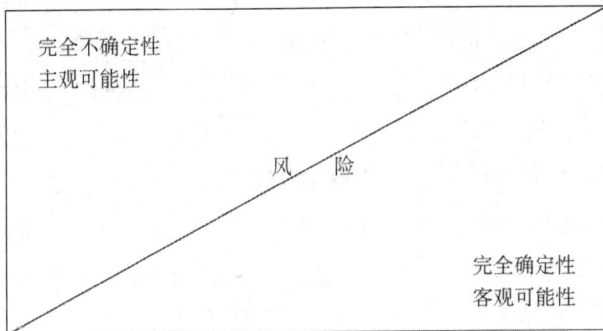

完全不确定性
主观可能性

风　险

完全确定性
客观可能性

图3-3　确定—不确定性连续统一体

3.2　企业家满意标准的形成条件分析

数量化的最优标准在形式上十分优美，但是因为形成条件极为苛刻，难以实现。首先，很多时候，决策目标是多元的、模糊的，也是不可公度的，并不存在绝对、单一、明确的目标，每个决策者都有多元的目标体系，都有各自不同的社会、经济、政治、伦理的目标结构和价值系统。其次，决策者只具有有限的信息收集与处理能力。最后，决策是有成本的，并不存在不受时空限制与成本约束的决策。西蒙认为，有关决策的合理性理论必须考虑人的基本生理限制以及由此而引起的认知限制、动机限制及其相互影响。

借助于对决策者的心理因素与心理能力的分析，西蒙正确地指出了完全理性与最优标准的不现实性，从而提出有限理性与满意标准理论。在西蒙看来，满意型决策只需要满足两个条件即可：一是有相应的最低满意标准；二是策略选择能够超过最低满意标准。西蒙指出了最优标准的实现条件，却对满意标准的实现条件交代不清，显得模糊。人们的"最低满意标准"并不能成为决策的满意标准，除非能够交待清楚"最低满意标准"的时间特征、空间特征、满意水平、实现条件、变化机理等，否则决策具有很大的随意性与不确定性。对于简单决策，"满意标准"具有一定的适用价值，而对于复杂的决策，人们并不清楚自己的"最低满意标准"是什么。按照西蒙的理解，企业家追求满意，也就是寻找一种令人满意或"足够好即可"的行动方案。"合理利润"和"公平价格"都是满意准则，这些准则多数经济学家都不熟悉，商人却耳熟能详"（西蒙，2004）。显然这些"合理利润"和"公平价格"等满意标准是现实的，也是含糊的，其本身需要再解释。如果满意决策的标准不明确，满意决策的结果不确定，满意决策主体的理性限度不合理，那就意味着满意标准难以形成，满意决策难以实现。西蒙的满意决策的局限在于决策者可能会因为满意而丧失对决策有效性的追求，也可能会因为满意而无法决策。有必要像探讨最优标准实现条件一样探讨满意标准的形成条件与变化规律。满意标准的形成至少要具备两个条件：一是从形式上看，要解决满意的程度问题，也就是满意的区间、范围等空间性问题，以及满意的时机、时长、时滞等时间性问题；二是从内容上看，要解决"谁满意，满意什么，如何满意"等问题。分析满意标准的形成条件，其实从侧面佐证决策心理锚存在的可能性与必要性，最终会发现满意标准的形成条件也是决策心理锚的存在价值所在。

3.2.1 时空区间与满意标准水平

西蒙的满意标准是"被假设"存在的，而且多适应于单目标决策、简单决策。满意标准的形成与实现是无法脱离一定的时空情境的，在特定的时空区间下，满意标准水平是存在的，但是需要被揭示、被实证，而不能仅仅以"假设"的面目出现。满意标准是现实的，但其存在含糊性等缺陷，准确性有待提高，我们不知道满意的空间与范围。满意标准的实现有个程度问题，应该有一个上限和下限。只有选择、确定了上限和下限，那么在上下限范围内，那就是可以接受的。问题是上下限如何确定？而且，仅仅对特定决策问题设置满意上下限是不够的，更为重要的是满意的上下限并不是固定不变的，促使上下限调整的机理需要得到合理的解释。西蒙并没有对有限理性的程度问题进行追踪研究而是到此戛然止步，其继承者威廉姆森也只停留在有限理性的操作层面，同样没有涉及有限理性的实现程度问题（何大安，2004）。满意标准的区间与范围的确定确实非常困难，但是绝不是无路可走，其困难"很可能与行为主体界定以及目标函数实现问题有关"（何大安，2004）。就行为主体界定而言，企业家作为决策主体，既具有自然人主体性的一面，也往往会作为企业人格成为决策主体，满意标准的主体并不确定。就决策目标而言，决策标准是决策目标的具体化，目标的多元、含糊与变化也必然地会反应在标准上。就多元目标函数的选择而言，由于决策者无法将各种备选方案的效用价值整合到单一的效用函数之中，无法对决策者的满意程度作出评估，因而满意标准的区间与范围难以确定。如果决策者面对的是单一目标，那么在考虑决策成本的前提下，决策是可以通过提高其信息处理水平、预期能力等来提高满意决策的满意度。在实际决策过程中，决策者通常只能考虑那些在因果关系和时间上均同决策问题紧密相关的因素，并对这些因素设置决策目标，因此多元化目标同样存在一个空间与范围问题。

对正确的决策来说，发现哪些因素在一定情况下是最重要因素，哪些因素是次要因素，从而确定哪些决策目标与标准，乃是一个实质性的问题。之所以需要研究满意标准的区间，是因为人类理性确实存在着实际的限度，而且，这些限度不是静止不变的，是依赖于个人决策所处的组织环境的性质而变化的。因此，科学研究的任务就是要设计这样一种环境，使决策者能够在决策时切合实际地接近那种以组织目标为判别标准的理性。当然理性程度高并不等于实现高效用；反之亦然。理性投资者可能赚钱也可能不赚钱，感性投资者也同样，理性与决策有效性之间并不存在正比例关系。即使确定了满意标准的上下区间与左右范围，满意标准还会受到各种决策心理偏差的影响，典型的如锚定效应。

决策者的满意标准的形成与实现程度与时间因素密切相关。满意的区间与程度具有时间性，不同的时间跨度下，决策者的满意程度要求与实现是不一样的。从对满意标准的需求角度来看，在短期中所要求的高决策满意度，随着时间的延续，满意度可能越来越低。用通俗的话说，存在着眼前利益与长远利益的矛盾。就满意标准的实现来说，一般来说，在较短的时间内，决策者的决策能力是有限的，对未知情境的分析、判断与预测存在局限性，但是，假以时日，随着信息的获取、加工与处理能力的提高，以及决策目标的明晰等，决策者可能提高预期质量，实现有效决策。因此，满意标准的形成必须考虑时间要素。

西蒙并非没有意识到其满意标准的含糊性等缺陷问题，相对于批判最优标准来说，能够提出满意标准就已经十分了不起。自西蒙将研究兴趣转移到人工智能领域，有意或无意中想试图解决满意标准的空洞性，但由于计算机科学的发展，使其对满意标准的执著越来越懈怠。他对程序化决策制定的自动化成就的欢欣导致了对非程序化自动化的渴望，也就慢慢地疏离了满意标准。

3.2.2　合理的心理结构

对于复杂的决策来说，决策标准具有系统性特征。目的性、整体性、层次性、差异协同性等是系统的基本特征。在巴纳德看来，系统本身就意味着整体性，必须按照某种整体的目标形成内在的秩序，要求企业有效地处理各方的利益关系，保持各方利益的均衡，才能谋求企业的长期稳定和发展。勒温认为任何一种心理活动或过程，都必然发生在一种特定的心理环境（或称为心理场）之中。一个场就是一种动力的整体，或者说是一种系统，其中任何一部分都会对其它部分产生影响。企业家决策也发生在心理场中，多种因素的协同作用驱动着企业战略决策。

企业家决策之所以复杂，是因为影响决策的因素太多、太复杂、太不确定。对"满意"的影响因素理解应是多方面的，但是也不必穷尽一切。动力驱动因素与认知驱动因素的结合是必须的，满意的实现还应考虑可行性与可能性问题。因此，满意是一心理结构或心理系统，能够进入这种结构与系统的因素称为"标准因素"，于是，心理结构或系统其实就是"心理标准结构或系统"，它由作为决策标准的重要心理特征因素组合而成。决策者需要以一定的、合理的心理因素作为决策的标准，以解决"谁满意，满意什么，如何满意"等问题。满意决策的标准因素既不可能是单一的，也不可能是无穷的，客观上存在一个合理的数量。但是，决策者经常会走两个极端：一个是单向思维，只选择一种因素作为决策标准；另一个是多向思维，将若干因素作为决策标准。心理学研究者大都认为各种内在的心理因素或外部刺激因素都可能成为决策标准从而诱导或驱使行为的产生，这些心理因素包括：动力心理学中的潜意识、本能、需要、动机等；认知心理学中的感觉、知觉、认知图式等；个性心理学中的气质、性格、情绪等；社会心理学中的心理空间、行为意向等。为有效决策，确实有必要综合并简约主要心理学理论，以探究合适的、稳定的、实效的心理标准结构。

进化论心理学与人格心理学的研究表明，在物种进化过程中，人的神经系统、认知系统、自我系统等都得到了进化，主体以其合理的心理结构适应外部的不确定环境。考察成功企业的发展史，我们发现，企业的生长过程其实就是企业家心理结构的功能化过程。首先，企业家创业的动机并不仅仅局限于对利润的追求。某种意义上讲，各种创业动机的驱动，造就了各色各样的企业形态。其次，在企业成长的不同周期，企业家决策既有动力因素也有制约因素，"企业家社会责任'外在地'约束企业的发展，企业家精神'内在地'促进企业的发展。"（沙彦飞，2012），企业家决策是多种精神或心理系统的耦合。作为企业决策者，企业家不仅要思考来自企业外部与内部以及同行的竞争，还要思考资源的配置与企业各项业务战略决策。企业家决策的有效性往往取决于对各种复杂的决策对象的整体性判断与预测；取决于对时机、情境的把握，而把握好天时地利人和需要合理的心理状态或合理的心理结构。构成心理结构的因素并不是越多越好：太多，会导致结构功能的不稳定，也会限制结构功能作用的发挥；太少，结构单一，会使决策者有追求完全理性的倾向，并且会面临巨大的风险。

合理心理结构的内容构成，取决于不同的决策主体特性以及决策问题本身，就企业家及其战略决策而言，合理的心理结构要体现企业家决策的本质特征。既要体现企业家的自主性，也要体现目的性，当然更要体现作为连接两者的标准性。面对非程序化、不确定的决策情境，企业家心理标准结构，以决策预期为主，而决策预期水平又与决策方向、决策能力有关。由于决策的后果产生于未来，决策者的预期受到决策者的知识、能力等方面的限制，因而，对价值的预见不可能是完整的或十分准确的。事实上，决策者的预期本身也是不断变化与调整的，自身的信心程度、风险感知、心理认知偏差等都会对其产生影响。

3.3　企业家决策心理锚理念的提出

企业家决策的本质特征显示企业家决策虽然具有非程序化、不确定性特征，但并不是盲目的，而是自主的、有目的的和理性（有限理性）的。管理决策包括三个主要方面：一是为决策发现机会；二是寻求可能的行动方案，三是在行动方案中进行选择。企业家标准的形成条件昭示企业家满意决策并不容易实现，满意决策具有一定的门槛。企业家对决策的认知过程是复杂的心理过程，涉及众多的影响因素。但是，即使存在众多复杂的心理因素以及环境的影响，企业家也能够在特定的时间与空间作出某种决策。至于决策的效果与质量是否达到令人满意的标准，则取决于企业家能否形成合适的心理结构。

对于心理标准的结构，理论研究常常摇摆于探讨动力心理与探讨认知心理两条路径，更为现实与合理的研究路径是两者的结合。无论是动力心理还是认知心理，都离不开对具体决策任务与问题的思考，合理的决策标准的形成离不开对决策者完成具体决策任务的思考，完成决策任务与问题的本身心理特征也应成为决策标准的重要构成因素。根据权变理论，在战略决策过程中，企业家必须识别与把握影响企业的各种权变因素，如问题与机会、自身条件与组织管理、企业的目标与社会责任之间的相互依赖性，认识到各种子系统及其组成部分之间的相互依赖性。

因此，选择何种决策方案，不但要看该方案是否具备一定的价值，满足决策者的预期或某种期望水平，还要看其是否满足决策者的内在兴趣与需求，是否符合其价值观、责任观，是否符合社会文化传统等。与预期标准不同，其他标准更具有长期性与价值性特征。企业家考察一个备选方案不会拘泥于具体的细节，更可能关注该方案在预期价值、企业意志、企业责任等方面的表现。总之，正是企业家的关键的心理因素组合而成的心理结构产生决策动力，提供认知条件，完成决策过程，进而成为决策的标准。我们认为，由关键因素组合而成的决策心理标准结构是驱动企业家作出相对满意决策的"决策心理锚"，是可以成为比较精确解释满意标准的新标准，如图3-5所示。

图3-4　西蒙管理决策过程

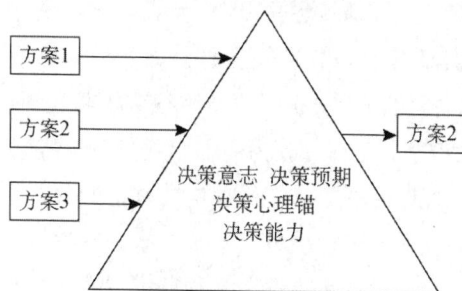

图3-5　企业家决策心理锚决策过程

3.3.1　理论批评

对决策者决策标准的理论研究可分为标准化范式、描述性范式和进化论范式（庄锦英，2006）。标准化范式的目标是建立以数学工具为支撑的最优决策模型或普适的决策模型，此范式因其苛刻的前提假设而与现实不符，更与企业家决策行为相去甚远。对于企业家而言，既不可能对决策方案进行繁琐而程序式的计算，也不可能将其结果运用到复杂多变的决策环境之中。

描述性范式是目前主流的行为决策理论，以卡尼曼和特韦尔斯凯的前景理论和西蒙的基于有限理性的满意决策理论为代表。该范式运用心理学研究成果探讨决策者的真实决策行为，但是制定非程序化的决策所依靠的是到目前为止人们尚不了解的心理过程（西蒙，1982；盛宇华、方志军，2006）。以前景理论为代表的行为决策理论运用大量的实验解释了最优决策理论无法解释的各种决策现象，并比较真实地解释了产生异象的心理原因。但目前该理论学派还存在一定的缺陷，首先，对决策者行为方式的理解仍有很多分歧，众多的心理偏差的影响程度是不同的，该理论还无法判断哪些心理偏见最具影响力，且忽视中国特色社会文化道德因素对决策心理与行为的影响分析。其次，卡尼曼和特韦尔斯凯的理论建立在心理学基础之上，由于每个人的感受不一样，假使人们具有相同的感受，但其强烈性也不一样。因而其偏差和判断的标准也就不同，而且还具有一定的随意性。因此，他们不能给出确定的价值函数参照点以及价值函数的确切形式，造成理论形式一定程度上的不严密性。该理论学派的研究主题中尚缺乏对决策选择主体行为机理的深入考察，虽然指出但是不能解决决策选择主体的自身心理问题，同样不能解释企业家决策心理现象与演变机理。再次，"卡尼曼的'启发式—偏差'方案仅仅提出了关于（不准确的）推理过程简单机制的一些似乎合理、但却含混不清的设想，主要涉及三种启发式规则，即典型性规则、可用性规则和锚定规则。'启发式—偏差'方案的拥护者们通常假定，每一种推理任务都有一种确切的标准答案，它来源于一种具体内容不明的概率规则的使用，而不管任务和环境的要求是什么。"（吉戈伦尔、托德，2002）最后，就不断变化的社会环境而言，决策者已经处于经营环境不断变化的强约束时代，若不能跳出狭隘利益窠臼，决策者自身将很难消除尘封已久的各种心理偏见，并且企业家终将因无法辨别其他群体行为而不能行使各种战略决策。

西蒙的有限理性决策理论革了传统最优决策理论的命，具有很强的现实性。西蒙认为，决策者根据满意标准进行决策，备选方案一旦达到满意标准，决策即告完成。按照西蒙的理解，所谓满意是指符合某种期望（欲望）水平的状态。西蒙以通俗的"稻草堆寻针""饿汉寻玉米""棋手对弈""卖房"等事例解释了其满意标准的有效性与现实性，但是这些决策事例确实简单、随意、含糊。

以与"稻草堆寻针""饿汉寻玉米"相比要复杂的"卖房"为例，西蒙解释道，"首先，他可能假设一个他肯定能在第 n 天卖出房子、并且希望到那时能出手的价格，以此限制其计划期。其次，他一开始将接受价定得很高，观察他所收到的报价的初始分布情况，并逐渐地、大致地向上或向下调整其接受价，直到他收到一个可接受的报价为止——他根本不进行概率计算。生物有足够的本领进行'寻求满意'的适应，但它们一般并不'寻求最优'。"（西蒙，1989）设 1500 美元是一所房子的可能要价，是"可以接受的"价钱，大于这个数是"满意的"，小于这个数则是"不满意的"。对于可能出现的异议，如，"虽然 1600 美元和 2500 美元都是出卖房子的'非常满意'的价钱，一个理智的人将喜欢以高价出售"，西蒙的解释是，"卖主可能不会同时碰到好几个出价不同的买主，相反，他可能依次收到一系列报价，必须先决定是接受还是拒绝一个人的报价，然后才能转而考虑下一个人的报价。"

显然，西蒙的解释显得随意、含糊。首先，为什么是 1500 美元而不是其他价格成为他的"最低满意标准"？如果仅仅是一种"假设"，那么对于不同的人、不同的时间、不同的状况，这种"最低满意标准"是不一样的。可见西蒙并没有将"最低满意标准"的设置机理与过程交待清楚。其实，决策标准与目标大多在客观上是模糊的并非完全明确的。西蒙后来在《管理决策新科学》一书中，就以自己的一个亲身例子，说明了一开始就要求决策目标完全明确是十分困难的。其次，在现实中，1600 美元和 2500 美元这样的"高满意"价格成交现象会经常出现，但是也可能会出现 1000 美元和 1300 美元这样的"低满意"价格成交现象。西蒙同样没有交待清楚满意标准的变化机理，与简单地假设期望水平相比，期望水平的变化机理更需要清楚地予以解释。最后，还要考虑 1500 美元的现实可能性，或许，这只是卖房人的一厢情愿，满意决策需要考虑可行性。

再以相对复杂的"棋手对弈"为例，西蒙认为棋手不会进行最优设计，也不必进行繁琐计算，只需要根据自己的经验与感觉行棋运子，每步棋只要满意就可以。这种描述与国际象棋、中国象棋的棋手决策行为基本相符，但西蒙的描述与解释显然还需进一步深化。首先，象棋比赛强调对抗与竞争，这与企业商业实战的竞争性与对抗性十分类似，但是越来越多的企业开始注重合作，我们很难想象如果两名棋手在赛场上"合作"那将会出现什么样的结果。其次，棋手有自己的独特风格，而不仅仅根据赛场形势按满意标准来对弈，如中国象棋特级大师胡荣华的"飞象"局、吕钦的"快马飞刀"局；围棋大师聂卫平的"中国流"局、武宫正树的"宇宙流"局。最后，就形势的变化来说，象棋的变化与围棋相比相差太远，而且，与象棋棋手经常"握手言和"不同，围棋中很难出现和局，因为出现"连环劫"的概率极小。因此，西蒙以棋赛"胜、平或负"为满意状态，或许并不适用于围棋。如果西蒙研究围棋，或许可以对决策标准作出另外的结论。

因此，即使西蒙以生活中的简单决策事例来解释满意标准，也不能说是完美无缺的。更为重要的是，在现实中，存在大量的复杂决策使得决策者无法按照满意标准去决策。满意标准理论无法解释类似创业、多元化、新产品开发、企业并购、股权投资等战略决策问题。在研究问题的提出部分，我们曾以一个医药公司开发新药为例予以质疑。对于初始性、异质性决策的复杂决策，其选择的满意标准很难或者无法确定，不能假设"某种期望水平"的存在，因为这种"某种期望水平"对于很多企业家来说没有任何意义。因此，对于如何应对复杂重要决策，必须赋予"某种期望水平"以更多的内涵。刘霞、潘晓良（1998）深刻指出，"西蒙首次提出抱负水平是不确定风险选择的标准，尽管西蒙本人并没有使用过抱负水平这一术语，更没有深入涉及抱负水平的心理本质与结构功能。其著名的满意理论实际上涉及的正是抱负水平在决策中的作用的问题。""事实上，抱负水平是一种极其复杂的心理结构，它可能会在促使决策者同时达成不同层次水平上的多项决策目标时变得更为复杂，而我们还没有办法确定出更为复杂的效用结果的经验函数。在到目前为止的心理学研究中，研究者都只是通过让被试说出他在成就测量量表上希望达到的等级的方法来估计其抱负水平的。在决策者心目中存在着相对稳定的抱负水平，它是抱负水平集合中的某一个层次水平，是由主要维度和次要维度两个方面的因素构成的复杂的层级结构。主要维度是决策者主观上认为格外重要的因素，这与决策者的动机系统与价值观体系有密切关系。"（刘霞、潘晓良，1998）因此，刘霞与潘晓良看来，满意水平的内涵不应是简单的"某种期望水平"，而是综合体现决策者个性心理特征的心理结构，这种心理结构由主要因素构成，具有相对稳定性，是一种"稳态"。

其他学者也发现了"满意"的含糊性、随意性、片面性等缺陷。"满意性原则的某些方面仍然需要决策者进行审慎细心的思考，如首先要设定一种适当的抱负水准，还要计算当前的选择怎样才能与抱负水准相匹配。"（吉戈伦尔、托德，2002）但到目前为止，有限理性对效用（抱负）水平的取值范围都没有进行明晰的规定（张国锋、李祖枢，2011）。西蒙的决策理论本身强调决策是一个过程，但却忽视了在人类行为过程中，人的意志或精神的作用是客观存在的，有时甚至起很大作用的事实。动机与效果会有差异，但我们不能因此事先把差距定下来，然后去实现这个差距（叶泽方，1996）。"满意"明显是一个纯主观概念，不同的人对"满意"有不同的直觉、有不同的知觉或有不同的衡量标准，而且，人们对"满意"的认识是一个不确定的、变化的准则（叶泽方，1996）。满意只是追求最优的不完全或不成功的后果，无法事先以此作为决策指导原则，否则易使决策陷入无须或放弃尽善尽美的努力，甚至还可能陷入一切皆空的哲学思辨之中（李广海，2007）。盛宇华、王平（2006）则指出，"战略决策的组织分析模型（以西蒙、马奇和萨尔特为代表）是短期分析，寻求直接的结果，因此其最大弱点是没有长期计划指向，难以保证组织的长期利益。组织决策的满意化标准表明，这一分析方式容易产生决策的短期行为。"

因此，西蒙理论的满意标准——"某种期望水平"要么可能是决策的"垃圾桶模型"，各种影响因素都可以称为"某种"；要么可能是片面的、含糊的、随意的，其本身需要再解释。就其理论对最优决策批判性而言，我们倾向于认为其缺陷可能是片面的、含糊的、随意的，当然即使存在这些缺陷，也丝毫不能撼动"满意标准"的历史地位。但在决策实践与理论不断发展的今天，仅有"某种期望水平"一种决策标准是不够的，恐不能应对复杂的决策情境，也无法反应决策者的复杂决策心理与变化规律。

3.3.2　理论继承

尽管"满意"本身存在一些缺陷，但是这并不能动摇西蒙满意决策理论的伟大贡献与历史地位，我们能够做的仅仅是继承他的思想，并尽力尝试去修补缺陷（图3-6）。首先，西蒙的有限理性理论告诉我们，决策者的理性是有限度的，决策者的心理因素对决策影响很大，但是决策者不可能实现最优决策，只能按照自己的满意标准进行满意决策。因此，我们必须承认，即使企业家不同于普通员工，企业家可能具有天生的优秀特质，但是这丝毫不意味着他是完全理性的，企业家决策也只能是立足有限理性，尽力追求最优目标。其次，理解企业家的决策动力是必要的，期望水平是决策的原始动力，有必要从动力心理学吸取营养，尤其是要认真考察对西蒙理论有重大支撑的勒温心理学。与认知心理学相比，动力心理学很好地解释了行为的目的与动力问题，这与现实决策相符。在决策方案属性确定的情况下，决策者会为一些重要指标设置愿望水平，如企业的销售额和利润、学校的招生与就业，然后根据这些愿望水平评估绩效。再次，西蒙指出，管理就是决策，决策是个搜寻过程，满意的顺利达成既需要运气，更需要经验、知识与能力。后来，西蒙在他的《人类的认知——思维的信息加工理论》中认为，决策者没有一个能量的效用函数，从而也不是对效用函数求极大化，而只有一个可调节的欲望水平，这个欲望水平受决策者理论和经验知识、搜索方案的难易、决策者的个性特征（如固执性）等因素调节，以此来决定方案的选定和搜索过程的结束，从而获得问题的满意解决（司马贺，1986）。虽然他只是简短地定性说明，而没有予以详尽解释，但是足以赋予我们以启示：要全面理解"满意标准"，不但要考虑动力性的期望水平或目标，而且要考虑决策者的认知与能力。这自然也需要来自其他学科的理论营养。

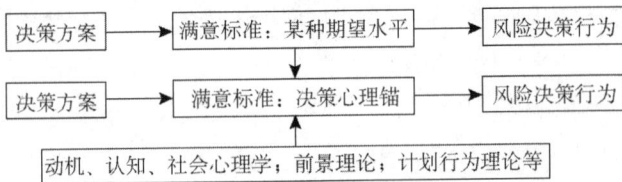

图3-6　企业家决策心理锚理论继承

3.3.3　企业家决策标准之标准

对企业家决策标准的研究是决策行为学（盛宇华，1989）的重要组成部分，决策行为学研究旨在增加决策者的感知、思维、分析判断、创造和选择的能力，以提高决策有效性。有效的决策具有四个标准：决策是明确的、决策是可行的、决策是及时的、决策是经济的（盛宇华，1989）。张智光（2006）也认为决策方案的评价标准主要有可行性、可接受性与可靠性三个标准。与决策行为学并行不悖的积极组织行为学（POB）要求学者所提出的心理构念要符合POB标准：① 组织行为学研究领域中积极、独特和具有动力作用的要素；② 以理论与研究为基础；③ 可以有效测量和评价；④ 是状态类的个体特征，能够被开发和管理的心理状态品质；⑤ 与绩效有关系。其中最为关键的标准是丰富的理论和有效的测量（Luthans 等，2007），心理资本构念正是在积极组织行为学基础和标准上推导出来的，在他们看来，心理资本是个体的一种积极心理状态，是包括自我效能、乐观、希望与韧性四构念的高阶构念。

借鉴盛宇华和王平（2006）、盛宇华（1989）、张智光（2006）、Luthans 等人（2007）研究思路，从决策行为学角度出发，我们认为选择企业家决策心理标准的因素既要具有管理决策标准的一般性特征，也要具有吻合于企业家决策本质的特殊性特征。具体来说，能够成为核心构念的企业家决策标准要素至少有以下几个：① 具有多学科的理论与研究基础；② 反映企业家决策本质特征；③ 可以有效测量和评价；④ 状态类心理变量；⑤ 要与决策选择有关系。理论上，依据这些选择标准对心理要素进行选择，可以避免类似西蒙的满意标准的"片面、含糊与随意"缺陷。

3.3.4　企业家决策心理锚构念的提出

在不确定性情境下，存在大量结构不明的复杂决策问题，决策方案大都是异质性的，如是否创业、是否进行新产品开发；创什么业、开发什么样的新产品。这种异质性方案选择存在很大的困难：一是没有明确的数量性判断标准；二是有数量性标准也没能力进行计算；三是方案的结果是不确定的。在此类状态下，决策者的行为标准就会显得随意，如采取"拍脑袋"、抓阄、靠做梦获取灵感，或按照"满意标准"。我们认为，不确定环境下，异质性复杂决策方案选择的标准既不是可量化的、也不是含糊的标准，客观上存在一个相对稳定的标准。

在理论研究基础上，按照选择心理要素的标准要求，我们认为，能够解释满意内涵、甚至可以替代满意标准的决策心理锚，是企业家的相对稳定的心理标准结构或系统。企业家决策心理锚由体现企业家决策本质特征的决策意志、决策预期、决策能力三因素所构成：决策意志主要有成就导向与自控性两维度；决策预期主要有信心与机会感知两维度；决策能力主要有责任力与创造力两维度，企业家决策为"决策心理锚"所锚定。决策心理锚是一个更高层次的核心构念，它是几个符合决策行为学标准的心理因素的集合体，并且这些心理因素不仅以累加的方式，而且会以协同的方式对决策选择发挥作用，换言之，决策心理锚的整体作用可能大于各个部分的作用之和（这些因素，若放在心理资本理论中可称为心理能力，若放在心理资源理论中可称为资源）。

有人可能认为，决策心理锚概念的提出并没有什么新意，心理学中已经有众多研究成果。确实，"类似的"概念除了锚定效应外，还有心理场、心理结构、心理资本等。对这些概念在中国知网进行了不同类型的高级检索，截至 2013 年 7 月 4 日 18 时 18 分，结果见表 3-1。例如，对"心理锚"进行检索，结果显示：全文检索有 128 条结果；主题检索有 3 条结果，分别为"投资类课程中心理实验的设计、应用及效果检验——以心理锚定效应实验为例""中国 IPO 市场承销商行为研究""对绩效主义的再思考"；篇名检索有 1 条结果，"投资类课程中心理实验的设计、应用及效果检验——以心理锚定效应实验为例"。如果以"决策心理锚"进行检索，结果显示为 0 条记录。当然，仅有文献检索记录并不能说明前人没有研究过"决策心理锚"，最为重要的是对他们的内容进行比对，看决策心理锚的对象与内涵是否与这些相似概念重合。

表 3-1　决策心理研究检索

项目	全文检索（条）	主题检索（条）	篇名检索（条）
锚定效应	1795	246	76
职业锚	3416	508	146
心理场	6413	514	110
心理结构	107709	6808	625
心理资本	2199	765	598
认知图式	14104	1234	174

续表

项目	全文检索（条）	主题检索（条）	篇名检索（条）
行为意向	11418	1377	254
心理锚	128	3	1
决策心理锚	0	0	0

决策心理锚的概念与心理学、管理学、行为金融学等学科的相关概念有联系，更有区别。在心理学看来，人们对"锚"的理解有时可以形象地用"幼鹅效应"来表达：刚出壳的幼鹅会依附于它们第一眼看到的生物（一般是母鹅），并从此就一直跟着它。洛伦茨证明了幼鹅不仅根据它们当时环境中的初次发现来做决定，而且决定一经形成，就坚持不变。洛伦茨把这一自然现象称做"印记"（艾瑞里，2008）。作为一种心理现象，"幼鹅效应"普遍存在于生活的方方面面。第一印象和先入为主是其在社会生活中的表现形式。有人将心理学意义上的锚定效应简称为"心锚"，将其理解为能够刺激产生特别感觉的东西。例如，一个人在小时候有气球爆在他脸上的经验，以后再碰到气球的时候可能就会跑的远远的，这就是一种自然设置的心锚，所谓"一朝被蛇咬，十年怕井绳"。

在人力资源学科中，与多属性职业决策的理性分析不同，职业锚的概念强调了个人内在的心理因素对职业选择的影响。施恩（2004）认为"职业锚"是个人能力、动机和价值观三方面的相互作用与整合。职业锚包括五种类型：自主型职业锚、创业型职业锚、管理能力型职业锚、技术职能型职业锚、安全型职业锚。

在行为金融学中，锚定效应作为一种决策偏差被广泛谈论。锚定效应是指在不确定情境的判断与决策中，人们的某种数值估计会受到最先呈现的数值信息即初始锚的影响，以初始锚为参照点进行调整做出估计，但这种调整常常不够充分，使得其最后的估计结果偏向该锚（即高锚会导致较高的估计，低锚则导致较低估计）的一种判断偏差现象（Tversky、Kahneman，1983）。简单地说，锚定效应是指当人们对某种未知事件的预测，会受到某个与该事件相关的事件的影响，围绕相关事件进行预测。前述的文献综述部分已经比较详细地列举了相关研究成果（Epley、Gilovich，2001；Epley、Keysar、Gilovich，2004；Englich、Mussweiler、Strack，2006；Simonson、Drolet，2004；Chandrashekaran、Grewal，2006；Mcelroy、Dowd，2007；李斌等，2010）。

与心理学、管理学、行为金融学不同的是，决策心理锚理论中的心理锚的主体是企业家，在本书中，决策心理锚特指企业家决策心理锚，两者可以互换。决策心理锚具有"决策属性"与"标准属性"。以与行为金融学的锚定效应的区别为例，锚定效应基本出发点是立足最优标准，研究锚定值对个体的判断的影响，通过研究证实由于锚定效应的存在，个体经常会发生心理偏差；决策心理锚的基本出发点是立足满意标准，是对西蒙满意决策理论的继承与发展，研究企业家的内在心理标准结构对决策选择的影响，力求避免模糊与偏差。虽然都是基于心理角度，但锚定效应主要研究单因素对判断与决策的影响。决策心理锚与其他心理结构一样则是研究多因素对决策的影响（表3-2）。

表3-2　决策心理锚与其他锚的比较

特征 类别	行为主体	适用领域	锚的数量与形成原因	优缺点
心锚	所有决策者	生活	每一个影响因素。第一信息给大脑刺激最强，也最深刻	优点：简单易理解 缺点：容易产生认知偏差；理论性不强
锚定效应	所有决策者	金融、生活	每一个影响因素。初始信息给大脑刺激最强，也最深刻	优点：简单易理解 缺点：随意性大，易产生、也难以避免决策偏差
职业锚	求职者	职业	三个：求职者能力、动机和价值观。大脑能处理多种信息	优点：较少标准、现实 缺点：三标准难界定、难量化、缺少实证
决策心理锚	企业家	企业战略	三个：决策意志、决策预期、决策能力。大脑能够综合处理多种信息	优点：较少标准，更现实 缺点：三标准较难界定、较难量化

　　经过对"心理结构""心理场""认知图式"或"心智模式""直觉""经验""预期"等心理学文献的认真阅读，我们发现决策心理锚在研究对象、研究问题、研究范围、研究方法、研究结论等方面与它们均存在本质区别（表3-3）。

表3-3　决策心理锚与其他心理结构的比较

特征 类别	行为主体	适用领域	因素的数量与解释	优缺点
心理场	个体	不定	若干；$B=f(PE)$	优点：易理解 缺点：各因素随意性大，无法把握与量化
心理结构	个体	不定	若干；无序排列	优点：可解释很多现象，易理解 缺点：因素随意性大，无法把握与量化
心理资本	组织员工	人力资源	四个：自我效能、乐观、希望与韧性	优点：可改变、可开发 缺点：适用范围有限；缺少实证
认知图式（心智模式）	个体	不定	若干；无序排列	优点：易理解 缺点：各种因素随意性大，无法把握与量化

类别 \ 特征	行为主体	适用领域	因素的数量与解释	优缺点
行为意向	个体	不定	三个；行为态度、主观规范、知觉行为控制	优点：较少标准易理解 缺点：随意性较大，缺少针对性
决策心理锚	企业家	决策选择	三个；决策意志、决策预期、决策能力	优点：较少标准，更现实 缺点：适用范围有限

3.3.5 企业家决策心理锚的特征

3.3.5.1 决策心理锚的稳定性与变化性

决策心理锚决定了满意决策的产生，也决定了满意的水平与状态。一方面，企业家之所以做出决策，是因为在相对时点中决策心理锚的稳定性所致。决策心理锚类似GPS，只要知道经度与纬度，就可以确定目标体的位置。构成决策心理锚的心理标准结构很复杂，但是起决定作用的是其主要构成因素，这些主要构成因素如同构成生命的基本营养成分，是驱动企业家心理运作与行为的决定力量。这些因素的作用形式与结果会通过典型的形式表现出来，在事后的实践与结果中，总是能够发现这些因素存在，即使这些因素已经改变了它原本的形态。这个心理构架的核心是决策预期，在特定的阶段、针对特定的人、在特定情境下，这种心理构架和心理预期是相对稳定的，而企业家根据这个稳定结构做出自己的选择。但是另一方面，决策心理锚受外界各种因素的影响有很多，这些不受决策者控制的外界因素，往往很重大，如疾病之后，人的满意度、性格等都可能发生改变。当这些因素出现的时候，会影响决策意志、决策预期和决策能力的改变，从而使决策心理锚发生变化。因此，从一定时间周期看，这种心理结构又是变化的，这种变化能在一定的阶段、时间周期内看到显著的变化。例如，一个人在股市行情一般时，能够赚取2%的利润就会满意。但是，如果遇到一个比较大的牛市行情，即使赚取10%的利润，可能他还不满意。生命的存在是一个动态的过程，人的心理标准结构也是一个动态的结构。它的变化形式主要表现为内容的增多、自我中心的转换以及能被"我"随意忆起和长久遗忘的内容的改变。它的变化规律就是先在已有的结构中产生关于新结构的决策心理锚（具体表现为对未来战略决策的方向、范围、内容、方式和自我体验的设想），再经对客观世界的有选择的感知和联系使自己的决策心理锚变成现实，然后再在新的结构现实中产生新的决策心理锚，以此循环重复而至无穷。

3.3.5.2 决策心理锚的可行性

要判明一项决策是否具有合理性，首先就要考虑该项决策的可行性程度。把握可行性标准必须界定可行性限域。决策的可行性限域是指决策主体要合理地进行决策所必须切实把握的信息条件、组织条件、物质条件和环境条件，合理的决策只有建立在上述条件的基础上才能实现（王炳书，1997）。由决策心理锚构成的心理标准虽然在满意区间，确定某个点是偶然性，但是一定是在某个阶段、某个时段或某个区间，对某个满意点的选择是必然的。选择并不是偶然，也不是随机，而是有意识的选择，需要一定的能力条件。我们知道，企业家是企业的风险承担者，企业家承担风险的代价是获取企业利润等收益指标。一个满足于道德追求的利他主义者，往往因为其高度浪漫而缺乏现实可行性。企业家决策需要一定的硬件与软件：就硬件而言，企业的规模、资金与技术决定了决策心理锚的基本结构、力度与程度；就软件而言，企业家自身的经验、知识结构、认知水平等决定了决策心理锚的内容构成与作用形式。一个优秀的企业决策者，会因为环境的变化、企业内在资源的丰沛程度而对决策心理锚设置相应的门槛，也会因为自身心理因素的变化而对决策心理锚进行适当的调试。

3.3.5.3　决策心理锚的可预期性

锚定效应容易产生心理偏差，个体往往避之不及，决策心理锚则力图避免偏差，助力企业家作出满意决策。构成满意标准的决策心理锚，是企业家决策行为产生的内在运行机制，类似一个行船在一个变化当中的一个相对稳定的参照体，企业家如同船长，船行的方向与位置取决于这个复杂的构架，这个参照系一旦确定后，我们就能知道企业家具体的决策满意点会相对稳定在一个什么水平上。

3.3.5.4　决策心理锚的可认知性

决策心理锚是企业家的心理结构，虽然就其内容来说是隐性的、内附于企业家大脑，但是可以通过企业家的言语和行为表现与企业的行为表现来予以识别。甚至还可以通过对企业家的人口统计特征的观察予以判断与预测。例如，可以根据企业家的性别、年龄、学历等人口统计特征，判断其决策心理特点。还可以根据企业的行业地位、资金实力、专利技术等物质性特征，判断企业家战略决策的底气或起始点以及发展趋势。决策心理锚的识别是动态性的，如果一个企业家极其稳重，极能控制其情绪与情感，那么在较短的时间内，确实难以甚至无法判断其决策心理锚，但是，在一个较长的时间变化周期内，即使这个企业家善于控制自己，依然能够通过"听其言""观其行"来判断与预想其决策心理锚。显而易见的是，任何一个心理特征都有其具体的表现形式，即便潜意识，也往往会在一定的时空条件下以特定的方式表现出来，需要的仅仅是能够对其进行心理分析。

3.3.5.5　决策心理锚的时间性

在决策实践中，决策的时间性特征很明显，我们作出的任何决策都与时间有关系。因为时间的局限性而导致决策发生错误，结果是一步走错，导致步步差错，不断为前面的错付出代价，如果这样我们就很难达到满意；也有因为在特定的时间内，我们实现了满意决策，但是实际上也放弃了许多可能潜在的满意，只不过我们没有办法证明。如果在若干个机会中选择到一个相对满意度高的机会，那些丢掉其他机会而带来的较低的满意度水平就无所谓。如果考虑到未来，决策的不确定性就会增加许多，可能存在几种可能，如未来满意、现在不满意；未来不满意，现在满意。不同的时间状态下，决策的满意度或满意点是不一样的，决策心理锚的构成要素并不是恒定不变的心理顽石。

企业家决策心理锚特征如图3-7所示。

图3-7　企业家决策心理锚特征

3.4　企业家决策心理锚存在性的实验研究

3.4.1　实验目的

通过决策者自由命名描述法，分析其决策心理特征，以探讨决策标准的内容。

3.4.2　实验方法

3.4.2.1　实验组织

在开展《创业管理》课程教育的商学院中，选择被试。商学院学生经过大学的专业基础课、专业课的学习，已经具备了从事商务活动的基本知识与基本能力，尤其是通过企业战略管理、项目管理、运营管理等理论课程以及专业实习和BOSS等实训课程的学习，具备了一定的决策意识与决策能力，绝大部分高年级学生还会利用课余时间和节假日开展社会实践活动，这些专业知识和实践经历，为其日后的就业决策或创业决策打下了良好的基础。在国家提倡创新、创业教育的今天，很多商学院都开设了《创业管理》等类似课程的教育，此类课程的一个重要目的就在于激发学生的创业热情，培养学生创业能力。在成功企业家的影响下，作为"准企业家"大学生的创业可能性正不断上升。选择接受类似课程的大四学生作为被试，能够较好地模拟企业家的战略决策。我们选择自愿参加研究的大四学生被试200名，其中男生95名，女生105名，平均年龄22.3岁。实验分为两组：一组为实验组，扮演企业家角色；一组为控制组，为普通同学身份。

3.4.2.2　设置决策情境

对于控制组，模拟设置几个生活决策情景，有意识地引导同学进入决策情境（表3-4）。2012年11月8日14时35分，要求学生在15分钟之内，写出最近几年独立作出的三个重大决策，描述当时的决策情景。大部分学生列举了高考填报志愿、是否考研、购买电脑等。

表3-4　大学生决策

性别 ＼ 事项	高考填报志愿	是否考研	购买电脑	其他
男	22	37	43	32
女	28	40	42	25
合计（人次）	50	77	85	57

对于实验组，按照创业管理课程教学要求，对同学进行分组构建"虚拟企业"（表3-5）。2012年11月8日14时35分，要求在15分钟之内每5人成立一虚拟企业，5人采取一定的决策方式，确定创业者或企业总经理、生产经理等职能经理、进行产品与服务决策。要求在规定时间内将决策结果通过腾讯微博进行广播。

表3-5　企业家身份决策

序号	公司名称	职位—姓名	产品与服务
1	华E养生	创业者—李芳；市场经理—韩婷；技术经理—李霞；人事经理—张晨雨；采购经理—王婷	养生与美容
2	金冠餐饮有限公司	创业者—黄芳；财务经理—孙君君；采购经理—丁雨荷；销售经理—顾雨萍；人事经理—陈燕	中式快餐
3	LOVE ME婚纱店	CEO—苏婷婷；设计总监—庞雪丹；财务总监—田亚秋；人力总监—邱若婕；策划总监—李璐桐	婚庆服务
4	"长久牌"电池	创业者—赵维维；设计经理—章静华；生产经理—翟福；市场经理—张玲；财务经理—杨敏	新能源电池
5	泡沫之夏旅行社	创业者—钱霄旭；人事经理—刘凯悦；财务经理—汪月；市场经理—朱芳；策划经理—邓玲玲	旅游服务
6	Seven Design	创业者—邸夺；财务总监—李欣洁；人力总监—李芳；销售总监—熊娇娇；策划总监—岑倩倩	艺术设计

序号	公司名称	职位—姓名	产品与服务
7	智慧宝电子有限公司	创业者—王振东；人事经理—金志燕；销售经理—李雪花；财务总监—吴云鹏	电子书
8	淮工地产	创业者—孙滢；财务经理—钱梦阳；人事经理—眭爱文；营销经理—沈弘；采购经理—缪万茹	房地产
9	L.S（love story）	创业者—孟天然；财务总监—朱晓倩；策划经理—虞文弘；营销经理—许琼；人事经理—王丹	婚介
10	名仕咨询	创业者—薛荣兵；人力经理—张林洲；财务经理—孙卿；市场经理—贺卫康；企划经理—杨勇	管理咨询
11	闪电快递	创业者—周亚丽；营销主管—曹丽；人力总监—陈程；财务主管—陈茜；公关总监—杜皎	快递服务
12	绿瓜农场	创业者—朱丽洁；生产经理—张璐；采购经理—仇文璐；财务经理—卢亚兰；质控经理—高颖超	绿色农产品
13	华渊汽车4S店	总经理—陈俊歆；营销总监—缪强；市场总监—刘伯垠；财务总监—路俊；人事部经理—金晨	汽车服务
14	奇建公司	创业者—薛小全；生产经理—沈志刚；客户经理—姚橙；财务经理—王伟；设计经理—孙凯	商品房
15	休闲书吧	创业者—颜丹玉；生产经理—曹艳霞；财务经理—朱梦玲；采购经理—钮冰瑶；营销经理—庄雅晴	图书
16	征途国际旅行社	CEO—陶雅云；财务经理—宋咏丹；人事经理—张天玺；市场经理—顾冰清；公关部经理—陈清竹	国际旅游
17	新立家具店	创业者—管年宜；市场经理—金芳；人力经理—卢蒙；财务经理—马秋霞；设计经理—徐浩	组合家具
18	南方装潢有限公司	CEO—殷楠尧；市场经理—朱文翰；公关经理—周志浩；人事经理—薛家伟；财务经理—王浩	石材
19	点石教育	总经理—洪盼青；策划经理—刘连婷；财务经理—蒋丽玲；人力经理—蔡晓晴；市场经理—魏敏	家教
20	多多饮食会所	总经理—潘薪丰；生产经理—刘欣；市场经理—王朝阳；人力经理—孟海建；财务经理—钱许	中式餐饮

资料来源：http://t.qq.com/shamst。

两组同学完成决策后，要求被试在3分钟就刚扮演的决策角色进行自我评价。我们采用个体性自由命名描述法（王垒，1998），要求实验组大学生被试以企业家身份（创业者与各职能经理），分别列出10个最恰当、贴切的词描述决策情境中自我的心理特征。要求控制组大学生被试以普通同学身份，分别列出10个最恰当、贴切的词描述决策情境中自我的心理特征。在此基础上，统计自我的描述词词频，以词频达到一定的水平的词作为自我决策心理的典型代表，制成词表，借以表征自我决策心理特征的内容。

3.4.3　实验结果

各类自我描述中词频达到 6% 的词自高到低排列于表 3-6，以 6% 为标准是相对的；如果词频太低，则不具有代表性；如果词频太高，入选的词太少，范围太窄，就不能很好地说明自我决策心理内容的广度。本研究中 6% 标准下的以自我描述词有 50 个，以企业家身份描述词有 51 个，大体上可以满足进一步实验研究的材料需要。

表3-6　学生与企业家身份的自我决策心理描述

条目	学生身份描述	词频	企业家身份描述	词频
1	活泼开朗	45	责任	35
2	善良	42	创新	34
3	乐观	37	乐观	33
4	自信	24	自信	28
5	乐于助人	21	稳重	25
6	大方	20	沟通	24
7	优柔寡断	20	积极	24
8	幽默	19	勤奋	23
9	坚强	19	冷静	22
10	热情	18	勇敢	22
11	积极	16	认真	21
12	细心	16	活泼开朗	20
13	倔强	16	诚信	20
14	责任	15	坚持	19
15	谦虚	15	进取	18
16	认真	15	独立	18
17	孝顺	14	目标	17
18	诚实	14	正直	17
19	友善	14	坚韧	16
20	稳重	13	远见	16
21	坚持	13	执着	15
22	温和	13	意志力	15
23	理性	12	理想	14
24	勤奋	12	坚强	14
25	浮躁	12	洞察	14
26	进取	11	冒险	13
27	吃苦耐劳	11	控制欲	13
28	正直	11	独特	12

条目	学生身份描述	词频	企业家身份描述	词频
29	勇敢	11	心细	11
30	懒惰	10	目光远大	11
31	文静	10	淡定	11
32	守信	10	果敢	10
33	随和	10	敏锐	10
34	勤劳	9	创意	10
35	冷静	9	理智	10
36	爱心	9	团结	9
37	粗心	9	激情	9
38	善解人意	8	热情	9
39	小心谨慎	8	执着	9
40	创新	8	豁达	8
41	善变	8	善良	8
42	执着	8	吃苦耐劳	8
43	聪明	8	幽默	8
44	低调	8	谦和	8
45	宽容	8	聪明	7
46	依赖	8	爱心	7
47	感性	7	坦诚	7
48	幼稚	6	乐于助人	6
49	不自信	6	随和	6
50	多愁善感	6	耐心	6
51			大方	6

3.4.4　实验讨论

　　选择大学生被试具有一定优点：一是大学生具有较强的理解力，能够胜任实验任务；二是与成年人相比，大学生比较单纯、率真，能够直抒己见，比较真实地再现了决策心理。当然缺点也很明显，那就是不能真实反映企业决策实践状态。尽管如此，我们仍然对选择学习《创业管理》课程的大四学生充当被试抱有较高的信心。由于设置了决策时间，且是课堂进行，很好地控制了学生的决策行为，既避免了敷衍了事，也避免了相互讨论。从决策结果来看，高考填报志愿、是否考研以及购买电脑成为大部分学生的主要决策行为。而其中又以购买电脑人次最多，高考填报志愿最少。这与我们预先的设想有出入，我们原来预期高考志愿决策是大学生的最重要决策，应该是大学生记忆深刻的决策行为。为什么大学生反而对购买电脑印象深刻？经过事后调查得知原因有三个：一是购买电脑是最近行为，存在近因效应；二是高考填报志愿并非学生独立完成，在中国文化与传统下，家长对孩子的志愿填报影响很大，即使学生自己独立完成，由于不知道决策标准，好多学生志愿填报显得很随意，有近20个学生已经忘却第二志愿选择了哪所学校；三是购买电脑行为，多为学生独立决策行为，学生有足够的决策理由可以解释其购买行为。在决策之后3分钟内，控制组同学的自我描述是自然的、真实的，较好地体现了其决策心理特征。

同样由于时间与现场控制，实验组的大学生被试也很好地完成了实验任务。从所成立的虚拟企业的名称来看，20个虚拟企业分属不同的行业，仅仅两家企业雷同——中式快餐。这既说明了各企业是独自决策，也说明了各企业具有不同的决策思路与特征，尤其体现在企业负责人身上，这从腾讯微博交流的情况中得到了验证。腾讯微博显示，企业创始人或负责人语言、信息传递速度存在明显差异。在决策之后3分钟内，实验组同学的自我描述同样是自然的、真实的，较好地体现了其决策心理特征。

从表3-6中可以看出，不同角色的自我决策心理的内容是不同的。首先，学生角色中有的词，并未出现在企业家描述的内容中，这反映了不同角色的心理特征的不同，比如在学生角色描述中出现的"优柔寡断""孝顺""浮躁"等词语没有出现在企业家角色描述中；而企业家角色描述中的"远见""意志力""控制欲"等词语没有出现在学生角色描述中。其次，有些词同时出现在不同的描述中，但频率或排序不同，比如，学生角色描述中的"活泼开朗""善良"排名第1和第2，而它们在企业家角色描述中只排名第12和第41；企业家角色描述中的"责任""创新"排名第1和第2，而它们在学生角色描述中只排名第14和第40。说明它们在不同角色中的典型性或代表程度不同，据此推论，它们在决策心理标准中的重要性或地位不同。大学生将"责任"列在首位，既体现了大学生的社会责任担当，或许与目前出现的企业社会责任运动也有关系，这让我们对大学生创业有了更高的期待。

3.5 企业家决策心理锚的质性研究

以大四选修《创业管理》课程的大学生为被试的实验研究可以比较不同角色的决策心理，尽管我们的实验控制了决策情境，但被试终究是学生，缺少真实的企业决策经历。对企业家决策行为的研究有现场调研法、关键事件描述法、内容分析方法等，其实质都是一种"口头出声思考协议"或"有声思考方式"（西蒙，2002），根据企业家在自传、演讲、采访中的"发声""讲话"推测其心理。在对部分企业家访谈的基础上，我们认为可以基于扎根理论思想，运用NVivo10.0软件对企业家决策文本进行研究。NVivo10.0是由澳洲QSR公司最新推出的、国际主流的质性分析软件，其分析运行的方法论框架是扎根理论。它能够在帮助研究者实施通用的定性分析技术来组织、分析和共享数据，无论研究者使用什么方法。NVivo可管理、发掘和查找数据中的模式，但是无法取代研究者专业的分析知识或技能。由于是最新版本，还没有研究成果是借助于NVivo10.0而完成的，仅有的几篇文献（关于护士心理素质、旅游感受等成果）是借助于NVivo8.0。在选择软件的时候，根据自己的理解应该是版本越高功能越先进，但由于自己年龄太大，对其功能的掌握颇为吃力，因而无法预测其作用前景，这是本研究的一大不确定性。

3.5.1 对象与方法

3.5.1.1 对象

我们选取"中国企业家网"上的企业家专栏文章为对象。"中国企业家网"上的文章主要来源于《中国企业家》杂志及其他财经媒体，该网的企业定位是"中国商业首席阅读，决策人群每日参考"。该网站有"人物""商业""创业""思想""生活家"等专栏，我们在2013年7月12日用NVivo10.0对李宁进行预试之后，从7月18日到7月25日集中性地在"中国企业家网"站内对"某某企业家"进行"精确"搜索，将主题包含"某某企业家"的文章作为分析文本。考虑到知名企业家的访谈与演讲资料更丰富也更为可信，选择了16名来自不同行业的企业家代表。由于时间、文本对象的严格控制，使得我们的研究具有可比性、客观性。

3.5.1.2 NVivo10.0编码方法

NVivo10.0编码功能强大，将编码资料归纳在节点上，节点是用于编码的容器，允许研究者在一个位置收集相关材料以便可以发现材料中呈现出的模式和想法。因此，节点与编码紧密联系，利用节点是为了编码，编码是按题目、主题或案例收集材料的过程。例如，选择有关战略决策的段落并在"战略决策"节点进行编码。NVivo10.0主要有两种编码方式：一是"在现有节点对选定的内容编码"；二是"Vivo中编码"。"在现有节点对选定的内容编码"，是研究者事先设置期望的"节点"，然后带着明确目的搜寻编码内容，"节点"名称简短。"Vivo中编码"是研究者事先没有明确的"节点"期望，只要材料中出现与本研究主题有关的内容，就进行编码，因而编码内容就是"节点"名称，这导致节点名称显得冗长。本研究中，对刘强东和蒋锡培采取"在现有节点对选定的内容编码"进行探索性分析，对李宁和其他企业家采取"Vivo中编码"形式。

3.5.1.3　编码信度与效度

为了提高编码的信度与效度,采取了系列策略：第一，请本学科和经济学、法学专业博士生进行编码、评价，判断本研究编码的可信度与效度。第二，研究者在不同的时间段，进行编码，以避免因为同一时间段可能存在的偏见。第三，在相对集中的时间段进行编码，以保证编码的熟练性与准确性。第四，对于编码的内容按照"精简"原则，能够反应企业家心理特征的句子越短越好，坚决避免为了提高覆盖率而大段编码，原则上一句话不超过50个字。例如，"我权衡了一下，按照现在的学习计划，不能登山。人生有比较的时候，你必须有所放弃。"我们可以将这段话作为一个节点编码，也可以将这两段话分别编码，按照"精简"原则，这两句话表达了一个意思，因此，只将"我权衡了一下，按照现在的学习计划，不能登山"编码到"自控性"节点。第五，对于容易被误解的编码要慎重，不能被"关键"词语所误导，如"他相信，一家公司只有与客户保持良好长期的关系，才能在保险、银行、投资三大业务板块之间共享客户，为企业带来更大的价值"。如果不认真阅读，很有可能因为出现"信心"的同义词"相信"，而将其编码到"信心"节点中。其实本段内容实质是反应了企业家的"自控性"心理状态。第六，对于一些一句话有多个意思的重复编码问题，采取"只取其一"原则，如：王石称，"读书是为了去当老师，中国未来的希望是年轻人，年轻人的希望在教育，但是你看现在教育的现状。"这段话可以编码到成就导向节点，可以编码到机会感知，也可以编码到责任力，但是，三个之中最适合的是责任力。第七，对于对企业家决策行为没有直接影响的，可能是重要背景，但是又不能归结到某个心理标准的内容，我们将其编码到"自由节点"。例如，郁亮的，"我不敢站在珠峰顶上，我是单腿跪在那里，因为珠峰女神不是让你站在她头上的，而是让你膜拜她、拜祭她的。"第八，为避免不同文章中可能出现的内容重复问题，要求编码时间具有连续性，保证在编码过程中保持足够的精力与敏感性，避免重复编码。最后，为了探索这些在编码内容中的共性，对节点进行了聚类分析。聚类依据为"单词相似性"，使用"pearson系数"作为相似性度量标尺。系统默认维度为10，结果显示编码来源材料中的内容具有相似性，可能反映了企业家的共同的心理特征。

不同编码者对相同文本材料独立编码结果的一致性程度，是影响编码信度的重要因素，也是编码结果可靠性的重要指标。经过充分沟通，邀请管理学博士一名，就随机抽取的一个企业家的文本进行编码，计算了两人编码的评分者一致性，各心理维度的频次相关为0.78~0.91，说明评分者一致性比较理想，反映了本次编码的合理有效性（表3-7）。而频次与覆盖率的数字比对也说明本次编码的效度很高，没有出现频次与覆盖率相矛盾的。

表3-7　对不同心理维度编码的一致性检验

项目	成就导向	自控性	信心	机会感知	责任力	创造力
频次	0.83	0.86	0.85	0.89	0.78	0.91

3.5.1.4　"节点"概念维度与编码示例

概念维度与编码示例见表3-8。

表3-8　概念维度与编码示例

构念维度		维度内涵			
		时间	类似心理状态描述	言语描述	行为描述
决策意志	成就导向	长期	目标挑战使命感战略	"如果大家都只想好好做MIUI，那我退出公司。我要做的是100亿美元的公司，没人投钱，我就自己投自己做。""要实现我们的梦想""克服困难，实现我们的目标"	玩命的工作；经常登山；实现了战略目标
	自控性	长期	自觉控制规范	"知道自己在做什么，你知道什么是你要的""制度、规范，这是不允许任何人打破的"	建立质量监控体系；整合资源；计划执行
决策预期	信心	中短期	信念决心坚信	"我们团队不怕价格战""没有我们不能完成的任务"	他已累计增（减）持集团股票几百万股
	机会感知	中短期	风险机遇商机	"未来我们将加强在欧美市场的发展""中国的市场很大"	企业已经在海外布局；顺利进入其他行业
决策能力	责任力	长期	责任心责任感	"体恤下属才能赢得下属的爱戴""任何时候决策，你要考虑你背后的股民利益、员工利益，就不会做错误的决策"	每年与基层员工一起工作一天
	创造力	长期	创新发散思维灵感	"喜欢学习，爱读书""千万要抛弃过去的产品形式"	实施了流程再造；开发了好多产品
	韧性	长期	坚韧耐力	"坚持就是胜利"	天天长跑
	胆略	长期	大胆	"我天生胆子大""好赌"	玩蹦极；打价格战
	勤奋	长期	勤劳刻苦	"不刻苦怎么行""我很努力"	工作通常从早晨5点开始

3.5.2　探索性分析

3.5.2.1　"Vivo中编码"的探索性分析

首先，检测来源材料是否与决策选择有关。

我们选择"我坚信正走在正确的方向""李宁反思李宁"两篇人物专访文章进行探索性研究（2013-07-08，07:37，作者均为马钺。两篇文章共23页，字数21503）。为了检验该网站的所有文章是否如其定位所言，对文本进行关键词检索。以"决策"为关键词精确查询，参考点结果显示："编码5个参考点，[0.04%覆盖率]"，文本显示："参考点1-0.01%覆盖率，我是这个决策团队的一员""参考点2-0.01%覆盖率，不同意你的决策吗？""参考点3-0.01%覆盖率，我是这个决策团队的一员""参考点4-0.01%覆盖率，不同意你的决策吗？""参考点5-0.01%覆盖率，李宁说，所有决策都是由公司"。

图3-8　决策—结果预览

而按照"决策"的同义词查询，共有43个参考点，[0.21%覆盖率]。

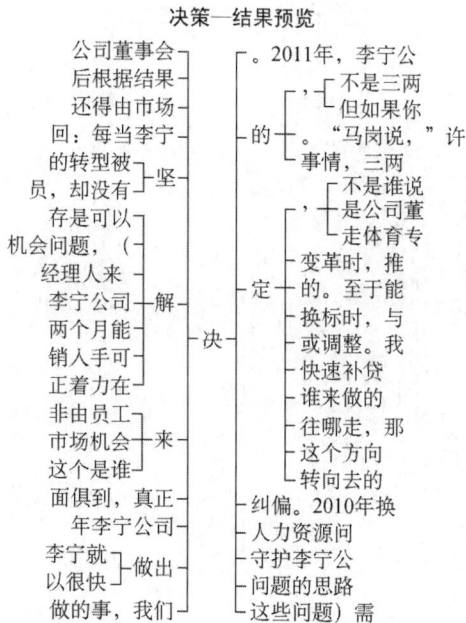

图3-9　决策同义词查询

按单词相似性进行聚类分析，系统默认维度为10，结果如图3-10所示。

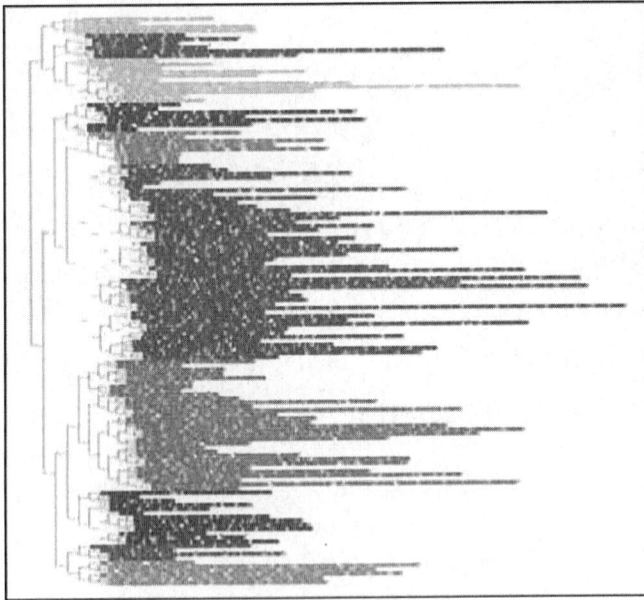

图3-10　按单词相似性聚类、维度为10的节点

按单词相似性进行聚类分析，维度为6，结果如图3-11所示。

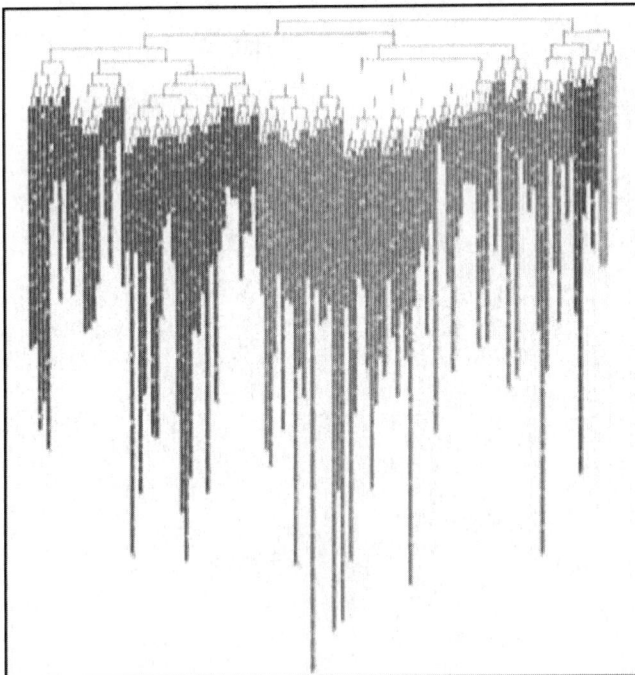

图3-11　按单词相似性聚类、维度为6的节点

按单词相似性进行聚类分析，维度为3，结果如图3-12所示。

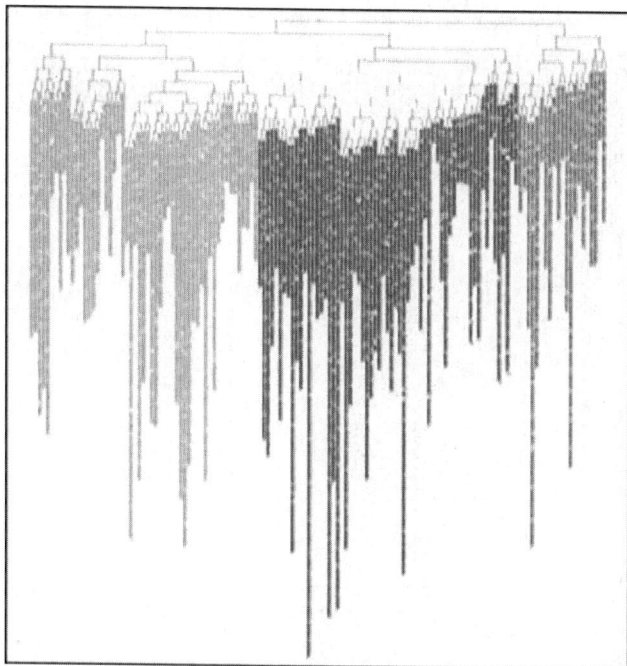

图3-12　按单词相似性聚类、维度为3的节点

按编码相似性进行聚类分析，维度为6，结果如图3-13所示。

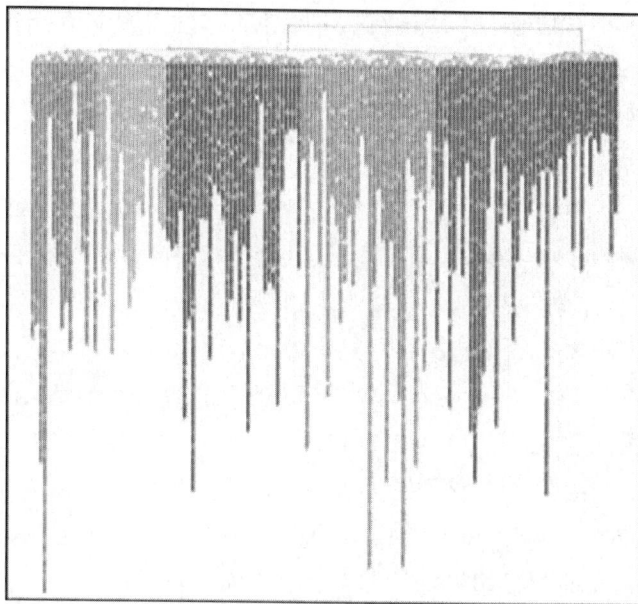

图3-13　按编码相似性聚类、维度为6的节点

按编码相似性进行聚类分析，维度为3，结果如图3-14所示。

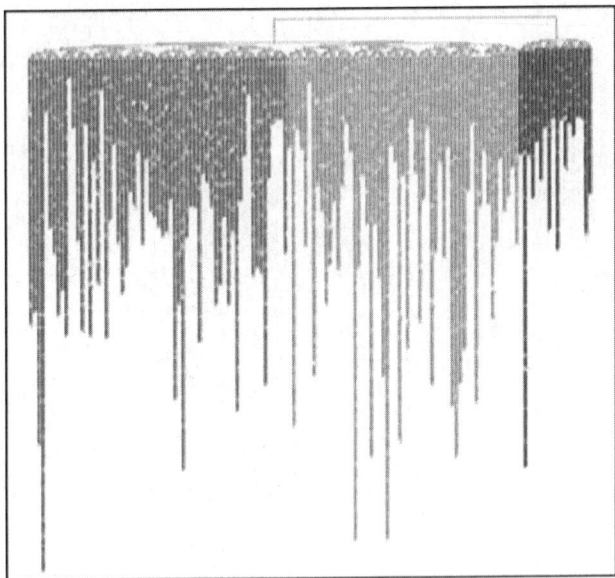

图3-14　按编码相似性聚类、维度为3的节点

根据维度的大小设置，NVivo10.0显示结果说明，不同内容的编码看似没有规律，其实是具有相同特征的。这样，就可以按照一定的类别进行归纳，以确定企业家决策之前的心理状态规律。

因此，可以得出结论，来源于中国企业家网的企业家材料符合本研究要求，对于其他企业家的材料将不再进行类似的"文本搜索"和"文本"与"编码"的聚类分析。

其次，"Vivo中编码"节点归类。

因为按"Vivo中编码"是在阅读材料过程中，研究者认为某句话有意义（可能与决策行为有关，可能与决策心理有关，也可能是重要的背景知识），就会将该句话进行自由编码，也就是说"Vivo中编码"的节点都对本研究具有意义，只要有意义，就需要编码归类，以便进一步研究。为此，添加了"决策选择""决策意志""决策预期""决策能力""环境""时间""自由节点"共7个节点文件夹，将121个节点按照内容匹配要求进行归类（图3-15~图3-18）。"决策选择"共22个节点，"决策意志"共41个节点，"决策预期"共22个节点，"决策能力"共12个节点，"环境"共13个节点，"时间"共6个节点，"自由节点"共5个节点。

其中，"成就导向"已编码27个参考点，［7.61%覆盖率］。"自控性"已编码16个参考点，［6.06%覆盖率］。"信心"已编码7个参考点，［2.90%覆盖率］。"机会感知"已编码17个参考点，[5.69%覆盖率]。"责任力"已编码9个参考点，[2.16%覆盖率]。"创造力"已编码3个参考点，[1.05%覆盖率]。"决策选择行为"已编码20个参考点，[7.66%覆盖率]。

决策选择

名称	材料	参考	创建	创建	修改	修改	
这样的机制不仅有利于终端，也解放了设计师，使他们能够根据市场的实际需	1	1	2013/	SHA	2013/	SHA	
这些职业经理人的加盟，对李宁的发展起到了重要的作用，正是在职业经理人的	1	1	2013/	SHA	2013/	SHA	
早在2001年起，李宁就开始聘请职业经理人来解决人力资源问题。2001年，来	1	1	2013/	SHA	2013/	SHA	
在金珍君主政之前，李宁一款产品的产销周期是15个月，现在，一些产品从识	1	1	2013/	SHA	2013/	SHA	
有一项职责，李宁绝不会再假手他人，那就是公司发展战略。相当长一段时间	1	1	2013/	SHA	2013/	SHA	
有一项职责，李宁绝不会再假手他人，那就是公司发展战略。	1	1	2013/	SHA	2013/	SHA	
现在你思考最多的是不是战略？~~李宁：我一直以来主要负责这一块，参与更	1	1	2013/	SHA	2013/	SHA	
下一步的战略调整规划则是什么	1	1	2013/	SHA	2013/	SHA	
然心有犹豫，但2010年6月30日，李宁公司高调宣布品牌重塑战略，发布全新	1	1	2013/	SHA	2013/	SHA	
猛药一剂接着一剂。去年12月17日，李宁公司宣布，将实施"渠道复兴计划"	1	1	2013/	SHA	2013/	SHA	
每当困难来临时，李宁公司解决问题的思路仍然一以贯之，还是选择变革，变	1	1	2013/	SHA	2013/	SHA	
李宁自己则对第一赛季合作的成果非常满意，他举出了几个指标：观众参与	1	1	2013/	SHA	2013/	SHA	
李宁公司历史上有一个奇怪的轮回：每当李宁决定变革时，推动者或者操刀手	1	1	2013/	SHA	2013/	SHA	
李宁的对策首先是重新洗牌。2012年7月5日，李宁公司召开新闻发布会，宣布	1	1	2013/	SHA	2013/	SHA	
李宁：现在处的阶段就是在战略的执行中，进行深度变革	1	1	2013/	SHA	2013/	SHA	
可变革基因存在于创始人李宁的血液中，"变革一定要成为一个公司的正常文	1	1	2013/	SHA	2013/	SHA	
覆巢之下无完卵。有数据统计，光是去年上半年，李宁、安踏、361度、特步	1	1	2013/	SHA	2013/	SHA	
当然，这条20亿元铺就的未来之路，既可能让李宁成就耐克那样的霸业，也有	1	1	2013/	SHA	2013/	SHA	
2011年，李宁公司（02331.HK）利润只有3.86亿元，比前一年下降了65%；201	1	1	2013/	SHA	2013/	SHA	
2001年李宁就做出决定，走体育专业化之路，但之后却在时尚化与聚焦体育间	1	1	2013/	SHA	2013/	SHA	

图3-15　企业家李宁的决策选择

决策意志

名称	材料	参考	创建日期	创建	修改	修改	
自控性	1	16	2013/7/17 22:	SHA	2013/	SHA	
张志勇主政期间，李宁确实很少对管理层说"不"	1	1	2013/7/12 11:	SHA	2013/	SHA	
在金珍君主导下，李宁公司关掉了很多盈利状况不	1	1	2013/7/12 11:	SHA	2013/	SHA	
我是不是企业家，无所谓，每一个人对企业家的标	1	1	2013/7/12 9:2	SHA	2013/	SHA	
我更看重的是我跟金珍君见面以后。时间是去年1月	1	1	2013/7/12 10:	SHA	2013/	SHA	
稳定了上下游之后，金珍君开始着手建构零售管理	1	1	2013/7/12 11:	SHA	2013/	SHA	
位业内人士也指出，如果说李宁本人过去犯了什么	1	1	2013/7/12 11:	SHA	2013/	SHA	
虽然金珍君是提名委员会主席，但李宁表示，"所	1	1	2013/7/12 11:	SHA	2013/	SHA	
如何拧螺丝是金珍君的事，李宁不会插手，他自己	1	1	2013/7/12 11:	SHA	2013/	SHA	
难的不是一点，是每一个点都要同步，否则就要出	1	1	2013/7/12 10:	SHA	2013/	SHA	
李宁：还好，我和金总在公司战略和变革转型的方	1	1	2013/7/12 10:	SHA	2013/	SHA	
据说李宁只和金珍君在茶馆里聊了一次，就对其心	1	1	2013/7/12 11:	SHA	2013/	SHA	
巨资赞助CBA和韦德，是李宁主动提出，自己拍板，	1	1	2013/7/12 13:	SHA	2013/	SHA	
接受《中国企业家》采访时，李宁不时强调他对于	1	1	2013/7/12 11:	SHA	2013/	SHA	
换句话说外界就认为风险是比较大的，但是公司内	1	1	2013/7/12 11:	SHA	2013/	SHA	
董事会内部有人不同意你的决策吗？~~李宁：我觉	1	1	2013/7/12 11:	SHA	2013/	SHA	
2004年公司上市后，李宁的生活重心逐渐移到了香	1	1	2013/7/12 13:	SHA	2013/	SHA	
成就导向	1	27	2013/7/17 22:	SHA	2013/	SHA	
作为一个运动员和一个企业的领导人，你觉得这里	1	1	2013/7/12 11:	SHA	2013/	SHA	
但我不是为了打倒别人，而是想自己站在最高峰。	1	1	2013/7/12 9:2	SHA	2013/	SHA	
"运动员"基因论，或许可以部分解释李宁公司对	1	1	2013/7/12 11:	SHA	2013/	SHA	
对我来讲，怎么说呢，只抓重要的东西，我不会面	1	1	2013/7/12 10:	SHA	2013/	SHA	

图3-16　企业家李宁的决策意志

决策预期

名称	材料	参考	创建	创建	修改	修改	▥
信心	1	7	2013/	SHA	2013/	SHA	■
这项传统消失了十几年，现在又重新回到了李宁公司。~~不	1	1	2013/	SHA	2013/	SHA	
赞助CBA的5年20亿看似数额巨大，其实李宁早在10年前就察	1	1	2013/	SHA	2013/	SHA	
预计所需费用约14亿-18亿元人民币——这笔费用也是李宁	1	1	2013/	SHA	2013/	SHA	
他接过话筒，压下更加热烈的掌声，微笑着告诉台下仰望着	1	1	2013/	SHA	2013/	SHA	
就在外界质疑李宁出手过于大方时，李宁公司又在去年10月	1	1	2013/	SHA	2013/	SHA	
别人都在省钱，李宁在花钱；以上三项措施的花费总计将在	1	1	2013/	SHA	2013/	SHA	
奥运会上的凌空高踏，给了李宁公司一个再次发力甩开对手	1	1	2013/	SHA	2013/	SHA	
机会感知	1	17	2013/	SHA	2013/	SHA	●
相反，一旦寒冬过去，市场转暖，转型更彻底的公司无疑会	1	1	2013/	SHA	2013/	SHA	
现在，当全行业都陷入低迷时，公司还在不断抛出大手笔进	1	1	2013/	SHA	2013/	SHA	
我们认为未来已经开始出现这种需求（升级），我们这个行	1	1	2013/	SHA	2013/	SHA	
体育品牌"闭着眼睛都挣钱的时代结束了"，"运动员"李	1	1	2013/	SHA	2013/	SHA	
他承认，李宁公司自己也是如此，从最早的达素·琼斯到了	1	1	2013/	SHA	2013/	SHA	
说来简单，但要做到这一点，李宁需要精准捕捉客户的需求	1	1	2013/	SHA	2013/	SHA	
市场是给机会的，外界也应该给李宁一点时间。别老说时间	1	1	2013/	SHA	2013/	SHA	
李宁公司将业绩不佳的原因归咎于宏观经济环境变化太快，	1	1	2013/	SHA	2013/	SHA	
李宁：过剩并不是说所有的需求已经被满足了，其实这个需	1	1	2013/	SHA	2013/	SHA	
库存是一个永远的话题。	1	3	2013/	SHA	2013/	SHA	
典型例子是，对于2008年之后的大肆扩张，时至今日李宁仍	1	1	2013/	SHA	2013/	SHA	
当中国人生活水平提高以后，市场就会有更大的购买力。	1	1	2013/	SHA	2013/	SHA	
但在他看来，市场并没有坏到不可收拾的地步。中国加速的	1	1	2013/	SHA	2013/	SHA	
不仅如此，李宁还避开了足球、篮球这两项普及程度最高、	1	1	2013/	SHA	2013/	SHA	

图3-17　企业家李宁的决策预期

决策能力

名称	材料来	参考点	创建	创建	修改	修改	▥
责任力	1	9	2013/	SHA	2013/	SHA	●
（我）更多要关注产品怎么样，你给他（客户）带来的价值、消	1	1	2013/	SHA	2013/	SHA	
从TPG的履历来看，至少在中国，还没有扮演过"门口的野蛮人"	1	1	2013/	SHA	2013/	SHA	
接受《中国企业家》采访的李宁前员工中，尽管有的人对李宁的	1	1	2013/	SHA	2013/	SHA	
金珍君说，"但我们就需要多注意市场需求和消费者的反应。"	1	1	2013/	SHA	2013/	SHA	
库存多了，品牌商就向经销商压货，即使市场环境出了问题，还	1	1	2013/	SHA	2013/	SHA	
李宁公司上市之前，每年的秋季订货会上，当大家酒酣耳热之际	1	1	2013/	SHA	2013/	SHA	
李宁与高管一向是"共天下"，除非对方能力不再胜任。即使释	1	1	2013/	SHA	2013/	SHA	
我们之间的信任和紧密合作是李宁得以顺利转型的基石。我不是	1	1	2013/	SHA	2013/	SHA	
在张庆印象中，李宁宽厚温和，很会为员工着想。	1	1	2013/	SHA	2013/	SHA	
创造力	1	3	2013/	SHA	2013/	SHA	●
"因为以前我很多公务处理起来比较弹性，但现在需要参与到公	1	1	2013/	SHA	2013/	SHA	
"怎么走市场，怎么定计划，怎么搞系统，科班打法非常动人	1	1	2013/	SHA	2013/	SHA	
李宁：我觉得调整有很多方面很重要的因素，需要一些特殊动力	1	1	2013/	SHA	2013/	SHA	

图3-18　企业家李宁的决策能力

3.5.2.2　"在现有节点对选定的内容编码"探索性分析

对刘强东进行"在现有节点对选定的内容编码"（图3-19）。

"决策意志"，已编码29个参考点，[4.45%覆盖率]；其中，"自控性"已编码24个参考点，[3.61%覆盖率]，如"当我的量占到10%的时候，你不想谈也得谈"。"成

节点

名称	材料来源	参考点	创建日期	创建人	修改日期	修改人
⊟ ◯ 刘强东决策意志	1	29	2013/7/18 16:41	SHA	2013/7/18 16:41	SHA
◯ 成就导向	1	5	2013/7/18 16:43	SHA	2013/7/18 17:33	SHA
◯ 自控性	1	24	2013/7/18 16:43	SHA	2013/7/18 17:37	SHA
⊟ ◯ 刘强东决策预期	1	15	2013/7/18 16:42	SHA	2013/7/18 16:42	SHA
◯ 信心	1	8	2013/7/18 16:43	SHA	2013/7/18 17:38	SHA
◯ 机会感知	1	7	2013/7/18 16:43	SHA	2013/7/18 17:40	SHA
⊟ ◯ 刘强东决策能力	1	11	2013/7/18 16:42	SHA	2013/7/18 16:42	SHA
◯ 责任力	1	6	2013/7/18 16:43	SHA	2013/7/18 17:22	SHA
◯ 创造力	1	5	2013/7/18 16:43	SHA	2013/7/18 17:34	SHA
◯ 刘强东决策选择行为	1	9	2013/7/18 16:44	SHA	2013/7/18 17:05	SHA
◯ 刘强东决策环境	1	14	2013/7/18 16:44	SHA	2013/7/18 17:40	SHA
◯ 刘强东决策时间	1	7	2013/7/18 16:44	SHA	2013/7/18 17:32	SHA
◯ 刘强东胆略	1	7	2013/7/18 17:21	SHA	2013/7/22 21:39	SHA
◯ 自由节点	0	0	2013/7/18 16:44	SHA	2013/7/22 21:39	SHA

◯ 刘强东决策意志 ✕

<内部材料\\刘强东决策心理材料> - § 已编码29个参考点 [4.45% 覆盖率]

参考点 1 - 0.12% 覆盖率

而京东则是典型的B2C，自营见长但弹性不足，在控制力上却独具优势。

图3-19 企业家刘强东的在现有节点对选定的内容编码

就导向"已编码5个参考点，[0.84%覆盖率]，如"我的梦想一直没有变，拥有自己的大公司"。

"决策预期"已编码15个参考点，[2.25%覆盖率]；其中，"信心"已编码8个参考点，[1.08%覆盖率]，如"刘强东在微博中说：一天的战争是不可能分出胜负的，三年之后胜负自分。""机会感知"已编码7个参考点，[1.17% 覆盖率]，如"2005年中，刘强东关闭所有线下连锁店，专注于电商"。

"决策能力"已编码11个参考点，[1.69%覆盖率]；其中"责任力"已编码6个参考点，[0.99%覆盖率]，如"2008年起刘强东就下站点和配送员一块吃饭。2008年，公司没有配备棉鞋、雨靴、头盔，现在全由公司发放。""创造力"已编码5个参考点，[0.70%覆盖率]，如"他想，父母从小船换成大船，永远只有一条船，为什么不买更多的船"。

"决策选择行为"已编码9个参考点，[1.22%覆盖率]，如"刘强东一条'京东大家电比苏宁、国美连锁店便宜10%以上'的微博，挑起了这三家家电销售商之间的世界大战"。"胆略"已编码7个参考点，[0.90%覆盖率]，如"他承认，公司成立以来，几乎天天打仗。没有战争，团队都要蔫了"。

3.5.3 进一步分析

本研究中，对刘强东和蒋锡培采取"在现有节点对选定的内容编码"，而对其他企业家采取了"Vivo中编码"形式，这并没有什么特别的原因，纯属巧合。但是经过比较发现，虽然两种编码方式效度相差无几，但是"Vivo中编码"相对更有效率，也便于检查编码的具体内容。因此，我们选择"Vivo中编码"方式对企业家心理进行分析。首先，将所有的文章整合到一个"Word"中，统计总文档的字数，这有利于客观地比较"参考点"的覆盖率。其次，对"Vivo中编码"的节点按照节点的本质、主要意思进行归类，而不是简单地根据"同义词"进行归类。最后，按照编码原则要求对节点名称进行设置，将"环境""时间"节点取消，将相关节点作为主要背景知识，归为"自由节点"。这样，就突出了决策心理节点所占比重。

由于李宁的探索性研究结果清楚地显示各心理类别节点与"Vivo中编码"节点之间的关系，其他企业家的分析步骤与李宁一样，结果显示也一样。为此，不再全面展示各心理类别的节点情况，只将总体情况与最主要类别呈现。

1.蒋锡培（图3-20）

蒋锡培字数28061，19篇文章。"决策预期"已编码42个参考点，[6.51%覆盖率]。其中，"信心"已编码14个参考点，[1.90%覆盖率]，如"国有足够大的市场，远东即使做到千亿规模，也只是行业的10%，完全有成长空间"；"机会感知"已编码28个参考点，[4.61%覆盖率]，如"尽管如何，蒋锡培对国内电缆行业的发展仍不乏担忧。""现在也是一个兼并收购的好时机。有些企业遇到了困难，而有能力的企业正好趁机调整结构。"

名称	材料来源	参考点	创建日期	创建人	修改日期	修改人	
决策环境	1	3	2013/7/18 21:30	SHA	2013/7/18 21:46	SHA	
蒋锡培决策预期	1	42	2013/7/18 21:14	SHA	2013/7/18 21:46	SHA	
信心	1	14	2013/7/18 21:14	SHA	2013/7/18 22:04	SHA	
机会感知	1	28	2013/7/18 21:14	SHA	2013/7/18 22:06	SHA	
蒋锡培决策意志	1	27	2013/7/18 21:13	SHA	2013/7/18 21:13	SHA	
自控性	1	18	2013/7/18 21:13	SHA	2013/7/18 22:06	SHA	
成就导向	1	9	2013/7/18 21:13	SHA	2013/7/18 22:06	SHA	
蒋锡培决策能力	1	19	2013/7/18 21:15	SHA	2013/7/18 21:15	SHA	
责任力	1	14	2013/7/18 21:15	SHA	2013/7/18 22:03	SHA	
创造力	1	5	2013/7/18 21:15	SHA	2013/7/18 22:00	SHA	
风险选择行为	1	5	2013/7/18 21:15	SHA	2013/7/18 21:57	SHA	

图3-20 企业家蒋锡培在现有节点对选定的内容编码

"决策意志"已编码27个参考点，[3.54%覆盖率]。其中"自控性"已编码18个参考点，[2.48%覆盖率]，如"电缆行业企业要内外兼修，平衡发展全面地提高自身软实力和硬实力。""成就导向"已编码9个参考点，[1.06%覆盖率]，如"不是看一年两年的这种好的时期，关键看未来我们能够走多远"。

"决策能力"已编码19个参考点，[2.76%覆盖率]。其中"责任力"已编码14个参考点，［2.30%覆盖率］，如"重要的一点是要留住人才，坚持'六立'原则。""创造力"已编码5个参考点，［0.46%覆盖率］，如"以变制变"。

"风险选择行为"已编码5个参考点，［1.00%，覆盖率］，如"他不顾父母的反对，选择跟随二哥学习修理钟表;在第一次创业失败后，他抓住大哥给提供的信息，靠着亲戚朋友的信任和资金支持，做起了电缆生意。"

2.李开复 （图3-21~图3-23）

内部材料

名称	节点	参考点	创建日期	创建人	修改日期	修改人
李开复,字数40930	200	381	2013/7/19 7:15	SHA	2013/7/19 7:15	SHA

图3-21　企业家李开复资料字数统计

节点

名称	材料来源	参考点	创建日期	创建人	修改日期	修改人
李开复信心	1	20	2013/7/19 9:14	SHA	2013/7/19 9:45	SHA
李开复机会感知	1	39	2013/7/19 9:14	SHA	2013/7/19 9:45	SHA
李开复责任力	1	9	2013/7/19 9:14	SHA	2013/7/19 9:45	SHA
李开复创造力	1	20	2013/7/19 9:14	SHA	2013/7/19 9:45	SHA
李开复成就导向	1	23	2013/7/19 9:13	SHA	2013/7/19 9:45	SHA
李开复自控性	1	31	2013/7/19 9:13	SHA	2013/7/19 9:45	SHA
李开复决策选择行为	1	24	2013/7/19 9:15	SHA	2013/7/19 9:45	SHA
李开复勤奋	1	7	2013/7/19 9:15	SHA	2013/7/19 9:45	SHA
自由节点	1	17	2013/7/19 9:16	SHA	2013/7/19 9:45	SHA

图3-22　企业家李开复"Vivo中编码"

节点

名称	材料	参考	创建	创建	修改日	修改
李开复信心	1	20	2013/	SHA	2013/7/	SHA
李开复机会感知	1	39	2013/	SHA	2013/7/	SHA
在一个大公司，爬到CEO可能是几十年的路程。但是，在一个	1	1	2013/	SHA	2013/7/	SHA
但是，从某些角度来看，创新工场也未尝不是一个黄埔军校	1	1	2013/	SHA	2013/7/	SHA
中国创立这样高校的黄金时期已经过去，甚至2003年都有点	1	1	2013/	SHA	2013/7/	SHA
这些挑战让我们感觉这件事情成功概率渺茫，于是就放弃了	1	1	2013/	SHA	2013/7/	SHA
一些本土顶尖高校和他们的成功校友反对这个计划。除了地	1	1	2013/	SHA	2013/7/	SHA
相关部门无法破例，让一个这样的学校申请"博士点、硕士	1	1	2013/	SHA	2013/7/	SHA
美国政府要做的，不是停止棱镜计划的争议，而是开启保护	1	1	2013/	SHA	2013/7/	SHA
许多人在微博上对中国的"第一夫人"彭丽媛表示关注，因	1	1	2013/	SHA	2013/7/	SHA
但创业毕竟不是赌博。创业家的冒险，迥异于冒进。什么叫	1	1	2013/	SHA	2013/7/	SHA
潘石屹能赚到这笔钱不是出自偶然，而是源于他的商业敏感	1	1	2013/	SHA	2013/7/	SHA
后来兄弟几个又闹分家，于是诞生了潘石屹现在的红石和北	1	1	2013/	SHA	2013/7/	SHA
带着5万元差旅费来到了北京。"这天，他(指潘石屹)在怀柔	1	1	2013/	SHA	2013/7/	SHA
有谁能够从别人的一句话里听出8亿元的商机，而且是隔着桌	1	1	2013/	SHA	2013/7/	SHA
创业者一定要明势，不但要明政事、商事，还要明世事、人	1	1	2013/	SHA	2013/7/	SHA

李开复机会感知

<内部材料\\李开复,字数40930> - § 已编码39个参考点 [5.31% 覆盖率]

参考点 1 - 0.22% 覆盖率

2010年初，创新工场第一批投资的项目——豌豆荚创业团队遭遇用户增长危机，并对选择安卓作为方向产生了动摇，欲重回塞班。但李开复想尽一切办法说服该团队坚持安卓方向。最后，豌豆荚坚持下来了。

图3-23　企业家李开复的"机会感知"

李开复字数 40930。"机会感知"已编码 39 个参考点，[5.31%覆盖率]。"信心"已编码 20 个参考点，[2.76%覆盖率]。"成就导向"已编码 23 个参考点，[2.47%覆盖率]。"自控性"已编码 31 个参考点，[3.45%覆盖率]。"责任力"已编码 9 个参考点，[1.25% 覆盖率]。"创造力"已编码 20 个参考点，[2.43%覆盖率]。"决策选择行为"已编码 24 个参考点，[2.77%覆盖率]。"勤奋"已编码 7 个参考点，[1.04%覆盖率]。"自由节点"已编码 17 个参考点，[2.10%覆盖率]。

3.李东生（图3-24，图3-25）

节点							
名称	材料来源	参考点	创建日期	创建人	修改日期	修改人	
李东生机会感知	1	47	2013/7/19 22:45	SHA	2013/7/21 21:24	SHA	
李东生信心	1	13	2013/7/19 22:45	SHA	2013/7/21 21:24	SHA	
李东生成就导向	1	24	2013/7/19 22:44	SHA	2013/7/21 21:24	SHA	
李东生自控性	1	31	2013/7/19 22:45	SHA	2013/7/21 21:24	SHA	
李东生责任力	1	4	2013/7/19 22:45	SHA	2013/7/19 23:09	SHA	
李东生创造力	1	9	2013/7/19 22:46	SHA	2013/7/19 23:09	SHA	
李东生决策选择行为	1	13	2013/7/19 22:46	SHA	2013/7/19 23:09	SHA	
自由节点	1	16	2013/7/19 22:57	SHA	2013/7/19 23:09	SHA	

图3-24　企业家李东生的"Vivo中编码"

节点							
名称	材料来	参考	创建日期	创建	修改日期	修改人	
李东生机会感知	1	47	2013/7/19	SHA	2013/7/21 21	SHA	
在演讲中，李东生指出，未来中国经济的成长最	1	1	2013/7/19	SHA	2013/7/19 11	SHA	
在李东生看来，过度的金融化会吞噬经济的成果	1	1	2013/7/19	SHA	2013/7/19 11	SHA	
对中国企业来说，我们未来的发展还是要回归到	1	1	2013/7/19	SHA	2013/7/19 11	SHA	
是要把握市场机会，实现商业模式新的突破，	1	1	2013/7/19	SHA	2013/7/19 11	SHA	
智能手机行业的格局其实远没有成型，TCL通讯还	1	1	2013/7/19	SHA	2013/7/19 11	SHA	
但是随着TCL多媒体2013年开始实施的提高均价和	1	1	2013/7/19	SHA	2013/7/19 11	SHA	
但是无论是TCL多媒体还是华星光电在新财年都面	1	1	2013/7/19	SHA	2013/7/19 11	SHA	
但是与创维、海信等竞争对手22%的毛利率比依然	1	1	2013/7/19	SHA	2013/7/19 11	SHA	
由于索尼、松下、东芝以及很多欧美客户开始将	1	1	2013/7/19	SHA	2013/7/19 11	SHA	
表面上是要反击市场上风光正劲的日资彩电品牌	1	1	2013/7/19	SHA	2013/7/19 11	SHA	
长虹又开始了新的筹划：悄悄收集彩电基本配			2013/7/19	SHA	2013/7/19 11		

李东生机会感知

<内部材料\\李东生>-§ 已编码47个参考点 [7.23% 覆盖率]

参考点 1 - 0.10% 覆盖率

在演讲中，李东生指出，未来中国经济的成长最重要的动力还是来自实业，

参考点 2 - 0.09% 覆盖率

图3-25　企业家李东生的"机会感知"

李东生字数 29439。"机会感知"已编码 47 个参考点，[7.23%覆盖率]。"信心"已编码 13 个参考点，[2.03%覆盖率]。"成就导向"已编码 24 个参考点，[2.96%覆盖率]。"自控性"已编码 31 个参考点，[4.17% 覆盖率]。"责任力"已编码 4 个参考

点，[0.47%覆盖率]。"创造力"已编码9个参考点，[1.20%覆盖率]。"决策选择行为"已编码13个参考点，[1.35%覆盖率]。"自由节点"已编码16个参考点，[2.07%覆盖率]。

4.王石（图3-26、图3-27）

节点

	名称		材料来	参考	创建日期	创建人	修改日期	修改人	
	王石信心		1	10	2013/7/21 7:50	SHA	2013/7/21	SHA	
	王石机会感知		1	29	2013/7/21 7:50	SHA	2013/7/21	SHA	
	王石责任力		1	18	2013/7/21 7:50	SHA	2013/7/21	SHA	
	王石创造力		1	8	2013/7/21 7:50	SHA	2013/7/21	SHA	
	王石成就导向		1	9	2013/7/21 7:50	SHA	2013/7/21	SHA	
	王石自控性		1	10	2013/7/21 7:47	SHA	2013/7/21	SHA	
	自由节点		1	8	2013/7/21 7:49	SHA	2013/7/21	SHA	
	王石决策选择行为		1	2	2013/7/21 7:51	SHA	2013/7/21	SHA	
	王石判断力		1	6	2013/7/21 8:51	SHA	2013/7/21	SHA	

图3-26　企业家王石的"Vivo中编码"

节点

	名称		材料	参考	创建日期	创建	修改日期	修改	
	王石机会感知		1	58	2013/7/21 7:50	SHA	2013/7/	SHA	
	王石说，从重庆事件来看，企业家被剥夺的		1	1	2013/7/21 6:56	SHA	2013/7/	SHA	
	重庆事件已过一段落，但企业家被剥夺的现		1	1	2013/7/21 6:56	SHA	2013/7/	SHA	
	很多的强拆事件进一步说明，剥夺企业家这		1	1	2013/7/21 6:56	SHA	2013/7/	SHA	
	很多企业家用脚投票，移民是对未来担心。		1	1	2013/7/21 6:57	SHA	2013/7/	SHA	
	中国传统社会历来重农经商，认为商人就是		1	1	2013/7/21 6:57	SHA	2013/7/	SHA	
	直到今日，中国社会对于工商阶层、靠自身		1	1	2013/7/21 6:57	SHA	2013/7/	SHA	
	否定财富，劫富济贫，推崇没有自由的绝对		1	1	2013/7/21 6:57	SHA	2013/7/	SHA	
	不少在商品社会下成长的"80后"甚至是"		1	1	2013/7/21 6:58	SHA	2013/7/	SHA	
	虽然薄熙来不掌权了，但中国传统文化中的		1	1	2013/7/21 7:11	SHA	2013/7/	SHA	
	王石：中国未来怎么走是不确定的。		1	1	2013/7/21 6:58	SHA	2013/7/	SHA	
	进中委、中常委不是企业家的选择，个别来		1	1	2013/7/21 7:13	SHA	2013/7/	SHA	
	然现在是国进民退，但由于中国经济发展非		1	1	2013/7/21 7:14	SHA	2013/7/	SHA	
	是中国改革开放20年20人纪录片的主角之一		1	1	2013/7/21 7:17	SHA	2013/7/	SHA	
	当时汶川地震发生后的群情激昂，虽然现在		1	1	2013/7/21 7:19	SHA	2013/7/	SHA	

王石机会感知 ☒

<内部材料\\王石 字数10816> - § 已编码58个参考点 [11.20% 覆盖率]

参考点 1-2 - 0.29% 覆盖率

王石说，从重庆事件来看，企业家被剥夺的不仅仅是资产，还可能是生命。

图3-27　企业家王石的"机会感知"

王石字数10816。"机会感知"已编码58个参考点，[11.20%覆盖率]。"信心"已编码10个参考点，[3.60%覆盖率]。"成就导向"已编码9个参考点，[4.95%覆盖率]。"自控性"已编码10个参考点，[4.03%覆盖率]。"责任力"已编码18个参考点，[8.41%覆盖率]。"创造力"已编码8个参考点，[3.17%覆盖率]。"决策选择行为"已编码2个参考点，[1.43%覆盖率]。"判断力"已编码6个参考点，[2.64%覆盖率]。"自由节点"已编码8个参考点，[4.35%覆盖率]。

5.郁亮（图3-28、3-29）

节点

名称	材料来源	参考点	创建日期	创建人	修改日期	修改人
郁亮成就导向	1	13	2013/7/21 11:03	SHA	2013/7/21 11:33	SHA
郁亮自控性	1	75	2013/7/21 11:03	SHA	2013/7/21 11:33	SHA
郁亮信心	1	22	2013/7/21 11:03	SHA	2013/7/21 11:33	SHA
郁亮机会感知	1	22	2013/7/21 11:04	SHA	2013/7/21 11:33	SHA
郁亮责任力	1	15	2013/7/21 11:04	SHA	2013/7/21 11:33	SHA
郁亮创造力	1	14	2013/7/21 11:04	SHA	2013/7/21 11:33	SHA
郁亮决策选择行为	1	8	2013/7/21 11:04	SHA	2013/7/21 11:33	SHA
自由节点	1	25	2013/7/21 11:04	SHA	2013/7/21 11:33	SHA

图3-28　企业家郁亮的"Vivo中编码"

节点

名称	材料	参考	创建日期	创建	修改日期	修改
郁亮成就导向	1	13	2013/7/21	SHA	2013/7/2	SHA
郁亮自控性	1	75	2013/7/21	SHA	2013/7/2	SHA
我的定位是身体力行在中国民间推广马拉松运动	1	1	2013/7/21	SHA	2013/7/2	SHA
2010年，郁亮与十几个中国企业家组成"菜鸟登	1	1	2013/7/21	SHA	2013/7/2	SHA
郁亮选择了让菜鸟队攀登海拔5038米的四姑娘山	1	1	2013/7/21	SHA	2013/7/2	SHA
所以有时候在中国不能太强调资金的效率，而是	1	1	2013/7/21	SHA	2013/7/2	SHA
敬畏市场的多变性，所以万科不争地王，不囤地	1	1	2013/7/21	SHA	2013/7/2	SHA
敬畏金融规律，所以万科始终对银行不太放心	1	1	2013/7/21	SHA	2013/7/2	SHA
因为敬畏政策的影响力，所以在宏观调控时，要	1	1	2013/7/21	SHA	2013/7/2	SHA
"要保证安全，就必须提前把困难估计得大一些	1	1	2013/7/21	SHA	2013/7/2	SHA
3年中他坚持每天长跑，实在因为公务繁忙或是条	1	1	2013/7/21	SHA	2013/7/2	SHA
早上6点就起床，赶到万科楼盘附近的公园中去跑	1	1	2013/7/21	SHA	2013/7/2	SHA
平安和健康，都不是自然而然的事情，想要得到	1	1	2013/7/21	SHA	2013/7/2	SHA
再伟大的梦想，在他看来都可以分拆为一段又一	1	1	2013/7/21	SHA	2013/7/2	SHA

郁亮自控性 ✖

<内部材料\\郁亮 字数23453> - § 已编码75个参考点 [10.36% 覆盖率]

参考点 1 - 0.09% 覆盖率

　　我的定位是身体力行在中国民间推广马拉松运动。"

图3-29　企业家郁亮的"自控性"

郁亮字数23453。"自控性"已编码75个参考点，[10.36%覆盖率]。"成就导向"已编码13个参考点，[1.49%覆盖率]。"机会感知"已编码22个参考点，[3.55%覆盖率]。"信心"已编码22个参考点，[3.66%覆盖率]。"责任力"已编码15个参考点，[3.05%覆盖率]。"创造力"已编码14个参考点，[2.44%覆盖率]。"决策选择行为"已编码8个参考点，[1.24%覆盖率]。"自由节点"已编码25个参考点，[3.55%覆盖率]。

6.王中军（图3-30、3-31）

节点

名称	材料	参考	创建	创建	修改	修改	
王中军创造力	1	26	2013/	SHA	2013/	SHA	
王中军责任力	1	1	2013/	SHA	2013/	SHA	
王中军机会感知	1	17	2013/	SHA	2013/	SHA	
王中军信心	1	6	2013/	SHA	2013/	SHA	
王中军自控性	1	11	2013/	SHA	2013/	SHA	
王中军成就导向	1	15	2013/	SHA	2013/	SHA	
王中军决策选择行为	1	3	2013/	SHA	2013/	SHA	
自由节点	1	10	2013/	SHA	2013/	SHA	

图3-30　企业家王中军的"Vivo中编码"

节点

名称	材料	参考	创建	创建	修改	修改	
王中军创造力	1	26	2013/	SHA	2013/	SHA	
实际上马云无形中带来一个更好的东西——鼓励我们发展企	1	1	2013/	SHA	2013/	SHA	
这个行业赚不了多少钱，但是为我们公司带来了名声，使我	1	1	2013/	SHA	2013/	SHA	
在中国做生意很简单，只要你认真地执行'拿来主义'，依	1	1	2013/	SHA	2013/	SHA	
我的习惯是都跟高手合作，我跟巨人合作是我觉得人家在经	1	1	2013/	SHA	2013/	SHA	
中国的电影里，我们的份额到这里了，但中国电影在全世界	1	1	2013/	SHA	2013/	SHA	
"我们甚至可以把文化城打造成一个旅游景点，还有动漫影	1	1	2013/	SHA	2013/	SHA	
我理想中的状态是，电影、电视剧、经纪人这三大传统业务	1	1	2013/	SHA	2013/	SHA	
正式宣布成立合资公司，开创香港首个由专业电影人打造的	1	1	2013/	SHA	2013/	SHA	
"中国古代除了佛像几乎没有好的雕塑，我的这几十个拴马	1	1	2013/	SHA	2013/	SHA	
我觉得现在我们最大的优势就是学习能力	1	1	2013/	SHA	2013/	SHA	
一天想着不创新也得创新。	1	1	2013/	SHA	2013/	SHA	
前面又是经济学讲和企业家讲的不太一样。	1	1	2013/	SHA	2013/	SHA	
一个小的切苹果，你说有没有创意，是有创意的，别说这么	1	1	2013/	SHA	2013/	SHA	
我觉得艺术家只是一个气质，我觉得我要带艺术家情怀的	1	1	2013/	SHA	2013/	SHA	

王中军创造力 ✕

<内部材料\\华谊王中军 字数42944> - § 已编码26个参考点 [3.07% 覆盖率]

参考点 1 - 0.10% 覆盖率

秋天的花生地、春天的原野带给他灵感，摁下快门，回来后，他会把这份辽阔的感觉付诸在油画布上

图3-31　企业家王中军的"创造力"

王中军字数42944。"创造力"已编码 26 个参考点，［3.07%覆盖率］。"责任力"已编码1个参考点，［0.07%覆盖率］。"自控性"已编码11个参考点，［1.22% 覆盖率］。"成就导向"已编码15个参考点，［1.47%覆盖率］。"机会感知"已编码17个参考点，［2.08% 覆盖率］。"信心"已编码6个参考点，［0.59%覆盖率］。"决策选择行为"已编码3个参考点，［0.39%覆盖率］。"自由节点"已编码10个参考点，［1.22%覆盖率］。

7.董明珠（图3-32、图3-33）

董明珠字数19500。"责任力"已编码40个参考点，［10.38%覆盖率］。"创造力"已编码19个参考点，［4.39%覆盖率］。"自控性"已编码31个参考点，［8.23%

节点							
名称	材料来	参考	创建	创建	修改	修改	
○ 董明珠责任力	1	40	2013/	SHA	2013/	SHA	
○ 董明珠创造力	1	19	2013/	SHA	2013/	SHA	
○ 董明珠成就导向	1	13	2013/	SHA	2013/	SHA	
○ 董明珠自控性	1	31	2013/	SHA	2013/	SHA	
○ 董明珠信心	1	13	2013/	SHA	2013/	SHA	
○ 董明珠机会感知	1	7	2013/	SHA	2013/	SHA	
○ 董明珠决策选择行为	1	4	2013/	SHA	2013/	SHA	
○ 自由节点	1	18	2013/	SHA	2013/	SHA	

图3-32　企业家董明珠的"Vivo中编码"

节点							
名称	材料	参考	创建	创建	修改	修改	
○ 董明珠责任力	1	40	2013/	SHA	2013/	SHA	
○ 作为格力的经营者，我一直只对投资者负责，不对投机者负责。	1	1	2013/	SHA	2013/	SHA	
○ "中国制造业最大的问题是急功近利、不诚信、不尊重消费者"	1	1	2013/	SHA	2013/	SHA	
○ "当时采购了一批进口的电器，质量出了问题。结果害得我们	1	1	2013/	SHA	2013/	SHA	
○ 她的下属们害怕她，敬畏她，崇拜她，支持她。~~最重要的是，	1	1	2013/	SHA	2013/	SHA	
○ 格力选人的条件很简单，道德摆在第一，能力次之，坐在这个岗	1	1	2013/	SHA	2013/	SHA	
○ 她甚至坚持认为"决定企业好坏的不是体制问题，而是领导人的	1	1	2013/	SHA	2013/	SHA	
○ 她感叹，如果企业家都能放弃自我，中国有多少优秀的企业可以	1	1	2013/	SHA	2013/	SHA	
○ "作为领导者你必须没有私心地去做事情，否则这个企业搞不好	1	1	2013/	SHA	2013/	SHA	
○ 但至今董明珠仍然认为，正是因为坚持了原则，通过这样严格	1	1	2013/	SHA	2013/	SHA	
○ "我的责任是为那些想做事业的、有理想、有追求的人，创造一	1	1	2013/	SHA	2013/	SHA	
○ "因为一个人只要说谎，他就可以做一个不忠诚于企业的人，在	1	1	2013/	SHA	2013/	SHA	
○ 任何时候决策，你要考虑你背后的股民利益、员工利益，这些东	1	1	2013/	SHA	2013/	SHA	
○ "我们要求公私分明，因为有的干部权力太大，利用公家的权力	1	1	2013/	SHA	2013/	SHA	

○ 董明珠责任力 ☒

<内部材料\\董明珠 字数19500> - § 已编码40个参考点 [10.38% 覆盖率]

参考点 1 - 0.28% 覆盖率

你要是正能量的发挥，就不是为了利润而发展，而是为了一个社会，为别人创造价值

图3-33　企业家董明珠的"责任力"

覆盖率]。"成就导向"已编码13个参考点，[2.88%覆盖率]。"机会感知"已编码7个参考点，[1.81%覆盖率]。"信心"已编码13个参考点，[2.61% 覆盖率]。"决策选择行为"已编码4个参考点，[0.96% 覆盖率]。"自由节点"已编码18个参考点，[5.49% 覆盖率]。

8.李亦非（图3-34、图3-35）

节点							
名称	材料来	参考	创建	创建	修改	修改	
○ 李亦非创造力	1	50	2013/	SHA	2013/	SHA	
○ 李亦非责任力	1	4	2013/	SHA	2013/	SHA	
○ 李亦非机会感知	1	17	2013/	SHA	2013/	SHA	
○ 李亦非信心	1	11	2013/	SHA	2013/	SHA	
○ 李亦非自控性	1	9	2013/	SHA	2013/	SHA	
○ 李亦非成就导向	1	9	2013/	SHA	2013/	SHA	
○ 李亦非决策选择行为	1	9	2013/	SHA	2013/	SHA	
○ 自由节点	1	20	2013/	SHA	2013/	SHA	

图3-34　企业家李亦非的"Vivo中编码"

节点

名称		材料	参考	创建	创建	修改	修改	
李亦非创造力		1	50	2013/	SHA	2013/	SHA	
	因为在MTV，我发现我是一个挺有创意的人、很有想法的一个人，	1	1	2013/	SHA	2013/	SHA	
	真正有的时候你们变成了一种脑力激荡，在这种过程当中很多新	1	1	2013/	SHA	2013/	SHA	
	这都是我有意识的在做，我不是说，哎呀，真好，太好了，行了	1	1	2013/	SHA	2013/	SHA	
	人们会觉得我是一个比较有冲劲、有闯劲，很坚毅的女强人，其	1	1	2013/	SHA	2013/	SHA	
	李亦非：大家都有非常强烈的敏感度，和自我反省、自我提示能	1	1	2013/	SHA	2013/	SHA	
	我觉得作为父母，最重要的就是要给孩子培养好奇心。孩子最好	1	1	2013/	SHA	2013/	SHA	
	我觉得好奇心是整个人类发展最重要的动力。一旦好奇心没有了	1	1	2013/	SHA	2013/	SHA	
	这种感觉因为我对她的事件有兴趣、有好奇心，这个本身也表达	1	1	2013/	SHA	2013/	SHA	
	例如我读韩寒的博客，读潘石屹的微博，从中间也学到东西。只	1	1	2013/	SHA	2013/	SHA	
	你希望平静，你就读一读哲学的书；你希望激励一下自己，你就	1	1	2013/	SHA	2013/	SHA	
	亦非：我在飞机上是一个特别高效的读书机会。每天晚上睡觉前	1	1	2013/	SHA	2013/	SHA	
	温总理刚刚又强烈推荐的《沉思录》，其实我很小的时候读过，	1	1	2013/	SHA	2013/	SHA	

李亦非创造力 ✖

<内部材料\\李亦非 22901> - § 已编码 50 个参考点 [8.05% 覆盖率]

参考点 1 - 0.28% 覆盖率

16岁时，李亦非看了当时似乎还被列为禁书的《飘》，异域的思嘉丽让李亦非对外面世界产生浓烈好奇。18岁时，她看了叔本华的《悲情人生》，尝试自省

图3-35 企业家李亦非的"创造力"

李亦非字数22901。"创造力"已编码50个参考点，[8.05%覆盖率]。"责任力"已编码4个参考点，[0.75%覆盖率]。"自控性"已编码9个参考点，[1.61%覆盖率]。"成就导向"已编码9个参考点，[1.45%覆盖率]。"机会感知"已编码17个参考点，[3.03%覆盖率]。"信心"已编码11个参考点，[1.89%覆盖率]。"决策选择行为"已编码9个参考点，[1.91%覆盖率]。"自由节点"已编码20个参考点，[3.99%覆盖率]。

9.马云（图3-36、图3-37）

节点

名称		材料	参考	创建日期	创建	修改日期	修改	
马云成就导向		1	54	2013/7/23 1	SHA	2013/7/23 1	SHA	
马云自控性		1	18	2013/7/23 1	SHA	2013/7/23 1	SHA	
马云责任力		1	17	2013/7/23 1	SHA	2013/7/23 1	SHA	
马云创造力		1	31	2013/7/23 1	SHA	2013/7/23 1	SHA	
马云信心		1	13	2013/7/23 1	SHA	2013/7/23 1	SHA	
马云机会感知		1	32	2013/7/23 1	SHA	2013/7/23 1	SHA	
马云信任		1	3	2013/7/23 1	SHA	2013/7/23 1	SHA	
马云决策选择行为		1	12	2013/7/23 1	SHA	2013/7/23 1	SHA	
自由节点		1	9	2013/7/23 1	SHA	2013/7/23 1	SHA	

图3-36 企业家马云的"Vivo中编码"

马云字数45828。"成就导向"已编码54个参考点，[4.78%覆盖率]。"自控性"已编码18个参考点，[1.56%覆盖率]。"信心"已编码13个参考点，[1.37% 覆盖

名称	材料	参考	创建日期	创建	修改日期	修改	
马云成就导向	1	54	2013/7/23 1	SHA	2013/7/23 1	SHA	
一路走来最让我感到骄傲的事情不是取得了什么成	1	1	2013/7/23 1	SHA	2013/7/23 1	SHA	
马云说过，阿里巴巴的成功是因为他看懂了人性，	1	1	2013/7/23 1	SHA	2013/7/23 1	SHA	
如今的马云最怕价值观出问题，他做起了守门员，	1	1	2013/7/23 1	SHA	2013/7/23 1	SHA	
其实有的时候，运气也很重要，但这些运气之所以	1	1	2013/7/23 1	SHA	2013/7/23 1	SHA	
"我在那些黑暗日子里学到的一课就是你必须保持	1	1	2013/7/23 1	SHA	2013/7/23 1	SHA	
贩卖梦想，在内部贩卖，在外部满世界跑着贩卖	1	1	2013/7/23 1	SHA	2013/7/23 1	SHA	
云有个著名的自我提醒："明天很残酷，后天很美	1	1	2013/7/23 1	SHA	2013/7/23 1	SHA	
马云喜欢"知人者智，自知者明"这句话，	1	1	2013/7/23 1	SHA	2013/7/23 1	SHA	
但马云和他的"十八罗汉"认定里边有无穷宝藏，	1	1	2013/7/23 1	SHA	2013/7/23 1	SHA	
创业者不仅要给自己一个梦想，一个承诺，还要给	1	1	2013/7/23 1	SHA	2013/7/23 1	SHA	
"这个世界上比你能干、比你有条件干的人很多，	1	1	2013/7/23 1	SHA	2013/7/23 1	SHA	
"第一，你想干什么？不是别人让你干什么，也不	1	1	2013/7/23 1	SHA	2013/7/23 1	SHA	
将中国黄页打造成中国的雅虎一度成为马云的目标	1	1	2013/7/23 1	SHA	2013/7/23 1	SHA	
"发现互联网以后，我却对技术几乎是一窍不通，	1	1	2013/7/23 1	SHA	2013/7/23 1	SHA	

马云成就导向 ✕

<内部材料\\马云 字数45828> - § 已编码54个参考点 [4.78% 覆盖率]

参考点 1 - 0.22% 覆盖率

人可以10天不喝水，7、8天不吃饭，2分钟不呼吸，但不能失去梦想1分钟。没有

图3-37 企业家马云的"成就导向"

率]。"机会感知"已编码32个参考点，[3.02%覆盖率]。"责任力"已编码17个参考点，[1.43%覆盖率]。"创造力"已编码31个参考点，[2.22%覆盖率]。"决策选择行为"已编码12个参考点，[1.12%覆盖率]。"信任"已编码3个参考点，[0.25%覆盖率]。"自由节点"已编码9个参考点，[0.80%覆盖率]。

10.雷军（图3-38、图3-39）

节点

名称	材料来	参考	创建	创建	修改	修改	
雷军创造力	1	96	2013/	SHA	2013/	SHA	
雷军责任力	1	26	2013/	SHA	2013/	SHA	
雷军成就导向	1	51	2013/	SHA	2013/	SHA	
雷军自控性	1	29	2013/	SHA	2013/	SHA	
雷军信心	1	31	2013/	SHA	2013/	SHA	
雷军机会感知	1	39	2013/	SHA	2013/	SHA	
雷军决策选择行为	1	19	2013/	SHA	2013/	SHA	
雷军判断力	1	21	2013/	SHA	2013/	SHA	
自由节点	1	19	2013/	SHA	2013/	SHA	

图3-38 企业家雷军的"Vivo中编码"

雷军字数44313。"创造力"已编码96个参考点，[7.84%覆盖率]。"责任力"已编码26个参考点，[2.09%覆盖率]。"成就导向"已编码51个参考点，[4.22%覆盖率]。"自控性"已编码29个参考点，[2.25%覆盖率]。"信心"已编码31个参考点，[2.48%覆盖率]。"机会感知"已编码39个参考点，[2.89%覆盖率]。"决策选择行为"已编码19个参考点，[1.47%覆盖率]。"判断力"已编码21个参考点，

[1.63%覆盖率]。"自由节点"已编码19个参考点，[1.58%覆盖率]。

节点

名称	材料	参考	创建日期	创建	修改日	修改人	
雷军创造力	1	96	2013/7/24	SHA	2013/	SHA	
参照凡客、UCweb、多玩等公司的经验，雷军为互联	1	1	2013/7/24	SHA	2013/	SHA	
后来我想我归零了，他们能做能凭什么我不能做？QQ不	1	1	2013/7/24	SHA	2013/	SHA	
他们曾经做了一个小产品：小米司机，	1	1	2013/7/24	SHA	2013/	SHA	
，也就是雷军所说的真正懂产品的用户。但在去提意	1	1	2013/7/24	SHA	2013/	SHA	
雷军从2005年开始研究移动互联网和电子商务。"未	1	1	2013/7/24	SHA	2013/	SHA	
他脑子里带着这些想法去物色、选择他熟悉的创始人	1	1	2013/7/24	SHA	2013/	SHA	
雷军第一次见他时，第一个问题就是你有没有去医院	1	1	2013/7/24	SHA	2013/	SHA	
做了股票后，才发现金山每个月几千块钱的工资说不	1	1	2013/7/24	SHA	2013/	SHA	
联想宣布入股金山第二天，他就在港股市场上买了联	1	1	2013/7/24	SHA	2013/	SHA	
这一下把他手脚捆住了：他懂的、他熟悉的不能干，	1	1	2013/7/24	SHA	2013/	SHA	
与吉别金山相伴的是，他曾经信奉的那些东西一路上	1	1	2013/7/24	SHA	2013/	SHA	
"后半句都被我们有意忽略。其实1%的灵感重要性远	1	1	2013/7/24	SHA	2013/	SHA	
雷军说，在金山后期，某件人事（他拒绝透露这件事	1	1	2013/7/24	SHA	2013/	SHA	
雷军们接受的传统教育让他们相信：不怕苦，不怕累			2013/7/24	SHA	2013/		

雷军创造力 ✕

<内部材料\\雷军44313> - § 已编码 96 个参考点 [7.84% 覆盖率]

参考点 1 - 0.06% 覆盖率

说得直白一点，小米销售的是参与感。这才是小米秘密背后的真正秘密

图3-39　企业家雷军的"创造力

11.柳传志（图3-40、图3-41）

节点

名称	材料来源	参考点	创建日期	创建人	修改日期	修改人	
柳传志成就导向	1	48	2013/7/24 22:40	SHA	2013/7/24 23:02	SHA	
柳传志自控性	1	22	2013/7/24 22:40	SHA	2013/7/24 23:02	SHA	
柳传志信心	1	19	2013/7/24 22:40	SHA	2013/7/24 23:02	SHA	
柳传志机会感知	1	33	2013/7/24 22:40	SHA	2013/7/24 23:02	SHA	
柳传志责任力	1	20	2013/7/24 22:41	SHA	2013/7/24 23:02	SHA	
柳传志创造力	1	29	2013/7/24 22:41	SHA	2013/7/24 23:02	SHA	
柳传志决策选择行为	1	28	2013/7/24 22:41	SHA	2013/7/24 23:02	SHA	
柳传志柔性	1	19	2013/7/24 22:42	SHA	2013/7/24 23:02	SHA	
自由节点	1	23	2013/7/24 22:42	SHA	2013/7/24 23:02	SHA	

图3-40　企业家柳传志的"Vivo中编码"

柳传志字数49051。"成就导向"已编码48个参考点，[3.64%覆盖率]。"自控性"已编码22个参考点，[1.73% 覆盖率]。"信心"已编码19个参考点，[1.53%覆盖率]。"机会感知"已编码33个参考点，[2.72%覆盖率]。"责任力"已编码20个参考点，[1.48%覆盖率]。"创造力"已编码29个参考点，[2.51%覆盖率]。"决策选择行为"已编码28个参考点，[2.63%覆盖率]。"柔性"已编码19个参考点，[1.34%覆盖率]。"自由节点"已编码23个参考点，[2.08%覆盖率]。

节点

名称	材料	参考	创建日	创建	修改日期	修改	
柳传志成就导向	1	48	2013/7	SHA	2013/7/24	SHA	
"联想控股希望跟苹果产业链上下游的同行们认真	1	1	2013/7	SHA	2013/7/24	SHA	
柳传志给联想设定了长远的目标，坚决要把联想办	1	1	2013/7	SHA	2013/7/24	SHA	
我们常说的一句话就是"困难无其数，从来不动摇	1	1	2013/7	SHA	2013/7/24	SHA	
"在联想遇到那种千钧一发的时刻，我还坚持着，	1	1	2013/7	SHA	2013/7/24	SHA	
"我觉得没劲"	1	1	2013/7	SHA	2013/7/24	SHA	
最起码的是公司愿景和追求不能变，同时还要有根	1	1	2013/7	SHA	2013/7/24	SHA	
我和我的同事们有一个梦想，就是要做"没有家族	1	1	2013/7	SHA	2013/7/24	SHA	
我们没有派任何一个中国人去并购方当领导，但是	1	1	2013/7	SHA	2013/7/24	SHA	
联想未来想做一个受人尊敬、值得信赖，并在多个	1	1	2013/7	SHA	2013/7/24	SHA	
他当时也做好了另一种打算，领导不同意就辞职，	1	1	2013/7	SHA	2013/7/24	SHA	
"一是强调经济走势的不确定性，从国内看如此，	1	1	2013/7	SHA	2013/7/24	SHA	
早期在中国创业，没有奉献精神，创业实际很难实	1	1	2013/7	SHA	2013/7/24	SHA	
"别人做成功的事我们没做，那是可以的；我们自己	1	1	2013/7	SHA	2013/7/24	SHA	

柳传志成就导向

<内部材料\\柳传志字数49051> - § 已编码48个参考点 [3.64% 覆盖率]

参考点 1-2 - 0.18% 覆盖率

特别是我更喜欢的实业，是非常有挑战性的，怎么把产品做好，又通过营销手段让人家了解和接受，这里面充满了想象力。

图3-41 企业家柳传志的"成就导向"

12.任正非（图3-42、图3-43）

节点

名称	材料来源	参考点	创建日期	创建人	修改日期	修改人	
任正非成就导向	1	21	2013/7/25 10:44	SHA	2013/7/25 13:48	SHA	
任正非自控性	1	67	2013/7/25 10:48	SHA	2013/7/25 13:48	SHA	
任正非信心	1	23	2013/7/25 10:49	SHA	2013/7/25 13:48	SHA	
任正非机会感知	1	23	2013/7/25 10:49	SHA	2013/7/25 13:48	SHA	
任正非责任力	1	41	2013/7/25 10:49	SHA	2013/7/25 13:48	SHA	
任正非创造力	1	38	2013/7/25 10:49	SHA	2013/7/25 13:48	SHA	
任正非决策选择行为	1	25	2013/7/25 10:50	SHA	2013/7/25 13:48	SHA	
任正非狼性	1	15	2013/7/25 10:50	SHA	2013/7/25 13:48	SHA	
自由节点	1	36	2013/7/25 10:50	SHA	2013/7/25 13:48	SHA	

图3-42 企业家任正非的"Vivo中编码"

任正非字数51712。"自控性"已编码67个参考点，[5.45%覆盖率]。"成就导向"已编码21个参考点，[1.64%覆盖率]。"信心"已编码23个参考点，[1.76%覆盖率]。"机会感知"已编码23个参考点，[2.05%覆盖率]。"责任力"已编码41个参考点，[3.51%覆盖率]。"创造力"已编码38个参考点，[3.55%覆盖率]。"决策选择行为"已编码25个参考点，[2.52%覆盖率]。"狼性"已编码15个参考点，[1.05%覆盖率]。"自由节点"已编码36个参考点，[3.25%覆盖率]。

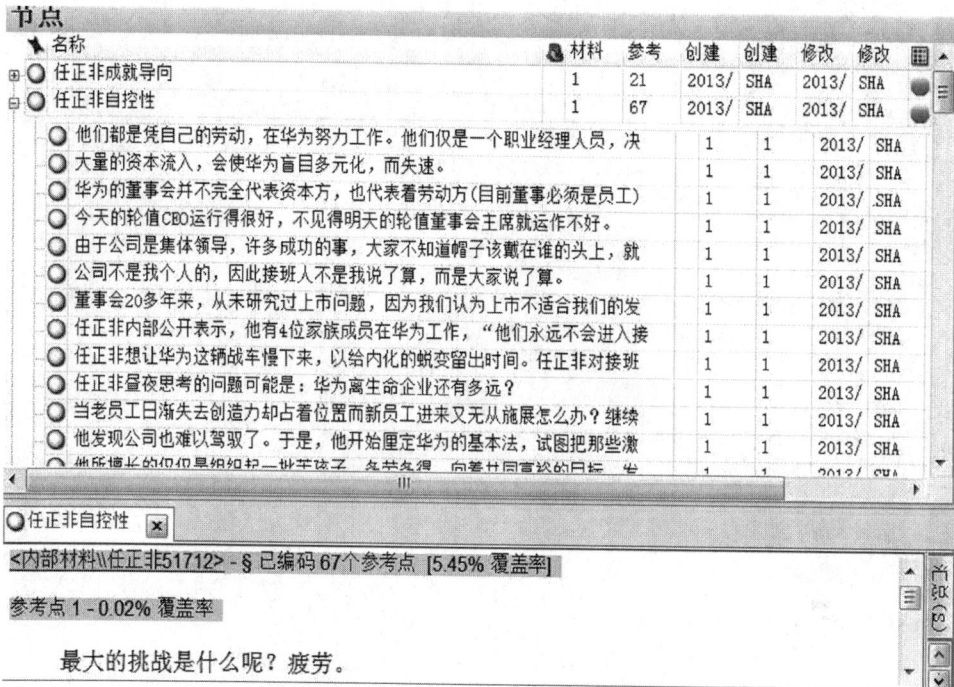

图3-43 企业家任正非的"自控性"

13.张近东（图3-44、图3-45）

图3-44 企业家张近东的"Vivo中编码"

张近东字数19397。"创造力"已编码16个参考点，[2.93%覆盖率]。"责任力"已编码14个参考点，[2.24%覆盖率]。"成就导向"已编码9个参考点，[1.53%覆盖率]。"自控性"已编码7个参考点，[1.32%覆盖率]。"信心"已编码9个参考点，[1.28%覆盖率]。"机会感知"已编码17个参考点，[2.80%覆盖率]。 "决策选择行为"已编码18个参考点，[2.77%覆盖率]。"自由节点"已编码6个参考点，[0.85%覆盖率]。

节点

名称	材料	参考	创建	创建	修改	修改	
张近东责任力	1	14	2013/	SHA	2013/	SHA	
张近东创造力	1	16	2013/	SHA	2013/	SHA	
称"经过一年的碰撞与摸索",苏宁已经明确了"全新的商	1	1	2013/	SHA	2013/	SHA	
"线下门店绝不会消失,但未来零售业肯定都会面临转型,	1	1	2013/	SHA	2013/	SHA	
苏宁将在电子商务领域销售的金融、虚拟产品引入线下门店	1	1	2013/	SHA	2013/	SHA	
同时着力打造Expo和地区旗舰店,并向体验式消费转型。	1	1	2013/	SHA	2013/	SHA	
实现由单纯的产品提供商向综合消费解决方案提供商转变,	1	1	2013/	SHA	2013/	SHA	
以科技创新推动营销变革、渠道变革和服务变革	1	1	2013/	SHA	2013/	SHA	
过去几年,他每年都会去美国,考察拜访沃尔玛、亚马逊、	1	1	2013/	SHA	2013/	SHA	
观望是绥靖的温水青蛙,正确的态度是掌握变革的零售技术	1	1	2013/	SHA	2013/	SHA	
互联网时代的零售,信息进入网络化传播,货币变成电子化	1	1	2013/	SHA	2013/	SHA	
"店商+电商+零售服务商",这就是苏宁在搭建的中国零售	1	1	2013/	SHA	2013/	SHA	
未来的零售企业,不独在线下,也不只在线上,一定是线上	1	1	2013/	SHA	2013/	SHA	
"正确的态度是掌握变革的零售技术手段,改变自己、参与	1	1	2013/	SHA	2013/	SHA	
一次采购,两个平台共同销售,这是商品层面的融合	1	1	2013/	SHA	2013/	SHA	

张近东创造力 ✕

<内部材料\\张近东19397> - § 已编码 16个参考点 [2.93% 覆盖率]

参考点 1 - 0.07% 覆盖率

构建大数据时代的电子政务平台、

图3-45 企业家张近东的"创造力"

14.俞渝(图3-46、图3-47)

节点

名称	材料	参考	创建	创建	修改	修改	
俞渝信心	1	15	2013/	SHA	2013/	SHA	
俞渝机会感知	1	12	2013/	SHA	2013/	SHA	
俞渝成就导向	1	3	2013/	SHA	2013/	SHA	
俞渝自控性	1	11	2013/	SHA	2013/	SHA	
俞渝责任力	1	13	2013/	SHA	2013/	SHA	
俞渝创造力	1	12	2013/	SHA	2013/	SHA	
俞渝决策选择行为	1	10	2013/	SHA	2013/	SHA	
俞渝胆略	1	10	2013/	SHA	2013/	SHA	
自由节点	1	7	2013/	SHA	2013/	SHA	

图3-46 企业家俞渝的"Vivo中编码"

俞渝字数18819。"信心"已编码15个参考点,[2.92%覆盖率]。"机会感知"已编码12个参考点,[2.03%覆盖率]。"成就导向"已编码3个参考点,[0.34%覆盖率]。"自控性"已编码11个参考点,[2.14%覆盖率]。"责任力"已编码13个参考点,[2.45%覆盖率]。创造力"已编码12个参考点,[2.45%覆盖率]。"决策选择行为"已编码10个参考点,[1.68%覆盖率]。"胆略"已编码10个参考点,[2.39%覆盖率]。"自由节点"已编码7个参考点,[1.41%覆盖率]。

节点

名称		材料	参考	创建	创建	修改	修改	
○ 所以俞渝表示，这10年来已经慢慢学会抵御世俗对其思想的影响。		1	1		2013/	SHA	2013/	
○ 800万的活跃用户群是非常大的价值，规模化使其有了和供应商谈判的		1	1		2013/	SHA	2013/	
○ 当当网在网上图书市场的成功路径，正在被迅速地复制于百货业务		1	1		2013/	SHA	2013/	
○ "出版社愿意把最新的书以最优惠的价格给当当销售。		1	1		2013/	SHA	2013/	
○ 竞争使当当对市场更加敏感，更加居安思危。没有对手就没有当当的高		1	1		2013/	SHA	2013/	
○ 随着年龄的增长，自己越来越接受自己，放弃让自己成为不可能的人。		1	1		2013/	SHA	2013/	
○ 女人不像男人到了中年就会有危机感，充满了制。我们这些女的，对于		1	1		2013/	SHA	2013/	
○ 除了一些因性别原因所要面对的问题外，其他方面我们跟男性一样，有		1	1		2013/	SHA	2013/	
○ 只是给过去一年活跃的1800万顾客进行了短信通知，全部让利于老顾客		1	1		2013/	SHA	2013/	
○ 个人性格的影响是一方面，更重要的还是我们对行业本质的认识		1	1		2013/	SHA	2013/	
○ 但是我仍然认为，它是做企业的时候我要面对的一个方面。		1	1		2013/	SHA	2013/	
○ 但是我第二天重新找一波新人，愿意干的，觉得这个行业有前途的。		1	1		2013/	SHA	2013/	
○ 就是网络泡沫破灭，我的高管队伍走了很多。那段时间对于我来说，是		1	1		2013/	SHA	2013/	
○ 不是说一说品牌就是一个庞大的公司，品牌是有大有小的，有所谓很大		1	1		2013/	SHA	2013/	
○ 我觉得我能跟李国庆创业走到今天，不是奇葩也差不多			1		2013/	SHA	2013/	

○ 俞渝信心 ✕

<内部材料\\俞渝 字数18819> - § 已编码 15 个参考点 [2.92% 覆盖率]

参考点 1 - 0.14% 覆盖率

我觉得我能跟李国庆创业走到今天，不是奇葩也差不多。

图3-47 企业家俞渝的"信心"

3.5.4 讨论

表3-9 企业家在决策心理锚维度上的频次表

企业家	成就导向	自控性	信心	机会感知	责任力	创造力
李宁	27	16	7	17	9	3
刘强东	5	24	8	7	6	5
蒋锡培	9	18	14	28	14	5
李开复	23	31	20	39	9	20
李东生	24	31	13	47	4	9
王石	9	10	10	58	18	8
郁亮	13	75	22	22	15	14
王中军	15	11	17	6	1	26
董明珠	13	31	13	7	40	19
李亦非	9	9	11	17	4	50
马云	54	18	13	32	17	31
雷军	51	29	31	39	26	96
柳传志	48	22	19	33	29	28
任正非	21	67	23	23	41	38
张进东	9	7	9	17	14	16
俞渝	3	11	15	12	13	12

表3-10　企业家在决策心理锚维度上的覆盖率(%)

企业家	成就导向	自控性	决策意志	信心	机会感知	决策预期	责任力	创造力	决策能力
李宁	7.61	6.06	13.67	2.90	5.69	8.59	2.16	1.05	3.21
刘强东	0.84	3.61	4.45	1.08	1.17	2.25	0.99	0.70	1.69
蒋锡培	1.06	2.48	3.54	1.90	4.61	6.51	2.30	0.46	2.76
李开复	2.47	3.45	5.92	2.76	5.31	8.07	1.25	2.43	3.68
李东生	2.96	4.17	7.13	2.03	7.23	9.26	0.47	1.20	1.67
王石	4.95	4.03	8.98	3.60	11.20	14.80	8.41	3.17	11.58
郁亮	1.49	10.36	11.85	3.66	3.55	7.21	3.05	2.44	5.49
王中军	1.47	1.22	2.69	0.59	2.08	2.67	0.07	3.07	3.14
董明珠	2.88	8.23	11.11	2.61	1.81	4.42	10.38	4.39	14.77
李亦非	1.45	1.61	3.06	1.89	3.03	4.92	0.75	8.05	8.80
马云	4.78	1.56	6.34	1.37	3.02	4.39	1.43	2.22	3.34
雷军	4.22	2.25	6.47	2.48	2.89	5.37	2.09	7.84	9.83
柳传志	3.64	1.73	5.37	1.53	2.72	4.20	1.48	2.51	3.99
任正非	1.64	5.45	7.09	1.76	2.05	3.81	3.51	3.55	7.06
张近东	1.53	1.32	2.85	1.28	2.80	4.08	2.24	2.93	5.17
俞渝	0.34	2.14	2.47	2.92	2.03	5.95	2.45	2.45	4.90

　　从表3-9与表3-10可以看出，李宁、刘强东、郁亮、马云、柳传志、任正非等六名企业家为决策意志型标准（三个标准中，以决策意志更为突出）。其中，李宁更多地以其成就导向为决策标准，这与其运动员时代所塑造的体育精神有关，对决策方案的选择标准首先是要看其是否能够实现自我抱负、体现运动员精神；马云、柳传志的产业报国的精神也决定了他们的战略决策范围更大、目标更高；作为具有特殊家庭经历的任正非，战略决策既受到家庭的影响也体现了军人的气质，宁可等待机会，也不打无把握之仗；在王石浪漫主义与英雄主义光环下，郁亮表现出了惊人的自控性，这从他坚持长跑就可以看出，在房地产火热十多年里，万科总是闲庭信步。

　　蒋锡培、李开复、李东生、王石、俞渝等五名企业家为决策预期型标准（三个标准中，以决策预期更为突出）。带有江南人特有的灵性，蒋锡培善于抓住各种市场机会，成功对企业进行了数次改制。李开复的跨国公司高管经历，使其对市场极其敏感，在互联网时代，机会与风险并存，而他的创新工场则为创业者提供机会。王中军、董明珠、李亦非、雷军、张近东等五名企业家为决策能力型标准（三个标准中，以决策能力更为突出）。作为一名艺术家，王中军的灵感与创意一直不缺，这对于电影投资决策尤为重要。李亦非创造力令人惊奇，从联合国到博雅到MTV，从阳狮锐奇再到英仕曼，每个平台都展示了创造力对其决策行为的影响。雷军的精神世界与其年龄并不相符，多家公司的董事长，秘而不宣地打造小米科技，用互联网的创新思想与技术打造了"令人尖叫"的武器。

总之，成功企业家的质性研究显示决策心理锚不但存在，而且各不相同，有决策意志型、决策预期型和决策能力型。就 16 名企业家来说，虽然决策意志型略高，但是这绝不意味着能够反映企业家整体的状况。

第4章
企业家决策心理锚内在结构分析

在不确定环境下，企业家按照决策心理锚进行决策选择。这一心理标准结构由决策意志、决策预期和决策能力组成，三个标准具有坚实的理论基础，体现了企业家决策的本质特征，是企业家的心理状态变量，与决策选择密切相关，也得到了现实企业家决策实践的检验。决策意志主要体现了自主性与目的性特征，是企业家决策心理锚的动力性标准因素，主导企业家决策的方向；决策预期主要体现了目的性与非程序性特征，是企业家决策心理锚的认知标准因素，主导企业家决策的水平；决策能力主要体现了标准性与非程序性特征，是企业家决策心理锚的制约性标准因素，决定企业家决策的条件。作为一种决策心理标准，企业家决策心理锚是一个标准体系，其本身以及构成部分都可以作为决策标准。也就是说，不但企业家决策心理锚是个决策标准，决策意志以及构成决策意志的成就导向、自控性；决策预期以及构成决策预期的信心、机会感知；决策能力以及构成决策能力的创造力、责任力都可以单独作为决策标准。如果仅仅论述单独标准的作用，那么这将与心理学的其他研究努力一样，任何心理因素都可能成为决策标准。我们致力于论证，它们除了可单独作为标准作用于企业家决策以外，更可能是作为组合标准发挥作用，并且这种组合标准更具有现实性、功效性。在企业组织系统中，各个组织环节、各个管理岗位决策者的决策特征是不一样的，唯有企业家决策者面临最大的不确定，经受最大的决策压力，其决策满意的程度最不容易把握。因而探讨企业家决策心理结构既相当重要也有很大风险，重要性在于通过把握决策心理锚，能够准确把握并规范企业战略决策。其风险在于一旦这样的决策心理锚构建成功，可能会因"刚性"与意外因素导致决策心理锚僵化与失灵，从而产生决策风险。

4.1　决策意志的内在结构

决策意志是企业家选择决策方案的意愿与力量。"企业是企业家的信仰"，企业家是企业的最终决策者，是企业意志的集中体现（林毅夫，2002）。企业家决策意志决定了企业发展的方向与规模，企业战略决策是企业家的意志动力的体现。企业最终选择的方案反映了企业家的决策意愿与力量，这经常体现在企业家创业、多元化与国际化等重大决策活动中。意向或意愿是人类自愿行动或行为的前提（Bratman，1987），人的行为的发生不是随意的，而是由意志控制下，在一定的方向上进行的（Fishbein、Ajzen，1975），其行为根源是由意志或需求压力所致的心理紧张系统（申荷永，1991）。与哲学和普通心理学中的意志概念的长盛不衰相比，作为决策行为学的意志概念并未引起人们的关注。在巴纳德看来，决策过程就是意志过程，"从原则上讲，可以把个人划分为有意识的行为、经过深思熟虑和思考的行为以及无意识的、自动的反应行为和由现在或过去的内外部条件所导致的行为。一般来说，最终都可以把前面一类行为的先导过程归结为'决策'"（巴纳德，2007）。我们认为，决策意志，除了具有意欲、意愿等主观倾向性、兴趣性意味外，还有力量之意，类似物理学意义上的"矢量"。根据现代企业的逻辑，企业家是通过对企业经营施加个人意志来控制企业成长并使之可以满足其需求的（鲍杰军，2010）。企业家决策意志是尼采意义上的权力意志，是一种向上的力量。当然企业家决策意志并不是无限的，而是有限度的，是一种有限意志（Mullainathan、Thaler，2000）。

决策意志可体现为多种心理状态，如成就导向、自控性、韧性等。Brockhaus（1979，1980）的研究表明决策者的成就需要和内控性对决策的影响显著。Sgaei等（1996）提出可以从目的性（实现并超越目标）、主动性（自觉、自愿、自主、自动）、坚持性（抗干扰、抗挫折）三方面理解企业家行为。我们认为，作为企业家的关键心理状态，企业家决策意志是个次高阶构念，体现为决策意愿与心理力量，代表一种积极向上的方向与控制力。在高度不确定的决策情境中，企业家决策意志把控、主导决策方向，决策意志主要有决策的成就导向、自控性两维度。而类似韧性的决策意志变量在企业家决策行为中的占比不大，而且成就导向与自控性在某种程度上也反映了韧性的心理特征。因此，作为心理资本的核心构念，韧性没有出现在决策意志结构中，但不意味着企业家决策心理锚与韧性等心理因素无关。

4.1.1 成就导向

成就导向是企业家决策时追求成功以体现自我价值的内在意愿。成就导向是企业家决策意志的首要体现，决策方案首先要符合企业家成就导向心理标准，与企业家成就导向相左的决策方案很难成为战略选择，这在企业家创业决策、品牌决策、新产品决策过程中非常普遍。在以李宁、马云、柳传志为代表的企业家身上，能够明显地感受到成就导向对于战略决策选择的意义。成就导向，是为了更加强调所研究的"成就""成功""人生价值"是一个心理特征和状态（Geen 等，1984；杜红，2001）。决策意愿代表一种决策思维，成就导向这种意愿作为一种心理状态，引导个体的注意力甚至经验和行动，促使个体为了获得某件东西而指向一个特定的目标（目的）或是道路（Bird，1988；林海芬，2012）。

在管理理论中，成就导向经常与成就需要、成就动机相提并论，MaClelland（1953）把人的需要归纳为对权力的需要、依附的需要和成就的需要，把成就需要定义成"个体与某一良好或优秀标准相竞争的冲动"，认为早期的生活阅历决定着人们是否获得这些需要。有强烈成就感需要的人，是那些倾向于成为企业家的人，他们喜欢比竞争者把事情做得更好，并且敢冒商业风险（周三多、陈传明，2000），敢于创立企业，敢于新产品开发。与西方企业家追求自我成功不同，对于中国、日本等一些东亚国家而言，所强调的成就导向主要来自于家庭与家族的利益，来自于对国家的责任担当，企业家希望自己的国家强盛，希望自己可以"齐天下"。成就需要、成就动机与成就导向之间存在细微差别，就决策选择而言，我们认为成就导向更适合成为描述企业家决策的心理标准因素。这种心理状态是种主动追求成功的心理动力和目标承诺，具有强烈的"选择"性。企业家成就导向是一种对开创新事业的承诺程度，实践创业构想的企图心（贺小刚、沈瑜，2008），企业家在成长与发展过程中渴望完成困难的事情、获得社会认可、超越他人、实现个人人生价值与梦想。这种导向性经常体现在战略决策中，Miller、Toulouse（1986）发现，CEO 的成就导向与决策制定的分析程度呈正相关关系，Paradakis、Lioukas 和 Chambers（1998）也提出成就导向是企业家决策方案抉择与事业成功的基本要素。

企业家成就导向既建立在对企业使命与愿景的构想上，也建立在对战略目标的设置上，企业家通过使命与愿景驱动、目标管理等来实现自身价值和梦想。成就导向可以创建企业家对企业的理解和反应方式的心理框架，作为一种使命与价值前提影响企业决策。使命与价值前提决定了企业家决策的立场、价值观和利益倾向，对不确定性决策有很大的影响作用（Simon，1979）。Greenberger 和 Sexton（1988）将企业家的愿景视为新创企业精神的引导因素，善于描绘企业愿景的企业家事实上引领企业各项战略决策，在此基础上设置并建立合理有效的战略决策目标。

对成就导向的衡量方式比较多，既可以企业的使命描述与愿景描绘程度来反映企业家的成就导向的意愿性，也可以战略目标的变化程度与执行程度来衡量企业家成就导向的力度。还可以问卷测量法测量企业家成就导向，如"我愿意努力工作并实现目标""当完成困难工作时，我十分满足和自豪"等（周兵，2000；刘向东，2011）。作为决策意志的构成维度，设置7个指标变量来测量企业家成就导向："我会构想企业使命和愿景""我对与企业使命和愿景有关的决策方案很感兴趣""我愿意努力工作并实现目标""我喜欢并勇于向困难的目标挑战""完成一件有意义的工作我会十分满足和自豪""我喜欢追求卓越业绩"和"我希望不断超越自己"。

4.1.2　自控性

自控性是企业家所感知的对决策方案偏离成就导向与目标的控制力。创业决策、新产品开发等异质性方案的选择离不开成就导向的指引，但绝不是盲目的，在很大程度依赖于可控性，企业家不会选择不能控制的决策方案。雷切琳（1970）提出了自控性概念，认为如果个体面临一个立即可以获得但价值较小的增强物，和必须等待但价值较大的增强物的双重选择时，个体可能会自我控制，等待选择较大价值的增强物，也可能选择立即获得、但价值较小的增强物（何大安，2005）。决策意志如果仅具有方向性的意愿，而没有维持与执行的措施和力量，那就只能是无法实现的梦想，是一厢情愿。在行为之间的方案选择中，决策者不但会进行方向选择，也会就方案与企业使命和愿景的偏离程度进行评估。一般地，人们基于某种信念产生行为意向，然而，并非所有的行为意向最终都能转化成行为。感知的控制力与行为态度和主体规范共同决定行为意向，同时，感知的控制力可直接作用于行为（Ajzen、Fishbein，1980；Ajzen，1991）。成就导向与自控性高低或感知的控制力的大小相关，Kuhl（1984）、Cross和Markus（1990）指出，自控性与成就导向的实现以及计划制定的控制能力有关，决策者在冲突的行为倾向中，控制一个目标越成功，朝目标奋斗的程度越大，达到目标的效果越好。在不确定情境下，企业家既可能面临各种困难，需要付出更多努力去应对；也可能会面临各种机会，需要抵制偏离成就目标的机会诱惑。企业战略是否围绕成就导向而不偏离太多，在很大程度上取决于企业家对企业的控制力。以安索夫为代表的计划学派认为，战略的形成不但是有意识、理性的思维过程，而且是一个受到控制的过程，企业家倾向于影响或控制他人，对影响和控制别人表现出很大的兴趣，他们常常会要求动用企业各种资源以完成目标，他们会要求自己在团队决策中占据主导地位。

对于企业战略决策来说，自控性常体现在对使命和愿景的信念、目标的设置以及目标的执行三个环节。无论是作为企业创始人，还是作为主要股东，企业家一般都在企业中拥有最终决策权，能够对企业进行有效控制。以创业板公司为例，在创业板上市的250家上市公司中，实际由家族或类似家族组团控制并负责运营的公司有223家，占比高达89.2%（李新春、宋丽红，2013），随着企业规模扩大和公开上市，创始家族依然会积极保持对企业的决策权、控制权。但是自控性是把双刃剑，强大的决策权、控制权既可能给企业家带来积极影响，也可能因为使用不当或权力失控而给自身及企业带来消极影响。在以刘强东、郁亮、任正非为代表的企业家身上，能够看到自控性对于企业家决策的积极影响。但在最近几年，也常看到自控性对企业家决策的消极影响案例。绝对的控制会导致权力的失衡，决策缺乏民主容易使企业家"剑走偏锋"。2012年，我国企业中广泛存在的"一把手"监督失控而导致犯罪的案例有增无减。企业家犯罪的平均年龄为47.16岁，其中42岁的企业家犯罪人的数量最多。在245例案件中，提及企业家在企业内职务的案例为244例，其中总经理职务的企业家为150人，占全部案件的61.4%；董事长职务的企业家为68人，实际控制人12人，董事11人，总工程师或总会计师3人（杜晓，2012）。平衡企业家决策权与企业民主的关系，应从企业家自控性心理分析开始，应从在多大程度上是激发还是削弱其自控性入手，而这些策略的实施前提在于分析企业家自控性在其决策中的心理标准状态。

与自控性密切相关的一个概念是内外控倾向，自控性是一种感知到的控制力，是一种心理状态类变量。内外控倾向是一种人格特质，Rotter（1966）认为内外控倾向分内控者与外控者两类；内控者是指个人对于自己生活环境的控制认知，若是个人自认为自己可以主宰自己的命运，对于有关自己的事都归因为自己的责任，会非常介意"失去控制"的感觉（Luthans等，2007）；反之，外控者认为自己的命运并非自己能掌握，而将其结果归责外在环境因素，由运气所决定。决策方案、任务的简单与复杂之分，实质上也是体现了个体对方案任务可控制性的感知。一方面，对简单方案与任务而言，个体知觉到的可控制性就比较高，而对复杂的方案与任务，个体知觉到的可控制性就相对较低；另一方面，即使是对复杂方案与任务而言，个体知觉到的可控制性也存在差异（惠青山，2009）。因此，我们认为，自控性与个体的"内外控"人格特质有关，企业家是内控型决策者，自控性程度实际上反映了内控者的内控程度，内控型的个体很可能追求创业角色，因为他们渴望这种职位上的行动直接影响结果（Rotter，1966）。

自控性体现了企业家对决策方案的一种控制性，企业易选择其能够掌控的方案。对自控性的测量问卷，如"我能够预知将要发生的困难，并采取行动避免困难发生""当我制定计划时，我几乎已经确认如何实施计划"（刘向东，2011）。在这两题项的基础上，我们增加设置了"为达到目标，我会排除各种干扰""为完成目标，我会要求有充沛的资源作支撑""我的日常工作重点突出""我能够预知将要发生的困难，并采取行动避免困难发生""我经常做没有把握的事情"等5个题项。

4.2　决策预期的内在结构

决策预期是指决策者对所选方案未来结果的估计和判断。决策预期是对目标的认知与预测，超出企业家决策预期或低于决策预期的决策方案一般不会成为战略选择。预期是一种心理现象，是一个认知心理学概念（Warneryd，1997），但预期的最主要应用却在经济学中。经济学认为预期是影响决策的重要因素，甚至是唯一因素，如股票市场上，投资者对股票价格的预期决定其交易行为。凯恩斯在其名著《就业、利息和货币通论》中首次明确提出了预期理论，认为现实经济世界是不确定的，预期也是不确定的（Keynes，1936）。穆斯却认为，"由于预期是对未来事件有依据的预测，所以它们在本质上与相关的经济理论的预测是一致的，我们把这种预期称为'理性的'。"（Muth，1961）该理论直接导致了20世纪70年代和80年代以卢卡斯、巴罗为代表的理性预期学派的崛起。决策者之所以在行为之前要进行适当的预期，是因为市场的不确定性，因为"行为主体当然不可能直接了解自己行为会产生的后果。他如果能了解的话，那就是本末倒置了——未来的结果将决定现在的行为。他所能做的，就是形成对未来结果的预期。"（西蒙，2004）

要分析决策预期作为决策标准对于决策选择的影响，就要了解企业家决策预期的形成机制和内在结构。对于一般决策者来说，任意的猜测、冲动、兴奋、投机、悲观等心理因素都会影响到预期，以一种不确定因素进行的预期是不确定、不稳定的。而考虑多种因素的组合影响，如政策因素、能力因素、情绪因素，这种预期更具有现实性，因此现实预期应是多种预期形式的组合（徐文政、盛宇华，2011）。虽然预期是个未知数，但是对于特定的决策主体而言，在一定的决策情境、围绕一定的目标追求，决策预期是一种具有相对稳定性的心理特征。对决策方案产生兴趣、感觉具有控制力的企业家会因为信心的提升，而对方案选择持积极态度，其对预期结果通常偏高；反之，如果信心下降，会降低决策预期结果。决策预期水平的高低除了体现在信心心理状态上，还体现在决策者的机会感知心理状态上。善于发现机会而不是威胁的决策者，其预期结果通常偏高。因此，由于企业家决策的高度不确定，企业家对决策方案的选择常常依据决策预期标准，而企业家的信心与机会感知则很好地体现了决策预期水平，或者说如果我们知道企业家的信心与机会感知这两种心理状态水平，就能够测量出其决策预期水平。同样，我们并不认为除信心与机会感知外就没有其他因素能够体现或影响决策预期，我们只是认为，与其他因素相比，如风险偏好、经验，信心与机会感知更能够体现企业家的预期水平。风险偏好是种人格特质，在某种意义上是企业家成就导向的反映。而经验更可能是构成信心与机会感知的元素，一般通过考察企业家的年龄、职业、管理年龄等来描述经验，并将经验看成是外生变量。

4.2.1　信心

信心是对未来发展趋势的肯定性判断。信心与自我效能在心理学中几乎可以相互替代，如在积极心理学中经常被交替使用，自我效能就是成功的信心（Luthans等，2007）。自我效能或信心被 Luthans 等（2007）认为是符合 POB 标准的四项能力中最有坚实理论基础和实证研究依据的心理能力。Bandura（1986）将自我效能感视为个体对自己在特定的情境中是否有能力操作行为的预期，他将预期分为结果预期和效能预期，其中结果预期是对于某种行为会导致某一种结果的个人心理预测，效能预期则是个人对于自己能否顺利地进行某种行为以致能产生一定结果的心理预期。因此，信心作为一种效能预期，是影响个人决定要花费多大力气、投入多少时间及努力的主要决定因素。简单地说，个人的信心水平越高，越可能会做更大程度的努力，相应地也就越容易成功。虽然信心与绩效之间的高相关已经得到了众多的实证支持，但是信心与"信心与绩效之间"的决策机制的关系并没有得到验证。

作为一种预期，信心影响企业家的任务目标及行为选择。正如 Bandura 所说："人在一定程度上是环境的产物；同时，人们也通过自我效能感选择某些特定的活动和环境，并对所处的环境加以改造。"在过去，常常认为信心只与特定领域的具体任务相联系，如企业家倾向于回避那些自己看不明白、弄不清楚的项目与事业，而选择自己认为能够胜任、能够驾驭的行业与领域。如今，人们开始认识到，在某一领域的不同挑战与任务中，个体还有"总体"的信心水平（Luthans等，2008）。企业家能够把一个领域的积极体验与成功经历推广到不同领域，从而能够形成一个更积极的"总体"的信心，对总体决策方案形成"总体"信心。在高不确定的竞争时代，企业家会为自己设立高目标，选择困难的工作任务；企业家欢迎挑战，并因为不断挑战而成长更快，更为强大；企业家会进行高度自我激励，会因为成就导向而投入更多的必要努力，即使面临各种意想不到的困难，依然会坚持不懈。

作为一种决策标准，通过提升信心预期能够使企业家拓宽决策范围，如信心强的企业家常常会对新产品开发、多元化战略感兴趣。如果仅仅以信心作为决策标准，这会令人不安，因为信心膨胀到一定程度就会表现为过度自信的认知偏差（李忠民、仇群，2010），导致决策失误或失败。Weinstein（1996）发现，假如一个企业家可以控制整个企业的决策，就会很轻易地出现过度自信的行为表现。过度自信是指个体往往过于相信自己的判断能力，高估自己成功机会的心理想象。从操作层面上看当个体对不确定事件进行判断时，其主观概率在一定范围内高于实际事件出现概率的心理现象。研究显示，企业家过度自信程度要高于一般群体，因为人们的自信程度与所承担任务的难度密切相关，任务难度越大，需要的专业判断越多，而承担者所表现出的过度自信程度更高。Odean（2002）解释了信心作为考核指标在企业家的成长过程中的意义，其研究表明，在企业各层管理者中，高层决策者更容易过度自信。原因在于：由于信息不对称，企业在人才的选用过程中无法对所有信息进行全面了解，在这样的情况下，较为自信的人表现出来的气质通常更受到关注，正是由于这种选择性偏差的存在，使得过度自信的人成为企业决策者的概率较大。Weber（2008）对德国企业高层管理者的投资行为研究中也发现过度自信管理者企业比其他企业投资更多。在以俞渝为代表的企业家身上，能够明显地感受到信心对于战略决策选择的意义，但是这不意味着女性企业家比男性企业家的信心指数更高。

衡量企业家自信的方法大致有两种。第一种办法是用外部人对企业家的评价衡量，这又叫做外部者观感，如以活跃、自信、谨慎等词语，用作衡量指标。第二种办法是利用量表形式测量信心，即直接要求被试评判自己完成项目所描述的工作活动的自信程度，因为那些感到自己没有能力完成的被试不可能对完成任务活动有多大程度的信心。例如，"我相信自己能分析长远的问题，并找到解决方案""与管理层开会时，在陈述自己工作范围之内的事情方面我很自信""我相信自己能够与公司外部的人（比如，供应商、客户）联系，并讨论问题""我相信自己能够向一群同事陈述信息"（Luthans等，2007）。我们设置"当决定做某事时，我相信自己肯定能做好这件事""通过自己的努力，我能够战胜许多困难""我总是选择一些适合自己能力并富有挑战性的工作""我能够带领团队克服各种工作困难""面临新的挑战时，我常常有种兴奋感""遇到竞争对手的挑战时，我和我的团队常常会摩拳擦掌""一项工作如果一开始不顺利，我会很快放弃"等7个题项来测量信心变量。对于群体性的信心水平的测量，目前公认的指标有"汇丰经理人指数""中国企业家信心指数"等。

4.2.2 机会感知

机会感知是企业家对环境机会的主观感受与认知。能够被企业家感知为机会的决策方案可能会成为战略选择。在不确定情境状态下，企业家常常能够意识到存在的潜在机会，能够发现未开发的市场需求或未被充分利用的资源（Kirzner，1997）。机会感知是心理状态变量，而不是人格特质，机会感知的变化有赖于企业家的能力，包括警觉性、知识存量、先前经验等（陈刚、谢科范、郭伟，2009）。Shane、Venkataraman（2000）认为环境机会是客观存在的，但是机会的信息不是随机分布的，高警觉性的人更容易发现机会。知识对机会感知的影响是不确定的，Sigrist（1999）把影响企业家机会感知与识别的先前知识概括为特别兴趣与产业知识两种。特别兴趣主要是指企业家对特定产业与产品的兴趣和喜好；产业知识主要是企业家多年的工作经历与经验的积淀。具有不同背景知识的企业家会以不同的视角进行信息采集与解读，进而形成企业家的机会知觉。经验对机会感知的影响同样是不确定的，既可能因为经验丰富而在熟悉的行业与领域发现可深度开发的机会，也可能因为经验的惯性作用而对其他行业的机会视而不见。

机会与风险是对孪生子，对机会的感知也意味着对风险的感知。机会感知、风险感知与风险行为的关系吸引了很多研究者的目光，Laursen、Salter（2006）发现个体对风险感知的降低导致了高风险行为（陈震红，2004）。Kahneman 和 Lovallo（1994）、Des 和 Bing-Sheng Teng（1997）、Bruyat 和 Julien（2000）等众多学者认为企业家之所以采取风险行动，是因为他们对决策目标与方案有较为乐观的预期，是因为他们感知到的机会比大多数人感知到的机会大，而感知到的风险比大多数人感知到的风险小。即使在评价同样的环境的情况下，也会有一些人认为环境充满了风险而另一些人认为没什么风险（Nutt,1986；1993）。也就是说，那些感知到的风险比其他人感知到的风险更少的人会不知不觉地采取风险行为。创业者尤其可能会感知到低水平的风险，Palich、Bagby（1995）发现,创业者比管理者更可能感知到的是优势和机会而不太可能感知到的是劣势和威胁，Cooper 等人（1995）通过研究发现，95%的创业者认为即使超过1/2的新创企业失败了,他们的企业都还是最有可能获得成功的。此外,Corman 等人指出,2/3的高科技创业者声称他们没有冒任何风险（陈震红、董俊武，2007）。与信心不同，更多的企业家在战略决策时感知到了机会，这在蒋锡培、李开复、李东生、王石等代表的企业家身上反映明显。

风险偏好与风险感知概念相近且容易被混淆。就对决策预期的影响而言，也有学者认为应注重对风险偏好的研究，他们认为决策者的高预期是由于决策者的风险偏好使然。风险偏好是决策者面对风险时的一般态度，具有稳定性和持续性，是描述决策者心理特征的重要变量（Sitkin、Pablo，1992；白云涛等，2007），通常把决策者面对风险的态度分为风险喜欢、风险厌恶和风险中性三种类型（李怀祖，1993）。Fiegenbaum、Tomas（1988）认为，企业的绩效预期在战略参考点不同位置上具有不同的风险倾向，当企业对其绩效的预期低于参考点时，往往表现为冒险行为；当企业的绩效预期高于参考点时，就会表现为风险回避行为。在这些学者看来，由于企业家具有明显的个性特征，更喜欢冒险或具有更高的风险倾向，更可能形成超预期，更愿意采取风险行为。但是也有学者认为企业家与其他人在风险倾向上并无实质区别，实证检验也表明风险倾向与企业的创建不相关（Brockhaus，1980）。我们认为，风险偏好是影响成就导向的重要因素，为获得成就，企业家偏好风险。机会与风险感知是决策者对其决策环境中存在的各种客观机会、风险的主观感受与认知，是决策者面对特定情境时对机会、风险的预测与判断，属于预期范畴，具有变化性和情境依赖性（Sitkin、Weingart，1995）。企业家应该是被称为机会与风险感知者、风险承担者，而并不是大众所认知的风险偏好者、风险追求者。因为企业家不必然会寻求高风险事业，但是他们愿意承担新创事业所具有的适当的、合理的以及估计过的风险（Simon，1986）。

机会感知是个相对稳定的心理变量，可以通过问卷测试、心理实验等方法测量企业家的机会感知与风险感知程度。如果企业家认为环境变化将能够给企业带来机会，一个决策方案孕育着机会，那就意味着感知到的机会要高，感知到的风险要小，称为机会感知度高；反之亦然。设置"我能在从未涉足的领域中发现新的商机""我常常从别人不看好的投资项目中发现机会""我常发现身边有很多商业机会""当一个投资项目很热时，我会感到其中存在很大风险""我善于从变化的环境中寻找机会""我常常关注中央电视台等重要传媒的新闻报道以捕捉商机"等6个题项对机会感知变量进行测量。

4.3 决策能力的内在结构

决策能力是企业家制定并实施决策方案的可能性，是企业家对企业实力、自身知识、经验、创造性思维以及企业内外关系的整体估价。西蒙（1997）认为直觉、判断力、创造力是基于已有经验和知识的认知、反应能力的表达形式。Casson

（1982）认为企业家是善于在不确定的经济环境中对稀缺资源的协调配置作出判断性决策的人，而成功的企业家是拥有超常的机警、超常的创造力和判断力的人。决策方案的选择与执行取决于决策者是否具备一定的决策能力，只有具备问题发现、信息整合、超级联想、独立思维和方案选择等五种能力才能说明企业家具有较为突出的创新决策能力（李志、李慧、张庆林，2009）。方志军、盛宇华（2004）对高级管理人员应当具备的主要管理能力的调查显示，全部被调查者无一例外地将决策能力作为最重要的管理能力，他们认为管理能力的核心是决策能力。战略决策能力是企业家在分析企业内外部资源基础上，准确鉴别企业经营机会、进行战略判断并果断决策以及承担由此带来的不确定风险的能力（刘进、揭筱纹，2012）。

总体看，企业家能力是决策预期的支撑，没有决策能力就没有决策预期。能力强的企业家不仅有能力而且有意愿承担风险，这些在 Slovic、Fischoff、Lichtenstein（1980）等的研究中都得到了证实（孟冬妮，2011）。就企业家决策备选方案的数量来说，有效决策主要与创造力有关；就企业家决策的可执行性与决策风险度控制而言，有效决策主要与责任力有关。战略领导力的一个关键因素就在于具有心智能力，能够发现对手不能发现的机遇，同时又能有效管理相关各方的认知，争取他们的支持（罗珉，2012）。决策能力不仅仅包括责任力与创造力，还包括判断力、分析力等，就决策方案的可控性与可行性而言，责任力与创造力更适合成为决策心理标准，而判断力则与机会感知更有关系。

4.3.1 责任力

责任力是指企业家对决策方案风险的心理承担能力。一般认为责任心、责任感是人格特质，而责任力则是心理状态变量，反映了企业家对决策方案的风险分析与防范的心理状态。企业家责任力越强，越能够承担更大的经济风险，越能够降低道德风险（皮建才，2005）。与将"责任"理解为道德范畴的伦理学相比，决策行为学则将"责任"理解为一种决策范畴中的激励机制与风险机制，而且越来越多偏向于从风险角度理解"责任"。人们不仅根据自己的主观意志去行动，而且考虑行为的后果（Ajzen，1991）。巴纳德认为，与领导的第一方面的技术性能力相比，"领导的第二方面——更一般的、更稳定的、最难于受具体发展影响的、更绝对的、更主观的、能够反映社会态度和理想以及社会的一般制度。它决定着行动的质量，最能从一个人不做什么和回避什么上推断出来；它是通常用'责任心'这个词来表示的领导方面；它使人的行为具有可靠性和决断力"（巴纳德，2007）。企业家在进行实际分析判断时，其个人价值观与社会价值观经常会发生矛盾，这就产生了个人价值观与社会价值观的协调问题，对此问题应在决策方案选择环节予以解决，通过设置必要的责任标准进行前期控制。企业家战略决策判断应以组织价值观为指导，但组织价值观应与社会价值观相协调，在评价和选择标准时，要考虑短期和长期、考虑有利和不利、考虑自己的想法和他人的想法、考虑原有标准和新进入标准。事实上，企业家在决定企业决策方案的过程中，其自身的价值判断与责任标准占有很大比重，而且具有关键作用，这在20世纪80年代的管理学界已经得到广泛的承认，在以董明珠为代表的企业家身上，能够明显地感受到责任力对于战略决策选择的意义。

企业家对谁承担责任、责任力包括哪些维度、如何提高责任力不可能有一致的答案，穆尔（1999）认为在当今产业界日益融合的情况下，企业应把自己当做一个企业生态系统的成员，而不是一个孤立的单个企业，这个企业生态系统的成员应包括竞争者在内的所有与企业利益相关的相关者。利益相关者是对企业决策有影响并受企业决策影响的所有个人与群体（Freeman，1984），企业对利益相关者的关注经历了由被动到主动的过程。赛尔特、马奇（1963）指出，组织的目标是股东、经营者、职工等几类参加者利益协调的产物。Rachman等（1995）将责任力划分为四个维度，即对伤害负责、在社会情境中的责任心、对责任心的积极看法以及认知与行动结合。在过去，大部分研究认为，对于企业来说，股东、消费者与员工是企业的主要利益相关者。如果企业的战略决策被企业内部某些力量、消费者或某些企业外部的组织持续不断地抵制或削弱，那么这一战略决策则很难成功通过和实施。企业家要对他的股东的收益负有责任，要对他的员工承担责任；如果他的决定不能够给团队成员带来他们所认为能够获得的预期收入，他就会由于责任感而感到愧疚，而愧疚感会导致效用损失（Charness、Dufwenberg，2006）。在资源与环境日益紧张的今天，也有越来越多的学者认为，企业要对环境承担更大的责任。而企业家因为责任力不当而犯罪的行为也反应了这一趋势，2012年企业家犯罪所涉及的罪名中，违背企业家应有的责任罪名不在少数，如贪污受贿、侵占挪用、制假售假、信息欺诈、环境污染等（杜晓，2012）。

企业任何决策方案都应考虑利益相关者的利益诉求，以防范与化解来自利益相关者的风险。责任能力的高低既取决于企业的资源条件，也取决于企业家对利益相关者的责任认知，Trevino（1986）明确提出对利益相关者的道德认知发展水平这一因素对决策行为具有重要影响。如果企业资源条件丰沛，就会给企业承担社会责任带来更多的能力与信心；如果企业家对利益相关者具有积极的认知，就会增强企业与利益相关者的互动，尊重他们的合法合理利益，从而降低企业经营风险。就如何提高企业家责任力，John Elkington（1997）提出了"三底线"战略思想，企业家必须将利润、社会正义、环境质量同时作为企业生存和发展的三条基本底线，并纳入战略考虑。Ian Wilson（1974）认为企业家应实行社会反应战略，强调合作和问题解决机制，其出发点是降低利益相关者对企业的威胁，以减少企业经营风险，而不是将其看成商业机会（欧阳润平、宁亚春，2009）。

责任力心理变量虽然可以通过企业使命所蕴含的责任心、责任感来推断，但更为现实的与便利的，是通过情境剧本与心理问卷测量等方法。基于情境的剧本研究方法可以让受测者处于一种接近实际的标准化决策情境中，这种方法可以向不同的参与者提供标准化的社会刺激，并且可以使决策情景更为现实（Alexander、Becker，1978；李晓明、王新超、傅小兰，2007）。由于提供较为实际的决策情境，因而情境剧本研究更能够逼真地企业家决策，但是由于其在组织、测量等方面存在很大的困难，已经有很多研究采取了相对容易但也比较有效的问卷测量，如对利益相关者的利益判断，让被试回答对"企业要为消费者提供优质的商品和服务"这一项目的同意程度。或者通过多维道德量表来测量参与者的责任力（McMahon、Harvey，2006）。在案例设计中为企业家模拟了社会责任情景，试图测量企业家的责任力。同时，设置"对于自己与团队的工作失误，我会敢于承担责任""企业要为消费者提供优质的商品和服务""我会为下属的成长提供更多的帮助""企业要尽最大努力保护环境""为股东创造价值是我们的第一任务""如果某项决策可能影响其他人利益，我会听取相关人士意见"和"多考虑利益相关者利益的决策方案能够有效防范风险"等7个题项对责任力变量进行测量。

4.3.2 创造力

创造力是企业家提出不同决策方案的心理能力。创造力作用在于选择出具有创新性的决策方案、做出具有创新性的决策。战略决策是一个具有高度创造性的活动，创新决策就是决策者通过对资源的重新组合而产生新颖独特、有经济和社会价值的复杂的心智过程、实践活动（张茉楠、李汉铃，2005）。企业家创新决策就是企业家通过新创意、新构想，在对不同决策资源和要素进行更有价值的重新整合基础上，不断创造出新市场、新产业、新规则，为企业赢得持续发展优势的动态建构过程，是企业家在特定目标指引下，通过对有关信息进行加工整合而创造性地提出解决问题的方案，并最后作出决定的思维过程（井润田、刘萍，2006）。企业家的创造性决策既非常必要，也非常普遍。西蒙说："当我们问组织的经理是如何制定非程序化决策的，我们通常被告知，他们是在行使'判断'，而这些'判断'是通过某种不确定的方式由经验、洞察力和直觉来决定的。如果我们所探问的决策是一个极大的难题，或者是一种将产生极为深远影响的决定性决策，我们则将被告知这种决策是

需要有创造精神的。"（西蒙，1985）

创新决策需要创造力，到目前为止，很多的研究把创造力作为结果变量，而不是作为选择与绩效等的前因变量。在开发出心理资本的各能力维度后，Luthans等将创造力作为潜在的心理资本，作为影响绩效的前因变量。他们认为尽管创造力经常表现为令人惊叹的原创性和革命性创意，但同时也包括找到新颖的方法来解决日常问题的能力、建设性采纳新想法和新机制的能力（Luthans等，2007）。方志军、盛宇华（2004）的调查显示，高层管理者一个显著特点是应付不确定性问题的能力，这种管理能力的表现，不在于被试者掌握了多少管理方面的知识和技能，更重要的是能够根据实际情况，采取恰当的应变行动。在以王中军、李亦非、雷军、张近东为代表的企业家身上，能够明显地感受到创造力对于战略决策选择的意义。

企业家创造力并不是天生的特质，创造力也是相对稳定但也会变化的心理状态变量。创造力是一个集中反映"先天"与"后天"作用的典型。正如 Riegel（1975）指出的那样，"人类行为是有机体与环境之间持续不断交换的结果，要理解人类的发展就必须虑及这些行为是怎样伴随时间的推移而出现的。"Plomin、Daniels（1987）认为，行为遗传研究很少发现证据能够证实，有超过一半复杂特质的变异是由于个体基因不同所造成的。没有一成不变的企业家创造力，影响企业家创造力的权变因素主要有以下五个方面：决策者的个性特点；决策体制设计的合理性；组织的性质，如体制、制度和规章等；组织环境的性质和组织承受的压力；社会环境和文化。

根据心理学的研究成果，具有创造性的人的个性是，富有好奇心，有主见，有支配欲，有抱负和自信，他们轻视传统和权威，持志自律，独立自主，直观而移情等。认知特性：首先，具有创造性的人认识事物具有更多的外形刺激，即运用外形感知，这种外形感知可以引起丰富的比喻和想象，有助于发展和促进创造性过程。其次，在解决问题方面，具有创造性的人比常人能提出更多的问题，综合归纳问题能力较强。情绪特性：创造力也是一种与后天环境相关的情绪型体验。Loewen-stein、Weber等（2001）认为人的情感则与决策事件的生动性、结果的直接性和背景情绪等密切相关，这说明个体的情感在很大程度上依赖个体的想象能力以及事件的可想象性，企业家的灵感或创意就常出现在紧急关头、喜悦时刻。

与直观的经验型描述与识别创造力不同，研究者开发了许多工具用来测量创造力，有的直接采取智力测验的形式来测量创造力。托兰斯创造性思维测量也许是目前得到最多研究支持的工具，这是一个过程导向的测量工具，它评估流畅性、灵活性、独创性和精确性四种创造力（Luthans等，2007），这四种能力被认为是与创造力有关的发散性思维的必要组成部分。另外，也有人采用各种人格量表和投射测量。当然，也可以通过测量创造性的产品与服务，开拓新市场的方法等来测量创造力。设置"我经常考虑能够用新的方法发展我的业务""我经常寻找新颖的开拓市场和销售的方法""能把新产品或服务推向市场我感到很自豪""我喜欢尝试不同的方式以达到目标""对付工作困难，我会有更多的解决方案""我常常按照老方法思考问题解决办法"和"我们为市场提供了有特色的商品和服务"等7个题项对创造力变量进行测量。

有学者可能认为，选择何种心理变量作为决策心理锚的构成要素显得随意（表4-1）。确实，如果没有选择标准，那么更多的因素似乎都能够成为决策心理标准，如韧性、风险偏好、判断力。如第3章所述，构成决策心理锚的各因素要符合决策行为学的决策标准要求：要有坚实的理论支撑；要能够体现企业家决策本质特征；要能够有效测量；为心理状态变量；与决策选择有关。按此标准，我们认为决策意志、决策预期、决策能力以及它们的子构念成就导向、自控性、信心、机会感知、责任力和创造力均符合决策心理标准之标准，而韧性、风险偏好、判断力虽然也很重要，但是很难通过实证检验，而且在理论上也存在局限。

表4-1　决策心理锚构念提炼标准

标准 构念	理论支撑	企业家决策 本质特征	测量	心理状态变量	与决策选择有关
决策意志	√	√	√	√	√
决策预期	√	√	√	√	√
决策能力	√	√	√	√	√
成就导向	√	√	√	√	√
自控性	√	√	√	√	√
信心	√	√	√	√	√
机会感知	√	√	√	√	√
责任力	√	√	√	√	√
创造力	√	√	√	√	√
韧性	√	?	?	?	?
风险偏好	√	?	?	?	?
判断力	?	?	√	?	√

4.4　企业家决策心理锚内在结构实验研究

4.4.1　实验目的

探讨企业家决策心理锚的内在结构，以期为进一步的实证研究提供依据。

4.4.2 实验方法

一个月后，在第3章实验基础上，继续按照原有分组方式进行控制实验，即实验组，扮演企业家角色；控制组，扮演普通同学角色。以原实验获得的词频在10以上的心理词汇（表4-2）制作成普通同学心理锚问卷和企业家决策心理锚问卷，请两组同学进行限定性描述，即让被试在7点量表上（"1"代表完全不适合，"7"代表完全适合）评价每一个词在多大程度上适合描述自己相应的心理状态。共发放问卷200份，回收200份，有效问卷196份，其中同学角色99份，企业家角色97份。运用Spss21.0进行因素分析，探究心理锚的结构。

表4-2　大学生与企业家身份的自我决策心理描述

条目	学生身份描述	词频	企业家身份描述	词频
1	活泼开朗	45	责任	35
2	善良	42	创新	34
3	乐观	37	乐观	33
4	自信	24	稳重	28
5	乐于助人	21	自信	25
6	大方	20	沟通	24
7	优柔寡断	20	积极	24
8	幽默	19	勤奋	23
9	坚强	19	冷静	22
10	热情	18	勇敢	22
11	积极	16	认真	21
12	细心	16	活泼开朗	20
13	倔强	16	诚信	20
14	责任	15	坚持	19
15	谦虚	15	进取	18
16	认真	15	独立	18
17	孝顺	14	目标	17
18	诚实	14	正直	17
19	友善	14	坚韧	16
20	稳重	13	远见	16
21	坚持	13	执着	15
22	温和	13	意志力	15
23	理性	12	理想	14
24	勤奋	12	坚强	14
25	浮躁	12	洞察	14

条目	学生身份描述	词频	企业家身份描述	词频
26	进取	11	冒险	13
27	吃苦耐劳	11	控制欲	13
28	正直	11	独特	12
29	勇敢	11	心细	11
30	懒惰	10	目光远大	11
31	文静	10	淡定	11
32	守信	10	果敢	10
33	随和	10	敏锐	10
34	——	——	创意	10
35	——	——	理智	10

4.4.3 实验结果

4.4.3.1 大学生身份的实验结果与分析（表4-3~表4-5）

对于大学生的心理问卷，用主成分分析法进行因素分析，运用具有 Kaiser 标准化的正交旋转法，经过14次迭代后收敛。结果表明11个因素的特征值超过1，4个题项的特征值超过2，解释总变异的32.463%，因素碎石图（图4-1）显示，抽取5个因素更为合理，解释总变异的39.338%。坚持、勤奋、进取、积极、坚强这5个题项抽取一个共同因子，因子载荷系数均在0.6以上，可以命名为积极进取；优柔寡断、稳重、理性、谦虚、温和这5个题项抽取一个共同因子，因子载荷系数均在0.4以上，可以命名为平静；责任、守信、诚实、友善这4个题项抽取一个共同因子，因子载荷系数均在0.6以上，命名为责任力；活泼开朗、自信、善良、乐观这4个因素抽取一个共同因子，因子载荷系数均在0.5以上，因子命名为信心；幽默、热情、正直这3个因素抽取一个共同因子，因子载荷系数均在0.4以上，命名为热诚。

表4-3 大学生身份因子解释总方差

成分	初始特征值（%）			提取平方和载入（%）			旋转平方和载入（%）		
	合计	方差的	累积	合计	方差的	累积	合计	方差的	累积
1	4.898	14.841	14.841	4.898	14.841	14.841	3.068	9.298	9.298
2	3.108	9.419	24.260	3.108	9.419	24.260	2.887	8.747	18.046
3	2.480	7.515	31.775	2.480	7.515	31.775	2.402	7.278	25.323
4	2.136	6.471	38.246	2.136	6.471	38.246	2.356	7.140	32.463
5	1.704	5.164	43.410	1.704	5.164	43.410	2.269	6.874	39.338
6	1.579	4.783	48.194	1.579	4.783	48.194	1.746	5.289	44.627

续表

成分	初始特征值（%）			提取平方和载入（%）			旋转平方和载入（%）		
	合计	方差的	累积	合计	方差的	累积	合计	方差的	累积
7	1.479	4.482	52.676	1.479	4.482	52.676	1.744	5.284	49.911
8	1.423	4.313	56.989	1.423	4.313	56.989	1.740	5.271	55.183
9	1.400	4.243	61.232	1.400	4.243	61.232	1.537	4.656	59.839
10	1.248	3.783	65.015	1.248	3.783	65.015	1.407	4.263	64.102
11	1.102	3.340	68.355	1.102	3.340	68.355	1.403	4.252	68.355
12	0.981	2.973	71.328	—	—	—	—	—	—

注：提取方法为主成分分析。

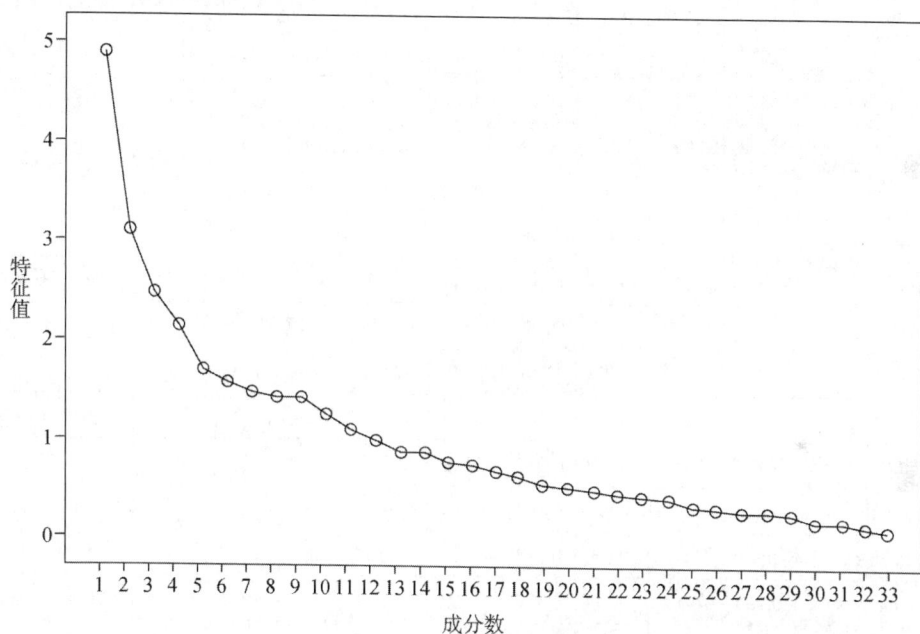

图4-1 大学生身份因子碎石图

表4-4 大学生身份因子旋转成分矩阵

项目	成分										
	1	2	3	4	5	6	7	8	9	10	11
jianchi	0.746	0.167	-0.063	0.018	0.156	-0.020	0.056	-0.025	0.009	0.211	-0.166
qinfen	0.746	0.167	-0.063	0.018	0.156	-0.020	0.056	-0.025	0.009	0.211	-0.166
jinqu	0.718	0.169	0.005	0.070	-0.049	0.206	-0.005	-0.154	0.019	-0.048	0.207
jiji	0.654	0.218	-0.151	0.191	-0.156	-0.007	0.395	0.125	0.105	0.022	0.184
jianqiang	0.610	0.157	0.176	0.344	-0.071	0.022	0.066	0.468	-1.076	-0.060	-0.039

项目	成分										
	1	2	3	4	5	6	7	8	9	10	11
yourouguaduan	0.154	0.771	−0.096	0.093	0.003	0.236	0.285	0.138	−0.015	0.031	−0.138
wenzhong	0.218	0.759	−0.029	−0.080	0.225	0.166	0.155	0.113	0.004	−0.085	−0.033
lixing	0.350	0.747	−0.025	−0.059	−0.074	−0.066	0.017	0.033	0.086	0.006	0.055
qianxu	0.008	0.458	−0.103	0.341	0.020	0.412	0.061	−0.032	−0.201	−0.400	0.080
wenhe	−0.122	0.408	0.094	0.257	0.273	−0.185	−0.099	0.128	0.365	0.231	0.008
zeren	−0.092	−0.159	0.856	0.078	−0.040	0.009	−0.055	0.134	−0.003	−0.067	0.012
renzhen	−0.172	−0.072	0.831	−0.031	0.066	−0.104	−0.061	0.057	0.030	−0.101	−0.044
shouxin	0.216	0.151	0.694	0.319	0.104	−0.077	−0.001	−0.263	0.060	0.145	0.004
xiaoshun	0.100	0.012	0.132	0.797	−0.11	0.115	−0.168	0.032	0.013	0.068	0.012
chengshi	0.058	0.062	0.042	0.736	0.153	−0.026	0.148	0.031	0.262	0.216	−0.070
voushan	0.040	−0.104	0.042	0.618	−0.033	−0.101	0.261	−0.117	−0.257	−0.077	0.084
huopokailang	−0.036	0.128	−0.020	0.006	0.789	0.323	0.173	−0.116	0.075	−0.052	−0.052
zixin	−0.054	0.235	−0.051	0.242	0.611	0.086	0.079	0.022	−0.302	0.025	0.191
shanliang	0.054	−0.024	0.220	0.053	0.590	−0.145	−0.110	0.126	0.062	−0.341	0.028
leguan	0.377	−0.206	0.069	−0.160	0.559	−0.137	0.164	0.180	−0.018	0.081	−0.196
youmo	0.097	0.154	−0.134	0.102	0.092	0.716	0.234	−0.086	0.023	0.066	0.179
reqing	−0.170	0.484	−0.091	0.013	0.113	−0.527	−0.021	−0.205	−0.112	0.000	0.265
zhengzhi	0.086	−0.185	0.068	0.107	−0.290	−0.480	0.240	−0.181	−0.025	0.034	0.115
leyuzhuren	−0.002	0.098	−0.059	0.043	0.170	0.086	0.681	−0.036	0.095	0.053	−0.087
dafang	0.220	0.281	−0.111	0.097	−0.010	0.022	0.596	0.291	−0.080	−0.146	0.078
xixin	−0.014	0.097	−0.037	−0.135	0.018	−0.010	0.071	0.871	−0.085	0.007	0.121
juejiang	−0.150	0.121	0.324	0.308	0.290	0.123	−0.028	0.527	0.178	0.086	0.011
chikunailao	0.012	−0.005	0.129	−0.085	0.155	0.058	0.317	0.058	0.688	−0.058	0.049
yonggan	0.032	−0.020	0.063	−0.094	0.225	−0.001	0.168	0.142	−0.681	0.063	−0.149
landuo	−0.026	−0.062	−0.079	0.220	−0.101	0.010	−0.037	0.040	−0.067	0.795	0.052
wenjing	−0.146	0.243	0.037	−0.141	−0.137	0.388	0.372	−0.115	−0.178	0.402	−0.065
suihe	−0.026	−0.031	−0.190	0.054	−0.126	−0.058	0.079	0.126	0.218	−0.074	0.728
fuzao	0.221	0.000	0.328	−0.070	0.204	0.137	−0.210	0.030	−0.046	0.180	0.680

注:a.旋转在14次选代后收敛。

表4-5　大学生决策心理结构与命名

因素	内容
积极进取	坚持、勤奋、进取、积极、坚强
平静	优柔寡断、稳重、理性、谦虚、温和
责任力	责任、守信、诚实、友善
信心	活泼开朗、自信、善良、乐观
热诚	幽默、热情、正直

4.4.3.2　企业家角色的实验结果与分析（表4-6~表4-11）

用主成分分析法进行因素分析，运用具有 Kaiser 标准化的正交旋转法，经过8次迭代后收敛。结果表明10个因素的特征值超过1，6个因素的特征值超过2，6个因素解释了总变异的51.952%，因素碎石图（图4-2）也显示，抽取6个因素更为合理。理智、远见、洞察、冷静、敏锐，这5个题项抽取一个共同因子，因子载荷系数均在0.7以上，可以命名为机会感知；理想、目标远大、目标、进取、积极这5个题项抽取一个共同因子，因子载荷系数均在0.6以上，命名为成就导向；活泼开朗、果敢、自信、乐观这4个题项抽取一个共同因子，因子载荷系数均在0.8以上，命名为信心；创新、独特、创意、独立这4个题项抽取一个共同因子，因子载荷系数均在0.7以上，为创造力；坚韧、执着、控制欲、意志力、认真这5个题项抽取一个共同因子，因子载荷系数均在0.59以上，为自控性；责任、诚信、稳重、心细这4个题项抽取一个共同因子，因子载荷系数均在0.7以上，命名为责任力。

表4-6　企业家身份因子解释总方差

成分	初始特征值			提取平方和载入			旋转平方和载入		
	合计	方差的 (%)	累积 (%)	合计	方差的 (%)	累积 (%)	合计	方差的 (%)	累积 (%)
1	4.104	11.725	11.725	4.104	11.725	11.725	3.376	9.646	9.646
2	3.432	9.807	21.532	3.432	9.807	21.532	3.348	9.565	19.211
3	3.258	9.308	30.839	3.258	9.308	30.839	3.181	9.087	28.298
4	2.956	8.444	39.284	2.956	8.444	39.284	2.860	8.171	36.469
5	2.482	7.091	46.375	2.482	7.091	46.375	2.774	7.925	44.394
6	2.365	6.758	53.132	2.365	6.758	53.132	2.645	7.557	51.952
7	1.690	4.829	57.962	1.690	4.829	57.962	1.680	4.799	56.751
8	1.554	4.439	62.401	1.554	4.439	62.401	1.520	4.343	61.094
9	1.196	3.417	65.818	1.196	3.417	65.818	1.383	3.950	65.045
10	1.074	3.068	68.886	1.074	3.068	68.886	1.344	3.841	68.886
11	0.959	2.739	71.625	—	—	—	—	—	—

注：提取方法为主成分分析。

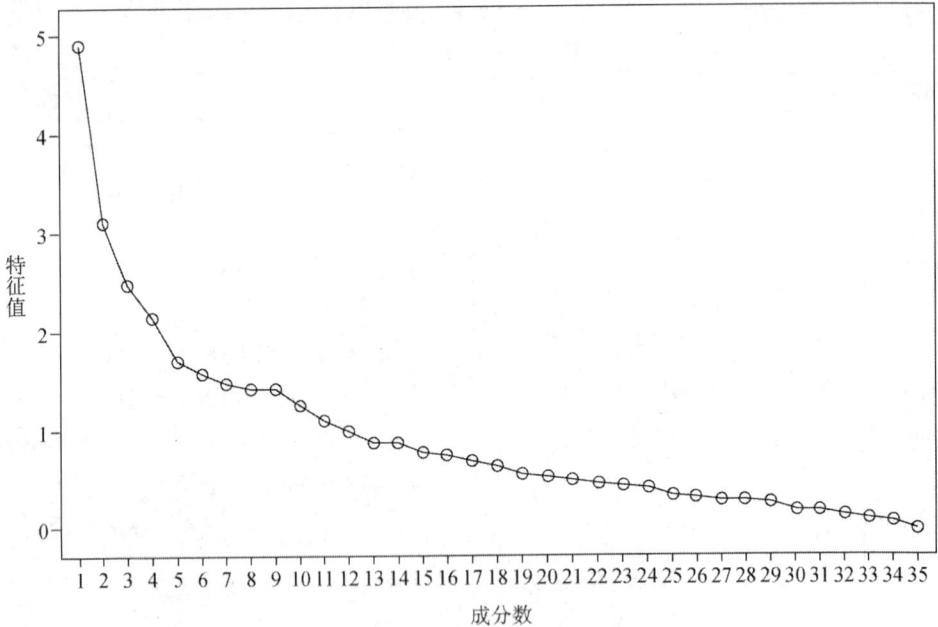

图4-2　企业家身份因子碎石图

表4-7　企业家身份因子旋转成分矩阵*

项目	成分									
	1	2	3	4	5	6	7	8	9	10
lizhi	0.864									
yuanjian	0.795									
dongca	0.770									
lengjing	0.744									
minrui	0.715									
lixiang		0.831								
muguangyuanda		0.822								
mubiao		0.811								
jinqu		0.756								
jiji		0.603								
huopikailang			0.885							
guogan			0.839							
zixin			0.836							
leguan			0.823							
chuangxin				0.855						
dute				0.793						
chuangyi				0.790						

续表

项目	成分									
	1	2	3	4	5	6	7	8	9	10
duli				0.743						
jianren					0.765					
zhizhuo					0.732					
kongzhiyu					0.693					
yizhili					0.685					
renzhen					0.595					
zeren						0.828				
chengxin						0.787				
wenzhong						0.741				
xinxi						0.723				
jianqiang							0.770			
goutong							0.643			
zhengzhi								0.767		
maoxian								0.512	0.364	
jianchi								0.443	0.391	
danding									0.772	
yonggan										0.813
qinfen										0.400

注：提取方法为主成分。

旋转法：具有 Kaiser 标准化的正交旋转法。

*旋转在 8 次迭代后收敛。

表4-8　企业家角色六因素心理锚结构与命名

因素1	因素2	内容
决策意志	成就导向	理想、目标远大、目标、进取、积极
	自控性	坚韧、执着、控制欲、意志力、认真
决策预期	信心	活泼开朗、果敢、自信、乐观
	风险感知	理智、远见、洞察、冷静、敏锐
决策能力	创造力	创新、独特、创意、独立
	责任力	责任、诚信、稳重、心细

如果要求只固定提取3个因子，用主成分分析法进行因素分析，运用具有 Kaiser 标准化的正交旋转法，旋转5次后收敛，结果表明3个因素的特征值超过3，解释总变异的30.839%。因子1由"理智、远见、冷静、乐观、敏锐、活泼开朗、洞察、自信、果敢"这9个题项构成，因子载荷系数均在0.5以上，该因子反映了一种对未知状态的

判断与预测，将其命名为决策预期；因子2由"理想、进取、目标、目标远大、积极、勤奋、认真、控制欲、意志力"这9个题项构成，因子载荷系数均在0.4以上，该因子反映了一种精神追求与力量，将其命名为决策意志；因子3由"创新、独立、独特、创意、责任、心细、稳重、诚信"这8个题项构成，因子载荷系数均在0.4以上，该因子体现了一种创造力与责任力，将其命名为决策能力。

表4-9　企业家身份三因子解释总方差

成分	初始特征值			提取平方和载入			旋转平方和载入		
	合计	方差的 (%)	累积 (%)	合计	方差的 (%)	累积 (%)	合计	方差的 (%)	累积 (%)
1	4.104	11.725	11.725	4.104	11.725	11.725	4.063	11.610	11.610
2	3.432	9.807	21.532	3.432	9.807	21.532	3.400	9.714	21.324
3	3.258	9.308	30.839	3.258	9.308	30.839	3.330	9.516	30.839
4	2.956	8.444	39.284						

注：提取方法：主成分分析。

表4-10　企业家身份三因子旋转成分矩阵*

项目	成分		
	1	2	3
lizhi	0.737		
yuanjian	0.652		
lengjing	0.591		
leguan	0.578		
minrui	0.572		
huopikailang	0.566		
dongca	0.565		
zixin	0.564		
guogan	0.557		
jianchi			
jianqiang			
maoxian			
danding			
zhengzhi			
yonggan			
jianren			
lixiang		0.826	
jinqu		0.767	
mubiao		0.764	

续表

项目	成分		
	1	2	3
muguangyuanda		0.748	
jiji		0.648	
qinfen		0.460	
renzhen		0.441	
kongzhiyu		0.431	
yizhili		0.418	
zhizhuo			
chuangxin			0.691
duli			0.622
dute			0.601
chuangyi			0.595
zeren			0.524
xinxi			0.510
wenzhong			0.428
chengxin			0.402
goutong			

注：提取方法为主成分。

旋转法：具有 Kaiser 标准化的正交旋转法。

＊旋转在5次迭代后收敛。

表4-11　企业家角色三因素心理锚结构与命名

因素	内容
决策预期	理智、远见、冷静、乐观、敏锐、活泼开朗、洞察、自信、果敢
决策意志	理想、进取、目标、目标远大、积极、勤奋、认真、控制欲、意志力
决策能力	创新、独立、独特、创意、责任、心细、稳重、诚信

4.4.4　实验讨论

不同的角色模拟所得出的结论明显不同。以大学生身份进行评价的结论显得很凌乱，未能形成类似于"大五人格"特征的心理结构。以企业家身份进行评价的结论显得有章可循，虽然六个因素与三个因素相比被提取的公因子有些差别，但是，两类提取方法的因素重合率非常高。这说明，表面上决策心理锚的内在结构可能有两种，但实质上，这两种结构是一致的。既可以说决策心理锚有决策意志、决策预期和决策能力三维度，也可以说决策心理锚有成就导向、自控性、信心、机会感知、责任力和创造力六维度。这已经被企业家质性研究和实验研究所证实，当然还需要进一步地进行大样本验证。

4.5　企业家决策心理锚内在结构模型

毕研玲、李纾（2007）认为决策领域的模型现在还没有哪个能达到为学界普遍接受的状态。但正如西蒙所认为的，无论我们的兴趣是在标准化决策模型还是在描述性决策模型，这些模型的建立都将是有意义的。我们需要打开决策的黑箱，并且需要提出全新的模型。

4.5.1　已有的企业家决策模型

4.5.1.1　故事模型（图4-3）

诺埃尔·蒂奇、沃伦·本尼斯（2008）指出，"当我们进入决断的复杂领域时，充满了好奇，但却没有一张可靠的路线图；我们要时刻提醒自己，最光辉灿烂的见解也可能在一瞬间被否定。"尽管如此，他们还是以故事的形式建构了一个决策模型，该模型旨在回答3个问题："我们现在处于什么位置？我们走向何处？我们将怎样到达那里？"正确的战略决断是一个混合体，它既要求领导者能够理性地构想未来的机会和组织的潜力，也要求领导者能够调动和协调其他的关键人员一起来做出并执行决断。经营必须做到最高标准的诚信和守法，必须为所在社会的长远福祉作出贡献，必须要培养当地的发展能力，利用当地的资源创造就业，并与政府合作实施解决方案。

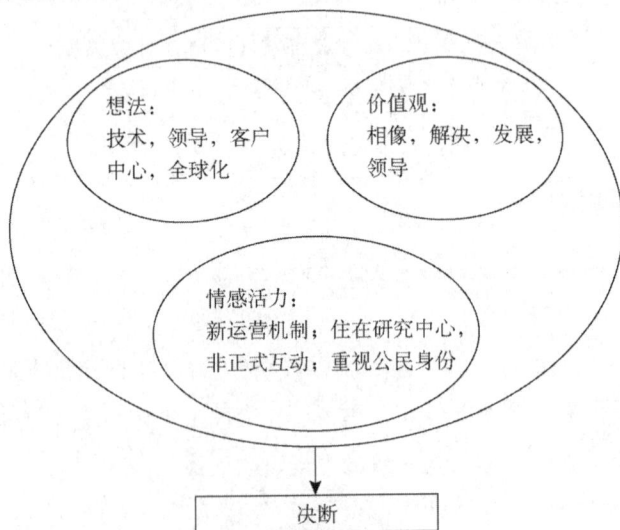

图4-3　故事模型

4.5.1.2 创业决策模型（图4-4）

蒂蒙斯、斯皮内利（2005）提出基于机会、创业者、资源的三要素模型。该模型突出了要素之间匹配的思想，机会、创业者、资源之间的平衡和协调是创业决策的基本要求，是创业成功的基本保证。

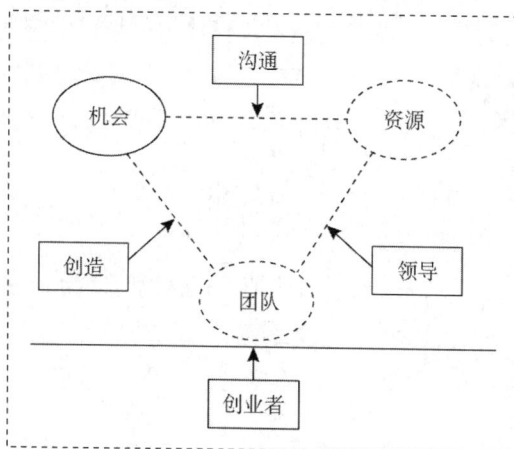

图4-4 蒂蒙斯创业决策模型

4.5.1.3 效果推理模型（图4-5）

因果推理逻辑关注的是如何根据既定目标，通过采取可动用的手段来实现目标的问题。效果逻辑更关注不可预知未来的可控制性，"能控制未来就不需预测它"（Sarasvathy，2001；2003）。决策者、创业者无法预测未来，只能按照自己的意愿利用既有手段去影响未来。在实践中，效果推理逻辑降低了人的记忆提取和处理知识、信息的重要性，突出强调人与情境互动的重要性。

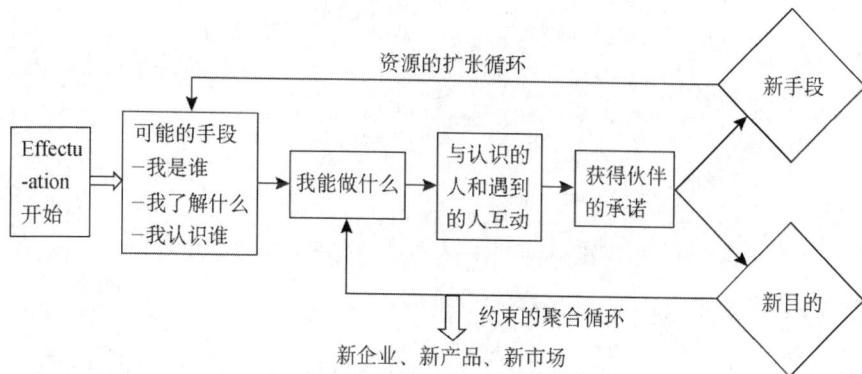

图4-5 Effectuation模型（张玉利、田新、王瑞，2011）

Effectuation模型解释了创业者如何把想法转变成结果的决策过程。"这个过程是行动导向、互动、无需预测的。创业者以三个初始条件为出发点：一是独特能力：

我是谁（特质、品味和能力）；二是先前知识：我了解什么（教育、训练、专长、经验）；三是社会网络：我认识谁（创业者的社会网络和专业网络）。在此基础上，创业者判断自己能做什么，积极与熟人或偶然遇到的人互动，争取获得伙伴承诺并使资源不断扩张。研究表明大部分创业者的第一个顾客是同事或亲戚朋友；通过最初的顾客向外扩展，可能会有更多顾客加入，这样逐渐显现一个局部市场。在此基础上市场逐渐扩大，可能通过战略合作，也可能通过其他手段，局部的累积最终创造出一个新市场。"（张玉利、田新、王瑞，2011）

4.5.2 企业家决策心理锚内在结构模型

4.5.2.1 企业家决策心理锚内在结构概念模型

如前所述，企业家决策心理锚是个高阶的三因素双维度结构，其以心像的形式依存于企业家大脑之中（图4-6）。决策意志主要有成就导向和自控性两维度，决策预期主要有信心和机会感知两维度，决策能力主要有责任力和创造力两维度。

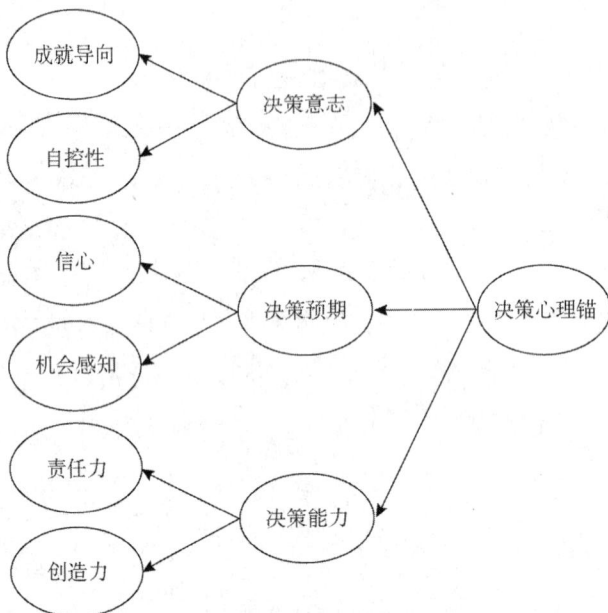

图4-6　企业家决策心理锚内在结构"高阶三因素双维度"模型

4.5.2.2 企业家决策心理锚内在结构数学模型

在运筹学中，模型是指对某一事件要素间关系的数学描述。决策者可运用数学理论建立模型以对现实进行模拟，但是需要一定的条件。过去心理学曾试图用经典数学来建立心理活动的数学模型，但不是很成功，其原因是由于数学所使用的语言不适合研究人类对象。如果要用经典数学来建立某一学科理论，首先就必须把这个学科的对象和过程转化成数字。但是人类的许多智能活动很难用数字表达（司马贺，1986）。战略决策分析运用数量分析依赖于决策目标的固定性、大量的决策方案、无视无法量化的因素、存在最优标准、不考虑决策成本，显然这些条件极其苛刻，没有现实性。我们所构建的形式上极其简单的数学模型，并不意味着可以为企业家现实决策所用，构建简单的数学模型旨在高度抽象化描述决策标准的形成与形式。

$$F(X, Y, Z) = aX + bY + cZ + §$$

其中，$F(X, Y, Z)$ 为决策心理锚水平，X 为意志，Y 为预期，Z 为能力；a 为意志系数，b 为预期系数，c 为能力系数，$§$ 为随机变量。

$$F(X) = a_1 x_1 + a_2 x_2 + §_1$$

其中，$F(X)$ 为意志水平，x_1 为成就导向水平，x_2 为自控性；a_1、a_2 为各自系数，$§_1$ 为随机变量。

$$F(Y) = b_1 y_1 + b_2 y_2 + §_2$$

其中，$F(Y)$ 为预期水平，y_1 为信心，y_2 为机会感知；b_1、b_2 为各自系数，$§_2$ 为随机变量。

$$F(Z) = c_1 z_1 + c_2 z_2 + §_3$$

其中，$F(Z)$ 为能力水平，z_1 为责任力，z_2 为创新力；c_1、c_2 为各自系数，$§_3$ 为随机变量。

4.5.2.3　企业家决策心理锚评估模型

根据前面的理论分析，把决策心理锚的三因素组合起来可以区分为八种情况，即以决策意志、决策预期和决策能力的高低状况区分为八种状态（高低是相对的），构成了评估决策心理锚的"三维八分"模型，如图4-7所示。图中，上述三个因素组合而成的八种情况，其水平程度是不同的。一般来说，可以粗略地分为四个水平等级，见表4-12。

企业家自身会对其决策心理锚各维度有个自我评价，根据三维度的不同评价等级，对照"三维八分"图，企业家可以比较清楚地知道自己的决策心理锚，然后可以据此选择适当的决策方案。例如，对于三个都低的"一"等级而言，企业家不适宜或不会选择风险大的决策方案，应采取防守或撤退的战略决策。而对于三个都高的"四"等级而言，企业家可以大胆决策，可采取多元化、并购、新产品开发等战略决策。此模型的困难之处在于如何确定"二""三"等级，对于个人来说，可以在三个维度中进行比较、评价，进而确定相对等级较高的维度。

"三维八分"图可以作为企业家决策的测评模型，由于细化了决策心理，并可以比较准确地描述与评估决策心理锚，因此这样的模型应具有一定的应用价值。当然，决策心理锚对风险决策行为的影响，还需要实证检验。就目前而言，该模型仍然可以为准确评估企业家决策心理锚提供一种分析框架和基本方法。

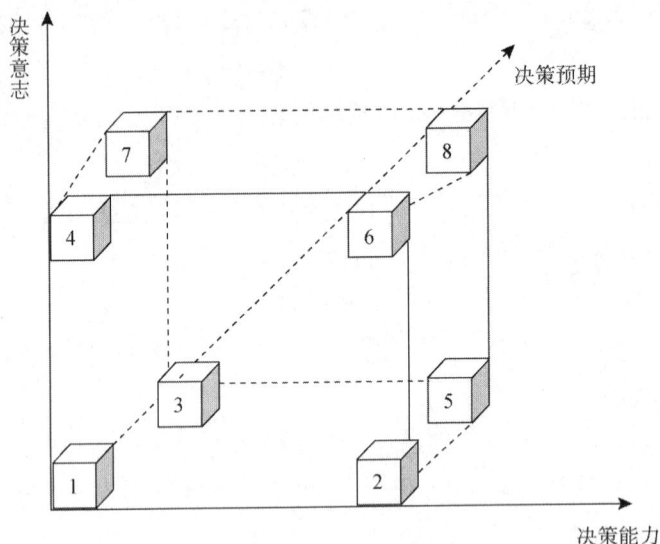

图4-7 企业家决策心理锚评估图

表4-12 企业家决策心理锚等级

状态	决策意志	决策预期	决策能力	决策心理锚
1	低	低	低	一
2	低	低	高	二
3	低	高	低	二
4	高	低	低	二
5	低	高	高	三
6	高	低	高	三
7	高	高	低	三
8	高	高	高	四

我们将16名企业家各心理标准的覆盖率与均值进行比较，决策意志高于均值的用红字表示，决策预期高于均值的用蓝字表示，决策能力高于均值的用绿字表示，见表4-13。就各个企业家来说，高于均值，表示某种心理标准水平相对较高，低于均值表示某种心理标准水平相对较低。我们发现，李宁、李开复、王石、董明珠、任正非、张近东、俞渝均属于（三）等级，其他企业家则属于（二）等级。由于是自身比较，因此没有企业家属于最低的（一）等级和最高的（四）等级。

表4-13　成功企业家决策心理等级

企业家	决策意志（%）	决策预期（%）	决策能力（%）	均值（%）	决策心理锚等级
李宁	13.67	8.59	3.21	8.49	三
刘强东	4.45	2.25	1.69	2.80	二
蒋锡培	3.54	6.51	2.76	4.27	二
李开复	5.92	8.07	3.68	5.89	三
李东生	7.13	9.26	1.67	6.02	三
王石	8.98	14.80	11.58	11.79	三
郁亮	11.85	7.21	5.49	8.18	二
王中军	2.69	2.67	3.14	2.83	二
董明珠	11.11	4.42	14.77	10.10	三
李亦非	3.06	4.92	8.80	5.60	二
马云	6.34	4.39	3.34	4.69	二
雷军	6.47	5.37	9.83	7.22	二
柳传志	5.37	4.20	3.99	4.52	三
任正非	7.09	3.81	7.06	5.99	二
张近东	2.85	4.08	5.17	4.03	三
俞渝	2.47	5.95	4.90	4.44	三

第5章
企业家决策心理锚运行机理研究

在决策理论研究中，基本上有两条路径：一是强调企业家的人格特质；二是强调决策环境或情境。决策者的任何决策都是在特定的时空环境下作出的，因此，更为现实与合理的研究路径是两者的结合，企业家决策心理锚便是一种探索。构成决策标准的决策心理锚并不是一个虚幻的概念，其以心像的形式存在于企业家大脑中，其形成是企业家长期认知与实践的产物。企业家决策心理锚总体是稳定的，是在特定时间与空间的稳定。在一定的条件下，会受到外界主要因素的影响进而发生一定的改变，不但其锚的整体水平会发生变化，锚的内在结构也有一定的调整。影响其变化的因素主要来自决策者感知到的外部环境，这样的外部情境构成企业家的心理空间。情境可分为企业情境和时间情境，情境因素通过认知机制与情绪机制影响决策心理锚，两者被企业家感知后以信息的形式进行储存、记忆、加工、处理，并通过亲身决策实践、学习等形式丰富与固化决策心理锚。由于相互制约与相互支撑，决策心理锚三个标准协同地作用于风险决策行为，并产生整体大于部分的效果。决策心理锚一旦形成并被揭示，就能够被很好地认知与利用。正是由于其稳定性，企业家才有可能进行决策选择，也由于其稳定性，其对决策的影响也较清晰可见，企业家的行为才可能为人所预测与把握。

5.1 企业家决策心理锚的影响机理

影响企业家决策心理锚的因素无非有两类：一是来自企业家自身；二是来自企

业家外部。对于企业家自身而言，在决策心理锚构成要素之外，还有若干心理因素，如迷信、印象、错觉、偏见等，可以假设这些心理因素对决策心理锚的影响甚微，因为这些影响因素与企业家决策本质基本无关，也与企业战略决策基本无关。第4章中，已经详细地探讨了决策心理锚的内在结构，因此，本部分重点考虑来自外部的影响因素——环境（情境）因素。企业家的各个战略决策都是在一定时间内的、立足于企业自身的决策，因此，把外部环境因素主要分为企业情境和时间情境两方面。企业情境与时间情境对企业家决策心理影响的主要机制是以信息加工为特征的认知机制。企业家决策首先源于其对环境信息的认知与整合，其决策是一个系统的信息处理过程（茅宁、王宁，2008），而且其最终的非程序性判断取决于情境分析（张茉楠，2005）。为了研究的方便，分别考察情境因素，但不意味着企业情境与时间情境彼此独立。

5.1.1 情境因素对决策心理锚的影响机理

5.1.1.1 企业情境的影响机理

企业情境是影响企业潜在的或实际的所有空间因素。有关情境分析思路主要有两种（Richard、Murthi、Ismail，2007）：一是具体内容的研究，如经济环境、竞争环境、技术环境、政治环境、文化环境等；二是抽象的环境特征视角的研究，即环境的不确定性程度，如环境的动荡程度、复杂程度、竞争程度等。从表5-1中可以看出，学者们在研究不确定环境时，主要关注环境的动态性、复杂性和对立性三个维度。我们则认为环境分析应是两种思路的结合，环境的不确定性是有具体内容的，或者说环境的具体内容存在不确定性，如经济政策环境、政治法律环境、社会文化环境等的不确定。

表5-1 环境不确定性的维度

不确定环境的构成维度	主要研究者
差异性	Miller，1980
动态性	Thompson，1967；Duncan，1972；Child，1972；李自如、龚艳萍、唐峰，2005
复杂性	Child，1972；Dess、Beard，1984；Minzberg，1979；刘洪，2007，2008
对立性	Aldrich，1979；Pfeffer、Salancik，1978；Covin、Sleven，1989；Zahra、Covin，1995；Tan、Litschert，1994
差异性、动态性、难预测性	Miller，1983；Miller，1987
动态性、复杂性、宽容性	Dess、Beard，1984；Amit、Schoemaker，1993；Boyd，1990
动态性、竞争性	Jansen、Vanden Boseh、Volberda，2005

注：根据相关资料整理。

139

环境动态性是指企业所面临的环境要素的变化速度、变化程度大小和变化的可预测性，这些环境要素变量包括企业面临的经济环境、政治法律环境、社会文化环境、技术环境等，它们共同构成了动态性的总体因素。感知信息过程是信息加工过程的第一步，在动态性较低的环境中，虽然企业家比较容易获得环境信息，信息准确度较高，环境相对稳定变化缓慢，但是其中缺乏足够的市场机会，因而企业家的机会感知度较低，难以形成较高的决策预期。同时由于环境变化平缓，缺少挑战性，也不容易形成比较高的决策意志。有经验的企业家经常会收听、收看各种时政信息，在信息获知过程中，慢慢地形成自己的兴趣、意愿与决策意志。一旦形成决策意志，他又会对信息进行重点收集与分析，并进一步考察与强化决策意志。而在环境动态性较高时，由于信息变化速度较快，信息数量多，取得成本高，预测准确度低，发展趋势模糊，一般竞争对手难以进入市场，企业家能够形成比较高的信心和机会感知，进而形成比较高的决策预期。同时，由于动态化的环境，给企业家创造力的发挥提供了机会，企业家容易形成比较高的决策能力。Jansen、Bosch等研究了环境不确定性对创新的影响，结果就发现环境动态性和竞争性越高，企业家创造力越得到体现，企业的探索性创新和开发性创新水平也越强（刘向东，2011）。环境的动态性考验企业家战略决策的意志，检验企业家的决策预期水平，测试企业家的新产品与市场开拓能力，这需要企业家正确认知和调适决策心理锚。

环境的复杂性是指企业所处环境利害关系的复杂程度，企业各利益相关者对企业经营决策与行为的反应程度。Dess、Beard（1984）认为环境的复杂性受众多因素影响，如潜在竞争者的进入程度、消费者忠诚程度、关系网络度以及政府干预程度等。在新的环境与资源约束时代，受企业影响的团体与个人开始以自己的行动向企业争取和主张自己的权利，利益相关者在主张并追求自身合法利益的过程中，对企业家的经营决策带来前所未有的压力，企业家必须权衡各种利益并使之保持平衡。如果企业的战略决策被企业内部某些力量、消费者或某些企业外部的组织持续不断地抵制或削弱，那么这一战略决策则很难成功通过和实施（刘东华、和金生，2011）。复杂的环境要求企业家不仅能够发现利益相关者可能给企业带来的风险和压力，同时又能有效管理利益相关各方的认知，争取赢得他们的支持。企业家可从结构复杂性、关系复杂性和行为复杂性上来对企业进行复杂性管理（刘洪，2007；2008）。

环境对立性，是指企业外部可控制资源的重要性和可获得性，是环境对组织生存与发展的支持程度，是资源的稀缺程度，以及对资源竞争的激烈程度。波特的"五力"模型（波特，1997）系统地分析了企业的竞争格局与利润来源，企业不可能也无法逃避竞争，唯有客观全面分析"五种竞争力量"，在竞争中寻求自身竞争优势，方能获取预期利润。企业资源的丰沛度、市场的占有率等指标一方面反映了环境对立程度，另一方面也是对企业家的自控性、信心、创造力等考验，我们无法想象在一个"友好"的竞争状态下，企业家的决策意志、决策预期与决策能力能够得到很好的锻炼与提升。

企业情境客观存在，但是企业家对其判断却是主观的、甚至是模糊的。"我们对于客观物质世界的总体面貌不感兴趣，只关心生物认为是'生存空间'的那些方面。因此，我们所谓'环境'将依赖于生物的'需要''动机'或'目标'，依赖于生物的感知器官。"（西蒙，1989）环境不确定性对于企业家来说，实质上就是一种不确定性感知，既可能将环境理解为不确定性程度高，也可能理解为不确定程度低，而高低的判断就是对环境的动态性、复杂性和对立性的综合判断。不同的环境判断与感知，必然会影响企业家的决策预期，也会对决策意志与能力产生一定的影响。2011年中国企业家调查系统调查显示，针对"若再给一次机会，是否愿意再做企业经营者"这一问题，表示"不愿意"的企业经营者占30%，比2010年提高了2.8%。这些数据的变化也说明企业情境会影响企业家心理锚，甚至影响企业家的职业选择（表5-2）。

表5-2　若再给一次机会，是否愿意再做企业经营者（%）

项目		愿意	不愿意	无所谓
总体	2011年	56.8	30.0	13.2
	2010年	62.1	27.2	10.7
	2009年	63.2	26.5	10.3
	2008年	65.6	23.9	10.5
国有及国有控股公司		60.2	21.6	18.2
外商及中国港澳台投资企业		61.3	26.5	12.2
民营企业		54.6	32.7	12.7
44岁及以下		67.1	24.1	8.8
45～49岁		57.8	32.2	10.0
50～54岁		52.9	31.1	16.0
55岁及以上		52.1	31.8	16.1
高中及以下		48.6	37.5	13.9
大专		55.7	30.9	13.4
大学本科		59.4	27.4	13.2
研究生及以上		66.0	21.9	12.1

注：引自《2011·中国企业经营者问卷跟踪调查报告》。

在奈特（Knight，1921）看来，不确定情境给企业家提供了决定干什么以及如何去干的机会，给企业家提供了塑造与提升自信心、判断力的机会，提供了解读与防范风险与道德危害的机会。而在熊彼特（2007）眼中，企业家就是对现有平衡世界的"破坏者"，在不确定环境中，企业家能够改革和革新生产方式，能够实现其"企业家意志"。在环境不确定性情况下，企业家只有勇于创新，不断寻找新的机会，才可能从创新和创业的活动中赢得战略主动并获得收益。同时，企业应避免两种极端的感知态度：一种是低估环境的不确定性，导致企业无法利用高度不确定性提供的机会；另一种是高估企业环境的不确定性，导致放弃理性分析，而主要凭直觉进行战略决策，结果使企业陷入可能发生的巨大损失的冒险陷阱中。事后来看，很多成功企业家对环境的不确定性感知与一般企业家不同，他们往往在高不确定环境中形成比较稳定的、比较高的决策意志、决策预期和决策能力，也因为其较高的决策心理锚而使企业获得更多的市场机会。

鉴于上述分析，提出如下假设：

H1：企业情境对企业家决策心理锚有影响

5.1.1.2　时间情境的影响机理

时间情境主要通过"时间限制"或"时间期限"对决策心理锚产生影响。战略决策的方案、准则、预期值和决策者的价值偏好结构，是随着时间的变化而变化的，决策者有限理性实现程度的高低与时间因素密切相关（何大安，2004）。在较长的时间内，企业家既可以通过认真分析和研究影响抉择的各种不确定性因素，提高对风险的判断和预测能力，提高决策预期水平，也可以综合决策预期、决策意志与决策能力标准，关注长期利益。以价值型投资者为例，价值投资者既看预期标准，更看投资品自身的内在价值是否符合自己的投资理念，在长期中风险是否可控，是否更有创造性。他们不在意短期价格的波动，对短期价格波动的价差没有太大的兴趣，因为若是考虑短期交易的各项成本，看似理性的行为可能并不经济。巴菲特的投资理念一直为人所佩服，但是绝大多数人难以企及，原因或许在于，巴菲特是在用"一生"从事投资决策，他会考察几种关键因素，会以长期视角选择投资方案。

决策心理锚经常面临短时限制的考验，在短期，企业家也常难以对不确定性风险因素作出正确的判断和预测，甚至受到情绪机制的影响，出现心理偏差。可以一则案例来说明短时限制对决策心理锚的影响。在2006年《赢在中国》第一赛季第一场真人秀节目现场，作为评委，著名风险投资家软银赛富总裁阎炎，要求一苏州劳务派遣公司总裁周谨进行现场裁人决策。周谨情绪化严重，难以决策，不得不询问并请教评委团"决策标准是什么",评委提出优秀企业家的唯一特征是"在最短的时间内作出最有效的决策"。在评委的启迪下,周谨终于从领导力、判断力、创造力等几个标准上作出了人员筛选决策。进入真人秀的周瑾经过多轮淘汰赛,并拥有处于健康状态的企业,其决策心理素质不可谓不健全与稳定。然而,在时间限制下,即使优秀的企业家也将面临极大的心理压力,若缺乏合适的心理标准架构,将难以在最短的时间内,做出最有效的决策。

时间情境下的记忆是形成决策预期的心理机制。时间情境并不会脱离企业情境,外在情境因素的不断刺激,会强化企业家的记忆功能。通过记忆的短时与长时机制,企业家可以很快地提取决策方案,对不同的方案进行比较,形成不同的决策预期水平。在西蒙看来,借助于记忆功能,人们在解决问题时,会把感知与收集到的信息以及信息的变化形式都存入大脑中,当他再次面对类似问题的时候,就不需要再次进行信息收集,也不需要对问题进行研究,而直接利用记忆中的信息进行决策。"人类理性极度依靠心理上和人为的关联机制和检索机制,人们制定决策时,一旦需要记忆中储存的信息,利用这些机制就可以找到。"(西蒙,2004)通过将新感知的外界信息与记忆中的信息的比较,企业家能够判断实现决策目标的可能性,并对预期水平进行调整。

时间情境下的学习是形成决策能力的心理机制。由于存在时间差异,信息的初次加工与再加工是完全不一样的,具有一定知识、经验的企业家对信息的加工处理往往是能动性的、实践性的、创造性的,常常不需要借助于"商学院"的科班培训。以具身认知和动力认知为特点的认知心理学认为,人是嵌入这个世界的,同世界是一体的,人认知世界的方式是用我们的身体以合适的方式与世界互动,在互动的过程中获得对世界的认识(叶浩生,2011)。企业家这种具身的认知学习与体验,随着年龄的增加而更丰富与全面,其决策意志与决策能力都会得到提升。

鉴于上述分析,提出如下假设:

H2:时间情境对企业家决策心理锚有影响

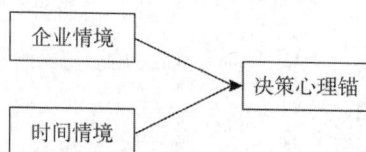

图5-1　情境因素对决策心理锚的影响

5.1.2　决策心理锚内在结构的影响机理

事物是普遍联系的,构成决策心理锚的决策意志、决策预期、决策能力以及它们的子维度成就导向、自控性、信心、机会感知、责任力和创造力之间是相互联系的。就企业家风险决策行为的产生过程来看，我们不太关注彼此之间的双向关系，而是突出各标准因素彼此间的单向影响路径。

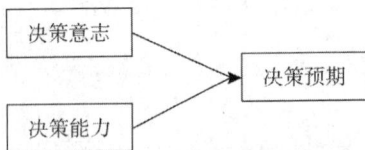

图5-2 决策心理锚内在结构影响机理

5.1.2.1 决策意志对决策能力的影响

决策意志属于方向性标准，而决策能力则是条件性标准，林毅夫（2002）认为企业家意志力的方向与大小决定了企业自生能力的强弱，也决定了企业发展的方向与规模。那种敢于承担经营风险、追求成长的特性和意志往往成为影响企业家能力、影响企业成长的关键性因素（Winter，2000）。企业进化理论认为，在市场动态机制的要求下，抱负水平可能引起较大程度的变革，重新点燃学习的火花。企业家成就导向本质上代表了企业家在竞争中表现出来的积极性，也在一定程度上代表了企业家对创新的态度。成就导向能够激发企业家创造力，并要求企业家对利益相关者承担更大的责任，这既有利于防范经营风险，也能够提升企业形象，提高企业竞争力。

自控性对责任力的影响也是显而易见的，自控性强的企业家本身能够从企业大局出发选择决策方案，从而能够提升企业家责任力。自控性在一定程度上束缚了企业家的创造激情与创造思维，因而自控性对创造力的影响可能是负面的。

鉴于上述分析，提出如下假设：

H3：企业家决策意志对决策能力有正向影响

5.1.2.2 决策意志对决策预期的影响

决策意志的强弱对决策预期的影响主要体现在两个方面：一是质上，通过成就导向与自控性，明确预期的向好方向；二是量上，通过成就导向与自控性，提高预期的水平。西方心理学界除了倾向于从认知的角度来理解预期外，也比较看重情绪和意志对预期的影响。例如，Vanden、Abeele（1988）将预期区分为两种：随机预期和有意预期。在随机预期中，个体对自己要预期的事物或事件不能控制或感觉不到控制；在有意预期中，个体能感觉到一定程度的控制。

企业家的高成就导向与自控性，无疑会提升企业家的决策信心。一个对决策方案进行战略选择的企业家，具有明确的愿景与目标，方向越明确，信心越足。而对决策方案的感知控制力越强，其对决策方案的前景越有信心。过高的成就导向与自控性，甚至会形成过分自信与乐观偏见。以投资决策为例，当投资项目涉及新技术或者进入不熟悉的领域时，企业家更可能会过分自信，几乎所有项目的构成成本都至少会超过初始估计成本的 20%，而许多项目的实际构成成本甚至是初始估计成本的两倍多（孟冬妮，2011）。另外，企业的兼并与收购也常会表现出过分自信与乐观偏见（Kahneman、Lovallo，1994）。Weinstein（1996）则发现，假如一个企业家可以控制整个企业的决策，就会很轻易地出现过度自信的行为表现。

成就导向越强烈，企业家越会感受到外在环境呈现的是机会，而不是风险。谢晓非、王晓田（2002）与谢晓非、李育辉（2002）发现高成就动机组以强烈的争取成功的倾向导致其对机会的积极认知；低成就动机组则以对失败回避的趋力强化了威胁认知。自控性的极端形式往往表现为一种控制幻想，过分相信自己能够掌控不可控因素，不愿意别人有违背自己意愿的行为。由于他们自认为能够控制一切，而且比一般人要表现出色，因而他们往往会对机会形成高水平的感知，对风险形成低水平的感知，进而形成对决策方案的不切实际的预期。成功的企业家往往倾向于高估自己对不确定事件的预测能力，高估自己对未来的掌控能力，从而出现低估风险高估机会的概率。

鉴于上述分析，提出如下假设：

H4：企业家决策意志对决策预期有正向影响

5.1.2.3　决策能力对决策预期的影响

责任力影响企业家决策信心与机会感知。企业决策会影响利益相关者的利益，为维护自身利益，利益相关者在企业家决策之前，会以各种形式试图影响企业决策，因而企业对利益相关者的关系处理将会影响其决策信心与风险判断。责任力强的企业家会通过必要的程序加强与利益相关者的沟通，解释决策意图，争取他们的支持；一旦利益相关者能够理解并支持企业家决策，企业家的决策信心与机会感知度就会上升。

企业家的创造力对决策信心与机会感知的影响比较容易理解，机会感知的变化有赖于企业家的创造力，包括警觉性、知识存量、先前经验等（陈刚、谢科范、郭伟，2009）。一般认为，创造力强的企业家能够克服更多困难，至少在决策思维上具有优势，容易形成对未来形成信心，并感知到更多的机会。在成功企业家中，我们能够发现李亦非的创造力显著地影响了其决策信心与机会感知。

鉴于上述分析，提出如下假设：

H5：企业家决策能力对决策预期有正向影响

5.2　企业家决策心理锚对风险决策行为的作用机理

企业家决策情境因其高度不确定性而使企业家决策行为具有很强的风险特征。风险是指人们对损失可能性大小的分析与判断，风险决策属于不确定性决策范畴（周菲，1999），风险行为是风险或不确定条件下的行为。在对以往文献进行回顾的过程中发现，学者并不直接讨论风险行为的含义，而是通过对风险行为的影响因素进行探讨来诠释风险行为，企业家风险决策行为一般为不确定条件下的重大的决策行为。不确定决策的最关键特征是决策的风险性，因为决策的前提、变化状况、决策的结果都是不确定的、无法预料的，因而是存在风险的。在奈特不确定性下，企业家无法确知未来经济状况的分布范围和状态，也就是说，连未来会发生什么都无法知道（秦剑，2010）。因此，从某种意义上讲，决策就是对风险的考量，有效的决策、高质量的决策其实就是低风险的决策，或者高风险高收益的决策。决策的满意程度也取决于风险的大小，而风险的大小必然表现在对决策方案的取舍上。

风险决策行为的产生受制于各种影响因素。一般来说，在对行为分析时，如果仅考察一种影响因素，我们会发现因为这一因素与风险决策行为可能是线性关系，这种自变量因素的改变将引起结果变量的相应改变。如果影响企业家决策的因素是单一的、片面的，那么显然企业家的决策行为将会是简单多变的。企业家决策心理锚不是单一标准，而是由三种因素复合而成的标准结构，每一个标准的变化都会受到其他两个标准的制约，因此，内部结构的相互牵制与作用，使得决策心理锚对决策行为的作用幅度趋于稳定。

决策意志对风险决策行为的影响首先表现在，决策意志程度直接影响决策目标的选择。目标的选择过程可理解为目标形成与确认，企业家的成就导向构成了决策主体的目标意识，并通过企业使命与愿景陈述为企业所员工所知晓、理解与接收。在战略目标规划过程中，通过对使命与愿景的进一步细化，形成企业的战略目标与行动纲领。如果说使命与愿景陈述阶段更多地包含着企业家的梦想与价值追求，可能具有浪漫主义色彩，那么在进入战略目标规划与战略选择环节，则要现实得多。战略目标与计划的制定过程，也是对决策方案的可执行度的预先考察。企业家基于以往的经历与经验，基于对企业自身资源条件的考察，一般不会只好高骛远。但是，在现实企业实践中，也确实会看到企业家因为高估自己的成就导向，而忽视自控性，从而做出脱离自身能力限制的决策。因此，对于企业家来说，成就导向与自控性并不是"跷跷板"，而应是动态平衡。决策意志对风险决策行为的作用，还体现在行为作用的持续性上。某种特定方向的注意力和行为一旦被引发，就有持续相当长一段时间的趋势（西蒙，1989），这与物理学中的惯性非常类似。决策的方向一旦确定，最好的策略可能是继续维持与坚持，很多人在遇到困难之时就容易放弃，这并不能简单地判断对错，但是对于大部分决策来说，如果方向是对的，最好的策略就是坚持。因为，即使是相对比较随意的原始活动抉择，情况也是这样。活动往往都会产生某种形式的"沉没成本"，所以持续原来的方向是有利的。"心有多大，舞台就多大"，企业家决策时，更多地会基于自己的决策意志，并使自己的决策意志不断贯彻与执行下去；而每次成功的战略决策，又会形成积极的强化作用，使得企业家的决策意志得到进一步的确认，并可能在更高水平上形成新的决策意志，进而对风险决策行为产生新的作用。很多企业由小到大、由弱转强的决策行为过程，是可以从决策意志角度来分析与注解的。

企业家决策能力对风险决策行为的影响，主要表现为对风险行为的制约作用。任何决策行为在本质上都是风险行为，企业家并不一定天生都是风险偏好者，基于以前的分析，企业家更多的是机会感知者、风险感知者。而风险来源于环境的不确定性，对企业来说主要风险来自于政治法律、经济政策、利益相关者压力等方面的不确定性，这些不确定性是需要企业进行管理的。企业正逐渐告别"股东利益最大化"时代，而进入"利益相关者利益最大化"时代。这在互联网时代表现得尤为突出，企业对利益相关的不利行为，会很快借由各种互联网传播工具而为世人知晓、并被放大，这对企业构成了重大约束，极大地考验企业家的责任管理水平。从某种意义上讲，企业家责任力的大小决定了行为的风险程度，一个对消费者、员工积极承担社会责任的企业家，一般不会作出对消费者与员工不利的行为，这种不利行为更多地是从中长期来看。因此，有很多企业家如今加强社会责任管理，强调对主要利益相关者的责任，以企业守则、企业伦理制度等形式制约企业战略决策。虽然很多这样的行为在短期对企业的经济利益造成了不利影响，但是从中长期来看，由于考虑潜在风险，并得到了利益相关者的理解与支持，反而获得了客观的经济利益，这已经为众多的企业伦理与战略管理实证研究所证实。决策方案的提出，并不是简单的、机械的选择过程，在对风险考量的基础上，需要创造性的思维与能力。如果仅仅强调责任力，而忽视创造力，那么很多方案最终会因为过分地注重风险控制而失去市场机会。责任力与创造力可能是矛盾的，但如果处理得好，完全可以相辅相成。责任力是创造力的基础，在对责任认真分析的基础上，进行大胆创新，化被动为主动。同样是承担社会责任，有的企业家是被迫的，也有的企业家是积极主动的、富有创意的，反而能够赢得利益相关者的支持。苹果公司在中国市场的不负责任行为并不因为其强大的创造力而得到消费者的支持，而始终以"同仁堂""海底捞"为责任榜样的小米科技却因为既负责任又高度创新赢得消费者的青睐。最终我们会看到一个有完善的风控机制的企业，一个以利益相关利益为中心的企业，一个不断进行产品、技术、制度创新的企业，将会成为市场竞争的最后幸存者，这已为企业伦理与企业战略管理理论所实证，也为董明珠、雷军为代表的企业家的决策能力实践行为所证实。

与决策意志、决策能力不同的是，企业家决策预期对风险决策行为的影响更为直接、影响更大。决策者之所以在行为之前要进行适当的预期，是因为市场的不确定性，因为"行为主体当然不可能直接了解自己行为会产生的后果。他如果能了解的话，那就是本末倒置了——未来的结果将决定现在的行为。他所能做的，就是形成对未来结果的预期。"（西蒙，2004）在受决策意志与决策能力的影响的同时，决策预期还会受到更多的"即时"的环境信息与情绪的影响。凯恩斯认为，预期一方面是情绪性的，受到心理因素的影响，有乐观的预期与悲观的预期，另一方面预期又具有不确定性和不稳定性。企业家在不确定的情况下进行选择和决策的基础，恰恰是未来事件及环境的不确定且容易变化的预期（凯恩斯，1936）。比如在证券市场，很多投资者会在交易之前对某种投资标的形成一定的预测与判断，在没有其他因素干扰的情况下，会按照自己的预期作出决策。如果该投资者认为未来趋势向好，那就会"买进"；如果该投资者认为未来趋势向恶，则会"卖出"。与股票市场更多的"瞬间"决策行为不同，实体经济中的许多行为是经过"深思熟虑"，形成了稳定的预期结构，这种预期比较少地受到各种情绪的干扰，因而相对而言，"实体经济"的企业家比起"虚拟经济"企业家的预期更为稳定，其决策行为也更为清晰可见。例如，我们能够比较清楚地判断王石、郁亮主导的万科的决策行为，而难以判断以创业板公司中许多网络企业家的行为。

前面分析的是决策意志、决策预期与决策能力对风险决策行为的"单独"的、"部分"的影响。这些单一标准对决策的影响是存在的，但是其作用大小还有待实证研究。作为复杂而重要的企业战略决策，应该存在复合标准，以避免只强调单一标准的作用，可能会给企业带来的额外风险。作为一种复合标准的企业家决策心理锚决定风险决策行为的产生，并使行为具有持续性与稳定性。但是，这种复合标准并不是任意因素的叠加，几乎所有人都曾经有过这样的感觉，想做的事情太多，发生行为的时间太少，也就是由心理转化为行为的转化率太低，诚如马云所说："晚上想想千条路，早上起来走原路。"究其原因，考虑的因素太多或没有考虑到主要因素。缺少类似决策心理锚的内在"稳定器"与"发生器"恐怕是主要原因。

决策心理锚对风险决策行为的稳定作用，在于决策心理锚会强化企业家的认知图式与经验，使其形成一种稳健的、习惯性的决策风格，企业家依据习惯决策。认知心理学认为，人类决策有赖于知觉，知觉有赖于两种不同形式的信息——来自环境的信息和来自知觉者自身的信息。如果没有环境中的刺激就不会有知觉，而另一方面，如果知觉者自身的记忆中不具有合用的信息，也不会产生知觉。相对不确定的决策预期信息与相对确定的决策意志、决策能力，共同形成企业家的决策心理结构。企业家为了确定某种风险行为，需要把环境刺激和头脑中已具有的有关知识连接起来，这种连接过程是完整的过程，是一种定向、抽取特征的过程。当前的信息与记忆中的知识相对照，然后再定向、再抽取特征，这种循环过程直到获得满意的知觉为止。决策心理锚的稳定性发挥，有助于企业家经验的形成与积累，在极端的情况下，我们甚至可以认为经验是决策心理锚的特殊形式。对于经验对决策的作用，西蒙曾经作过详细地描述："首先，人类先前获得的有关某类抉择的经验，会给人们指明所面临特定选择的一些特征。同样，人们也可以用想象实验来代替真实实验；人们可以在自己的心理追踪每一个备选行为的后果，并从中挑选出一个备选行为，而不用对每个备选行为逐个的实际检验。其次，人类的学习因有信息沟通而获得了莫大的好处。他也可以根据亲身的成败经验去挑选和修改他人积累的经验知识。通过实验、知识交流，以及对后果进行理论预测等方面，人们只要做出比较少的实验，便能获得广泛决策所需的依据。"（西蒙，2004）如同有经验并不一定都是好事一样，决策心理锚的"经验"式作用，也并不一定总是正确的，也会出现因为不恰当地判断与使用决策心理锚而导致错误风险决策行为的发生。

决策心理锚是稳定的"三角"式结构。如果没有决策意志与决策能力的制约，企业家决策就会完全受决策预期的驱动。过去任何的成功经历与失败体验，决策前的任意的信息与情绪变化都会提升或打击企业家信心，企业家决策演变为"拍胸脯"；市场信息的任意变化，就可能引起企业家机会感知的变化，战略决策可能演变为"机会主义"。如果没有决策能力与决策预期的制约，企业家决策完全受决策意志的驱动，只强调理想、梦想、自我权力，战略决策可能演变为"浪漫主义""单边主义"。如果没有决策意志与决策预期的制约，企业家决策完全受决策能力的驱动，只强调企业责任或无原则的创造，战略决策要么"原地不动"，要么偏离方向。因此，合理而现实的决策行为模式是三标准的有机统一，三标准协同作用于风险决策行为，以产生"1+1+1"大于3的效果。

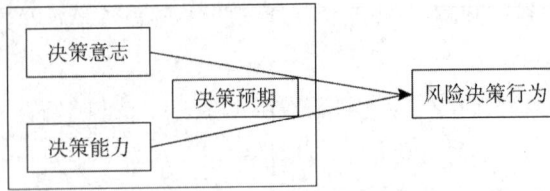

图5-3 企业家决策心理锚对风险决策行为的影响

鉴于上述分析，提出如下假设：

H6：企业家决策心理锚对企业家风险决策行为有正向影响

H7：企业家决策意志对企业家风险决策行为有正向影响

H8：企业家决策能力对企业家风险决策行为有正向影响

H9：企业家决策预期对企业家风险决策行为有正向影响

第6章
实证检验与结果分析

本章主要根据问卷调查样本数据，采用Spss21.0与lisrel8.7软件进行统计分析，实证检验企业家决策心理锚内在结构的合理性，实证分析企业家决策心理锚的运行机理。

6.1 问卷设计与数据收集

6.1.1 概念的操作化

决策心理锚变量间关系假设的提出以及概念模型的构建，只是基于已有研究的理论和企业家实践经验的推导。这些假设关系是否正确或者变量之间到底存在什么样的关系，以及假设模型的正确性与适用性都有待实证研究的检验。这就需要从概念化过程转到操作化的研究过程，即将所研究的各种概念转换成在现实世界中可观测的变量（李怀祖，2004）。根据第3章与第4章的理论分析，决策意志主要表现为成就导向和自控性两维度，因此，对决策意志的衡量主要是通过对成就导向与自控性的测量和数据转换来实现的。同样，对决策预期的衡量主要是通过对信心与机会感知的测量和数据转换来实现的。对决策意志的衡量主要是通过对责任力与创造力的测量和数据转换来实现的。对这些概念的操作性定义是建立在第4章的理论分析基础上的，在实证研究阶段，主要是通过问卷量表形式予以操作化。对于企业家风险决策行为概念的操作化，我们设计了两个情境性案例来测量：一个是创业情境案例，该案例受陈震红（2004）的启发，案例设计体现了我国经济的发展背景与环境，与本书研究思想紧密结合；另一个是投资情境案例，模拟了真实的市场竞争环境下的企业投资决策情境。

6.1.2 项目分析与问卷修订

1. 形成初始问卷

依照企业家决策心理锚概念模型，确定测试决策意志、决策预期、决策能力三维度的六个子维度：成就导向、自控性、信心、机会感知、责任力和创造力。从既往的相关量表和企业家质性研究文本中选择测验项目，经过分析、筛选、加工，加工形成42题心理特征量表和13题情境量表。具体见表6-1。咨询专业心理学、决策学、管理学博士对题项进行内容效度的评定，评定内容集中在条目的表面效度和语言适当两个方面。为减轻调查对象的心理压力，也为了获得更客观的数据，问卷填写全部采用匿名的方式。在调查前明确告知本研究的纯学术研究意图，而绝非用于商业等其他用途，以减少其对测量题项的猜度。另外确定3个测谎项目，以测查被试的撒谎倾向和社会赞许性。量表设计采用Likert式的7点计分法进行计分：完全不同意、不同意、不太同意、一般、比较同意、同意、完全同意。计分方法包括正向计分和反向计分。正向计分时，选完全不符合计1分，反向计分时选完全不符合计7分。共计形成初始问卷82份，回收75份。

2. 项目分析

根据邱皓政（2009）建议，运用题目总分相关法进行问卷项目分析，如果一个量表的因素结构在研究之初已经决定（基于特定理论或研究者的指定），那么不同因素的题目应该分开来执行分别计算。对成就导向、自控性、信心、机会感知、责任力和创造力六个分量表每个条目进行可靠性分析，选择"如果项已删除则进行度量"，将多相关性的平方相关系数较低的（一般低于0.40）条目予以删除。

表6-1 问卷修订

	维度与条目	去向	来源
一、成就导向			
1	我会构想企业使命和愿景	保留	沙彦飞，质性分析
2	我对与企业使命和愿景有关的决策方案很感兴趣	保留	Miller，Toulouse（1986）
3	我愿意努力工作并实现目标	删除	周兵（2000）；刘向东（2011）
4	我喜欢并勇于向困难的目标挑战	保留	周兵（2000）；刘向东（2011）
5	完成一件有意义的工作我会十分满足和自豪	删除	周兵（2000）；刘向东（2011）
6	我喜欢追求卓越业绩	保留	杜红（2001）
7	我希望不断超越自己	删除	杜红（2001）

	维度与条目	去向	来源
8	我希望企业不断超越行业平均水平	删除	沙彦飞，质性分析
二、自控性			
1	为达到目标，我会排除各种干扰	保留	沙彦飞，质性分析
2	为完成目标，我会要求有充沛的资源作支撑	保留	沙彦飞，质性分析
3	一旦确定目标，我会制定明确的工作计划	删除	刘向东（2011）
4	我的日常工作重点突出	删除	沙彦飞，质性分析
5	我能够预知将要发生的困难，并采取行动避免困难发生	保留	刘向东（2011）
6	当我制定计划时，我几乎已经确认如何实施计划	保留	刘向东（2011）
7	我经常做没有把握的事情	删除	刘向东（2011）
三、信心			
1	当决定做某事时，我相信自己肯定能做好这件事	保留	Bandura（1977）
2	通过自己的努力，我能够战胜许多困难	保留	Bandura（1977）
3	我总是选择一些适合自己能力并富有挑战性的工作	删除	Sherer（1982）
4	我能够带领团队克服各种工作困难	删除	Sherer（1982）
5	面临新的挑战时，我常常有种兴奋感	保留	沙彦飞，质性分析
6	遇到竞争对手的挑战时，我和我的团队常常会摩拳擦掌	保留	Luthans 等（2008）
7	一项工作如果一开始不顺利，我会很快放弃	删除	Sherer（1982）
四、机会感知			
1	我能在从未涉足的领域中发现新的商机	保留	Eren Ozgen（2003）
2	我常常从别人不看好的投资项目中发现机会	保留	Eren Ozgen（2003）
3	我常发现身边有很多商业机会	保留	Eren Ozgen（2003）
4	当一个投资项目很热时，我会感到其中存在很大风险	删除	沙彦飞，质性分析
5	我善于从变化的环境中寻找机会	保留	Man（2001）
6	我常常关注中央电视台等重要传媒的新闻报道以捕捉商机	删除	沙彦飞，质性分析
五、责任力			
1	对于自己与团队的工作失误，我会敢于承担责任	删除	沙彦飞，质性分析
2	企业要为消费者提供优质的商品和服务	保留	贺小刚（2006）；张焕勇
3	我会为下属的成长提供更多的帮助	保留	贺小刚（2006）；张焕勇
4	企业要尽最大努力保护环境	保留	贺小刚（2006）；张焕勇
5	为股东创造价值是我们的第一任务	删除	金杨华、吕福新（2008）
6	如果某项决策可能影响其他人利益，我会听取相关人士意见	删除	沙彦飞，质性分析
7	多考虑利益相关者利益的决策方案能够有效防范风险	保留	沙彦飞，质性分析
六、创造力			
1	经常考虑能够用新的方法发展我的业务	保留	Norman Vellla（2001）；张焕勇（2007）
2	经常考虑能够用新的方法发展我的业务	保留	Norman Vellla（2001）；张焕勇（2007）

	维度与条目	去向	来源
3	我经常寻找新颖的开拓市场和销售的方法	保留	Norman Vellla（2001）；张焕勇（2007）
4	能把新产品或服务推向市场我感到很自豪	删除	Norman Vellla（2001）；张焕勇（2007）
5	我喜欢尝试不同的方式以达到目标	保留	Norman Vellla（2001）；张焕勇（2007）
6	对付工作困难，我会有更多的解决方案	保留	Man（2001）；张焕勇（2007）
7	我常常按照老方法思考问题解决办法	删除	Man（2001）；张焕勇（2007）
七、企业情境			
1	我们所处的环境具有动态性，在技术、经济和政策等方面变化快	保留	Downey（2003）；刘向东（2011）
2	我们所处的环境具有一定的风险性，企业走错一步就可能导致重大损失	保留	Downey（2003）；刘向东（2011）
3	由于原有市场的扩张和新市场的出现，企业所处的市场环境变化很大	保留	Downey（2003）；刘向东（2011）
4	我们面临紧张的资源和环境压力	保留	Downey（2003）；刘向东（2011）
5	企业之间的竞争越来越激烈	删除	Downey（2003）；刘向东（2011）
6	与政府保持良好关系，这不重要	删除	金杨华、吕福新（2008）
7	利益相关者会对企业的不负责任行为进行抗议与反击	删除	沙彦飞，质性分析
八、时间情境			
1	我相信未来5年我会更有信心做出有效的决策	保留	沙彦飞，质性分析
2	如果回到5年前，我会把决策工作做得更好	删除	沙彦飞，质性分析
3	随着年龄的增长，我的决策水平更高了	删除	沙彦飞，质性分析
4	时间紧急时我完全靠直觉决策	删除	何大安（2004）
5	时间宽裕时我会注重分析推理以更好决策	保留	何大安（2004）
6	把握决策机会很重要	保留	何大安（2004）

3. 正式问卷的形成与发放

在项目分析的基础上，请管理学、社会学、经济学和决策学各一名博士，以及3位企业家对修改后的问卷题项的针对性、有效性和适宜性进行评价并提供建议，在此基础上进一步作了微调，最后形成本研究的正式调查问卷。共设计35个题项，包括24个心理因素题项、8个情境题项、3个风险决策行为题项。正式问卷的发放主要通过五种途径进行：第一种途径是通过南京师范大学企业家培训班、MBA班课堂发放；第二种途径是通过部分管理咨询公司举办的企业家培训课堂发放；第三种途径是通过亲朋关系发放；第四种途径是直接到企业进行发放；第五种途径是利用问卷星专业调查网站进行发放，计150份。最后总共发放了428份问卷，回收332份问卷，回收率77.6%；最终获得有效问卷216份，有效率65.1%。对于出现3次以上空白题项、连续性同一分值、题项答案明显矛盾等问卷做了"无效问卷"处理。对来源于问卷星每份问卷进行了人工控制，有效地保证了问卷质量（图6-1）。

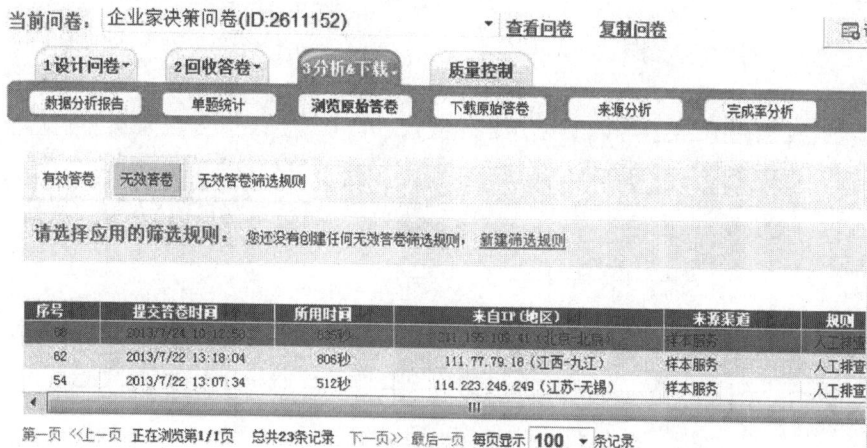

图6-1　问卷星调查问卷处理

6.2　样本特征描述

1. 性别特征

男性企业家130人，占60.2%；女性企业家86人，占39.8%（表6-2）。

表6-2　企业家性别

项目		频率	百分比	有效百分比	累积百分比
有效	女	86	39.8	39.8	100.0
	男	130	60.2	60.2	60.2
	合计	216	100.0	100.0	

2. 年龄特征

有131个企业家年龄在31~40岁，占60.6%，而50岁以上企业家只有14人（表6-3）。

表6-3　企业家年龄

项目		频率	百分比	有效百分比	累积百分比
有效	30岁以下	11	5.1	5.1	5.1
	31~40岁	131	60.6	60.6	65.7

续表

项目		频率	百分比	有效百分比	累积百分比
有效	41~50岁	60	27.8	27.8	93.5
	50岁以上	14	6.5	6.5	100.0
	合计	216	100.0	100.0	

3. 学历特征

企业家本科学历最多，89人，占41.2%；其次是硕士学历及以上，占36.6%（表6-4）。

表6-4　企业家学历

项目		频率	百分比	有效百分比	累积百分比
有效	大专以下	3	1.4	1.4	1.4
	大专	45	20.8	20.8	22.2
	本科	89	41.2	41.2	63.4
	硕士及以上	79	36.6	36.6	100.0
	合计	216	100.0	100.0	

4. 职位特征

总经理有61人，占28.2%；副总经理42人，占19.4%；总经理以上34人，占15.7%（表6-5）。

表6-5　企业家职位

项目		频率	百分比	有效百分比	累积百分比
有效	总经理以上	34	15.7	15.7	15.7
	总经理	61	28.2	28.2	44.0
	副总经理	42	19.4	19.4	63.4
	副总以下其他高管	79	36.6	36.6	100.0
	合计	216	100.0	100.0	

5. 行业特征

样本企业的产业分布比较广泛，遍布多个行业，但是以制造业为最多，有78家企业，占36.1%，这与我国"制造业大国"的身份相吻合。从行业结构分布看，样本企业也具有较广泛的代表性（表6-6）。

表6-6　企业所属行业

项目		频率	百分比	有效百分比	累积百分比
有效	制造业	78	36.1	36.1	36.1
	金融业	21	9.7	9.7	45.8
	信息传播、计算机服务和软件业	27	12.5	12.5	58.3
	建筑业	11	5.1	5.1	63.4

续表

项目		频率	百分比	有效百分比	累积百分比
有效	批发和零售业	18	8.3	8.3	71.8
	电力、供水、供气业	2	.9	.9	72.7
	房地产业	17	7.9	7.9	80.6
	交通运输、仓储业	14	6.5	6.5	87.0
	住宿和餐饮业	14	6.5	6.5	93.5
	文化、体育、娱乐业	6	2.8	2.8	96.3
	其他行业	8	3.7	3.7	100.0
	合计	216	100.0	100.0	

6. 企业性质特征

从企业经济属性看，样本企业中民营企业占绝大多数，达到了58.3%，共126家；中外合资企业占14.4%；其他类型最少，只有3家，占1.4%。样本企业在所有权控制方面的差异特征，具有一定的代表性（表6-7）。

表6-7 企业性质

项目		频率	百分比	有效百分比	累积百分比
有效	国有企业	27	12.5	12.5	12.5
	集体企业	16	7.4	7.4	19.9
	民营企业	126	58.3	58.3	78.2
	中外合资企业	31	14.4	14.4	92.6
	外商独资企业	13	6.0	6.0	98.6
	其他	3	1.4	1.4	100.0
	合计	216	100.0	100.0	

7. 规模特征

从人员数量上看，其中，201~500人的企业有58家，占26.9%；501~2000人的企业有56家，占25.9%。因此，从企业人数规模看，样本企业都具有较好的代表性（表6-8）。

表6-8 企业规模

项目		频率	百分比	有效百分比	累积百分比
有效	200人以下	50	23.1	23.1	23.1
	201~500人	58	26.9	26.9	50.0
	501~2000人	56	25.9	25.9	75.9
	2000人以上	52	24.1	24.1	100.0
	合计	216	100.0	100.0	

8. 企业成立年限特征

成立5年以下的企业有52家，占24.1%，6~10年的企业有64家，占29.6%，11~

20年的企业占35.6%，16~20年的企业占19.4%。因此，从年龄构成看，样本企业具有很好的代表性（表6-9）。

表6-9　企业成立年限

项目		频率	百分比	有效百分比	累积百分比
有效	5年以下	52	24.1	24.1	24.1
	6~10年	64	29.6	29.6	53.7
	11~20年	77	35.6	35.6	89.4
	20年以上	23	10.6	10.6	100.0
	合计	216	100.0	100.0	

6.3　研究数据信度分析

6.3.1　信度分析

数据信度分析主要用来检验测量结果的一致性程度或可靠性程度。因子分析的目的在于寻找变量间潜在结构，用少数因子代替多个变量去分析和解释整个实际问题。本研究量表采用多项问题加以衡量，多由国内外的成熟问卷发展而成，但是因为研究对象、研究时机与研究环境的不同需要重新进行信度分析。用内部一致性信度，即以Cronbach's Alpha系数来检测衡量问卷题目间的一致性与稳定性。一个量表的信度越高，说明量表越稳定,量表中的题项能够有效测量相应的潜在构念。一般认为Cronbach's Alpha系数的稳定性标准，数值大于0.7为高信度，0.7~0.35则为中信度，而0.35以下为低信度（Cuieford，1965；刘向东，2011）。Gay（1992）认为，量表的信度如果在0.9以上，表示量表的信度甚佳。Bryman、Cramer（1997）认为，如果信度系数在0.8以上，表示量表有高的信度。如果一个量表包含数个构想层面，则每个小量表或构想层面的信度也要检验（吴明隆，2003）。企业家决策心理变量问卷的Cronbach's Alpha较高，最低为责任力0.747，说明决策心理变量问卷具有高信度；企业情境与时间情境问卷信度较高（表6-10）。整体问卷的信度非常高，达0.924。

表6-10　企业家决策问卷信度

分量表	Cronbach's Alpha	项数
成就导向	0.756	4
自控性	0.778	4
信心	0.858	4
机会感知	0.872	4

分量表	Cronbach's Alpha	项数
责任力	0.747	4
创造力	0.754	4
企业情境	0.648	4
时间情境	0.631	4
决策心理锚内在结构	0.915	24
整体问卷	0.924	35

各个层面总的Cronbach's Alpha值以及各个测量题项的Cronbach's Alpha值都在0.9以上，所列举的各个题项对所有题项（Item-Total）的相关系数都大于0.4。符合Item-Total的相关系数大于0.35，Cronbacha系数应大于0.7的标准（Nunnally，1978）。项已删除的Cronbach's Alpha值显示，如果删除任何一项题项，将会导致量表的内部一致性系数（0.915）的降低，这说明构成决策心理锚内在结构量表具有高稳定性和一致性（表6-11）。

表6-11 项总计统计量

项目	项已删除的刻度均值	项已删除的刻度方差	校正的项总计相关性	项已删除的Cronbach's Alpha值
Cjdx1	129.9815	161.116	0.435	0.913
Cjdx2	129.3009	159.216	0.449	0.913
Cjdx4	129.3009	160.258	0.464	0.913
Cjdx6	129.8935	155.965	0.533	0.912
Zkx1	129.7037	159.493	0.464	0.913
Zkx2	129.6759	162.629	0.426	0.913
Zkx5	129.8333	163.014	0.375	0.914
Zkx6	129.7361	160.939	0.412	0.914
Xx1	129.5000	157.935	0.566	0.911
Xx2	129.2685	154.737	0.659	0.909
Xx4	129.2685	157.342	0.584	0.910
Xx6	129.6343	154.261	0.574	0.911
Jhgz1	129.9954	153.809	0.655	0.909
Jhgz2	130.0046	152.312	0.650	0.909
Jhgz3	129.7315	155.193	0.653	0.909
Jhgz5	129.6065	154.761	0.659	0.909
Zrl2	129.3148	161.863	0.445	0.913
Zrl3	129.3426	159.017	0.558	0.911
Zrl4	129.3380	161.499	0.449	0.913
Zrl7	129.4167	161.993	0.404	0.914

续表

项目	项已删除的刻度均值	项已删除的刻度方差	校正的项总计相关性	项已删除的Cronbach's Alpha 值
Czl1	129.4769	158.083	0.516	0.912
Czl2	129.4213	156.961	0.581	0.910
Czl4	129.3472	157.939	0.561	0.911
Czl5	129.3796	154.358	0.632	0.909

6.3.2 相关分析

因子之间的相关性反映了变量间相互作用的可能性，通过相关分析可以初步判断模型设置或假设是否合理。成就导向内部各题项之间具有较高的相关性，相关系数在0.379与0.516之间，均在0.01水平上显著。自控性内部各题项之间同样具有较高的相关性，相关系数在0.358与0.550之间，均在0.01水平上显著。但是成就导向与自控性分量表之间的相关性则要小于分量表自身因素间相关性，这说明对于每个分量表的测量能够比较准确地反映构念的内涵（表6-12）。

表6-12　企业家决策意志变量相关性

	项目	Cjdx1	Cjdx2	Cjdx4	Cjdx6	Zkx1	Zkx2	Zkx5	Zkx6
Cjdx1	Pearson 相关性	1	0.516**	0.460**	0.454**	0.243**	0.293**	0.250**	0.211**
	显著性（双侧）		0.000	0.000	0.000	0.000	0.000	0.000	0.002
	N	216	216	216	216	216	216	216	216
Cjdx2	Pearson 相关性	0.516**	1	0.379**	0.396**	0.173*	0.200**	0.184**	0.053
	显著性（双侧）	0.000		0.000	0.000	0.011	0.003	0.007	0.440
	N	216	216	216	216	216	216	216	216
Cjdx4	Pearson 相关性	0.460**	0.379**	1	0.454**	0.309**	0.313**	0.117	0.262**
	显著性（双侧）	0.000	0.000		0.000	0.000	0.000	0.087	0.000
	N	216	216	216	216	216	216	216	216
Cjdx6	Pearson 相关性	0.454**	0.396**	0.454**	1	0.322**	0.328**	0.213**	0.251**
	显著性（双侧）	0.000	0.000	0.000		0.000	0.000	0.002	0.000
	N	216	216	216	216	216	216	216	216
Zkx1	Pearson 相关性	0.243**	0.173*	0.309**	0.322**	1	0.550**	0.358**	0.545**
	显著性（双侧）	0.000	0.011	0.000	0.000		0.000	0.000	0.000
	N	216	216	216	216	216	216	216	216
Zkx2	Pearson 相关性	0.293**	0.200**	0.313**	0.328**	0.550**	1	0.398**	0.475**
	显著性（双侧）	0.000	0.003	0.000	0.000	0.000		0.000	0.000
	N	216	216	216	216	216	216	216	216

续表

项目		Cjdx1	Cjdx2	Cjdx4	Cjdx6	Zkx1	Zkx2	Zkx5	Zkx6
Zkx5	Pearson 相关性	0.250**	0.184**	0.117	0.213**	0.358**	0.398**	1	0.485**
	显著性（双侧）	0.000	0.007	0.087	0.002	0.000	0.000		0.000
	N	216	216	216	216	216	216	216	216
Zkx6	Pearson 相关性	0.211**	0.053	0.262**	0.251**	0.545**	0.475**	0.485**	1
	显著性（双侧）	0.002	0.440	0.000	0.000	0.000	0.000	0.000	
	N	216	216	216	216	216	216	216	216

注： **表示在0.01水平（双侧）上显著相关。

　　*表示在0.05水平（双侧）上显著相关。

信心内部各题项之间具有较高的相关性，相关系数在0.557与0.658之间，均在0.01水平上显著。机会感知内部各题项之间同样具有较高的相关性，相关系数在0.559与0.676之间，均在0.01水平上显著。但是信心与机会感知分量表之间的相关性则要小于分量表自身因素间相关性，这说明对于每个分量表的测量能够比较准确地反映构念的内涵（表6-13）。

表6-13　企业家决策预期变量相关性

项目		Xx1	Xx2	Xx4	Xx6	Jhgz1	Jhgz2	Jhgz3	Jhgz5
Xx1	Pearson 相关性	1	0.632**	0.659**	0.557**	0.298**	0.418**	0.390**	0.320**
	显著性（双侧）		0.000	0.000	0.000	0.000	0.000	0.000	0.000
	N	216	216	216	216	216	216	216	216
Xx2	Pearson 相关性	0.632**	1	0.638**	0.591**	0.385**	0.409**	0.489**	0.451**
	显著性（双侧）	0.000		0.000	0.000	0.000	0.000	0.000	0.000
	N	216	216	216	216	216	216	216	216
Xx4	Pearson 相关性	0.659**	0.638**	1	0.590**	0.354**	0.401**	0.421**	0.409**
	显著性（双侧）	0.000	0.000		0.000	0.000	0.000	0.000	0.000
	N	216	216	216	216	216	216	216	216
Xx6	Pearson 相关性	0.557**	0.591**	0.590**	1	0.391**	0.429**	0.436**	0.407**
	显著性（双侧）	0.000	0.000	0.000		0.000	0.000	0.000	0.000
	N	216	216	216	216	216	216	216	216
Jhgz1	Pearson 相关性	0.298**	0.385**	0.354**	0.391**	1	0.676**	0.602**	0.647**
	显著性（双侧）	0.000	0.000	0.000	0.000		0.000	0.000	0.000
	N	216	216	216	216	216	216	216	216
Jhgz2	Pearson 相关性	0.418**	0.409**	0.401**	0.429**	0.676**	1	0.661**	0.559**
	显著性（双侧）	0.000	0.000	0.000	0.000	0.000		0.000	0.000
	N	216	216	216	216	216	216	216	216

项目		Xx1	Xx2	Xx4	Xx6	Jhgz1	Jhgz2	Jhgz3	Jhgz5
Jhgz3	Pearson 相关性	0.390**	0.489**	0.421**	0.436**	0.602**	0.661**	1	0.651**
	显著性（双侧）	0.000	0.000	0.000	0.000	0.000	0.000		0.000
	N	216	216	216	216	216	216	216	216
Jhgz5	Pearson 相关性	0.320**	0.451**	0.409**	0.407**	0.647**	0.559**	0.651**	1
	显著性（双侧）	0.000	0.000	0.000	0.000	0.000	0.000	0.000	
	N	216	216	216	216	216	216	216	216

注： **表示在0.01水平（双侧）上显著相关。

责任力内部各题项之间具有较高的相关性，相关系数在0.365与0.485之间，均在0.01水平上显著。创造力内部各题项之间同样具有较高的相关性，相关系数在0.324与0.509之间，均在0.01水平上显著。但是责任力与创造力分量表之间的相关性则要小于分量表自身因素间相关性，这说明对于每个分量表的测量能够比较准确地反映构念的内涵（表6-14）。

表6-14 企业家决策能力变量相关性

项目		Zrl2	Zrl3	Zrl4	Zrl7	Czl1	Czl2	Czl4	Czl5
Zrl2	Pearson 相关性	1	0.425**	0.386**	0.485**	0.246**	0.243**	0.232**	0.245**
	显著性（双侧）		0.000	0.000	0.000	0.000	0.000	0.001	0.000
	N	216	216	216	216	216	216	216	216
Zrl3	Pearson 相关性	0.425**	1	0.449**	0.440**	0.356**	0.282**	0.368**	0.449**
	显著性（双侧）	0.000		0.000	0.000	0.000	0.000	0.000	0.000
	N	216	216	216	216	216	216	216	216
Zrl4	Pearson 相关性	0.386**	0.449**	1	0.365**	0.243**	0.290**	0.240**	0.388**
	显著性（双侧）	0.000	0.000		0.000	0.000	0.000	0.000	0.000
	N	216	216	216	216	216	216	216	216
Zrl7	Pearson 相关性	0.485**	0.440**	0.365**	1	0.206**	0.249**	0.256**	0.334**
	显著性（双侧）	0.000	0.000	0.000		0.002	0.000	0.000	0.000
	N	216	216	216	216	216	216	216	216
Czl1	Pearson 相关性	0.246**	0.356**	0.243**	0.206**	1	0.509**	0.324**	0.469**
	显著性（双侧）	0.000	0.000	0.000	0.002		0.000	0.000	0.000
	N	216	216	216	216	216	216	216	216
Czl2	Pearson 相关性	0.243**	0.282**	0.290**	0.249**	0.509**	1	0.342**	0.467**
	显著性（双侧）	0.000	0.000	0.000	0.000	0.000		0.000	0.000
	N	216	216	216	216	216	216	216	216
Czl4	Pearson 相关性	0.232**	0.368**	0.240**	0.256**	0.324**	0.342**	1	0.480**
	显著性（双侧）	0.001	0.000	0.000	0.000	0.000	0.000		0.000
	N	216	216	216	216	216	216	216	216

续表

	项目	Zrl2	Zrl3	Zrl4	Zrl7	Czl1	Czl2	Czl4	Czl5
Czl5	Pearson 相关性	0.245**	0.449**	0.388**	0.334**	0.469**	0.467**	0.480**	1
	显著性（双侧）	0.000	0.000	0.000	0.000	0.000	0.000	0.000	
	N	216	216	216	216	216	216	216	216

注：**表示在0.01水平（双侧）上显著相关。

　　企业情境内部各题项之间具有较高的相关性，相关系数在0.203与0.399之间，均在0.01水平上显著。时间情境内部各题项之间同样具有较高的相关性，相关系数在0.226与0.366之间，均在0.01水平上显著。但是企业情境与时间情境分量表之间的相关性则要弱很多，这说明对于每个分量表的测量能够比较准确地反映构念的内涵（表6-15）。

表6-15　企业家决策情境变量相关性

	项目	Qyqj1	Qyqj2	Qyqj3	Qyqj4	Sjqj1	Sjqj3	Sjqj5	Sjqj6
Qyqj1	Pearson 相关性	1	0.203**	0.399**	0.290**	0.169*	0.066	0.099	0.053
	显著性（双侧）		0.003	0.000	0.000	0.013	0.331	0.147	0.441
	N	216	216	216	216	216	216	216	216
Qyqj2	Pearson 相关性	0.203**	1	0.357**	0.318**	0.121	0.013	0.113	0.112
	显著性（双侧）	0.003		0.000	0.000	0.076	0.851	0.099	0.099
	N	216	216	216	216	216	216	216	216
Qyqj3	Pearson 相关性	0.399**	0.357**	1	0.345**	0.184**	0.148*	0.128	0.236**
	显著性（双侧）	0.000	0.000		0.000	0.007	0.030	0.060	0.000
	N	216	216	216	216	216	216	216	216
Qyqj4	Pearson 相关性	0.290**	0.318**	0.345**	1	-0.043	0.057	0.143*	-0.012
	显著性（双侧）	0.000	0.000	0.000		0.534	0.405	0.035	0.857
	N	216	216	216	216	216	216	216	216
Sjqj1	Pearson 相关性	0.169*	0.121	0.184**	-0.043	1	0.366**	0.264**	0.291**
	显著性（双侧）	0.013	0.076	0.007	0.534		0.000	0.000	0.000
	N	216	216	216	216	216	216	216	216
Sjqj3	Pearson 相关性	0.066	0.013	0.148*	0.057	0.366**	1	0.326**	0.328**
	显著性（双侧）	0.331	0.851	0.030	0.405	0.000		0.000	0.000
	N	216	216	216	216	216	216	216	216
Sjqj5	Pearson 相关性	0.099	0.113	0.128	0.143*	0.264**	0.326**	1	0.226**
	显著性（双侧）	0.147	0.099	0.060	0.035	0.000	0.000		0.001
	N	216	216	216	216	216	216	216	216
Sjqj6	Pearson 相关性	0.053	0.112	0.236**	-0.012	0.291**	0.328**	0.226**	1
	显著性（双侧）	0.441	0.099	0.000	0.857	0.000	0.000	0.001	
	N	216	216	216	216	216	216	216	216

注：**表示在0.01水平（双侧）上显著相关。

　　*表示在0.05水平（双侧）上显著相关。

不同风险行为具有高相关性，相关系数在0.677与0.837之间，均在0.01水平上显著。这说明对于企业家风险决策行为的测量能够比较准确地反映构念的内涵（表6-16）。

表6-16　企业家风险决策行为变量相关性

	项目	D1	D2	D3
D1	Pearson 相关性	1	0.743**	0.837**
	显著性（双侧）		0.000	0.000
	N	216	216	216
D2	Pearson 相关性	0.743**	1	0.677**
	显著性（双侧）	0.000		0.000
	N	216	216	216
D3	Pearson 相关性	0.837**	0.677**	1
	显著性（双侧）	0.000	0.000	
	N	216	216	216

注：　**表示在0.01水平（双侧）上显著相关。

6.4　效度与因素分析

6.4.1　探索性因素效度分析

效度实质上是检测所测定的内容能确实地测定到什么样的程度，即对要测量的某种行为特征的真实性或正确性进行检测（凌文辁、方俐洛，2003）。因素分析能够处理潜在变量的估计问题，协助研究者进行效度的验证，在测验领域，因素分析过程也可称为因素效度的建立过程，可以作为构念效度的证据之一（邱皓政，2009）。行为科学的研究者所使用的因素分析可分为两种：探索性因素分析（Exploratory Factor Analysis，EFA）和验证性因素分析（Confirmatory Factor Analysis，CFA）。后者是结构方程模型的一种模型。两者的主要区别是：第一，EFA是数据驱动式的，而SEM则是理论驱动式的；第二，EFA不能估计自变量和因变量的测量误差，而SEM可对自变量和因变量的测量误差作出估计。探索性因子分析主要是从相关的一组指标中提取公共因子和确定因子个数的一种统计方法，以达到数据浓缩和便利数据处理的目的。在做因子分析之前要做KMO测度和Bartlett球形检验来确定数据是否适宜做因子分析。

1.成就导向分量表

根据我们的理论，因素结构已经过理论和企业家实践经验推导而被确定，属于基于特定理论或研究者的指定范畴，因而对因素的提取应该按分量表分开执行（邱皓政，2009；刘向东，2011）。前面的相关性分析也表明，分量表内部具有较高的相关性，而分量表之间的相关性要弱于前者。因此，我们可以对各分量表分别进行探索性因子分析，本研究运用主成分分析法，按照特征根大于1的原则和最大方差法正交旋转进行因素抽取。分析结果显示KMO值为0.764，Bartlett球形检验卡方值为200.332，在0.01水平上显著，说明适合做因子分析。各个条目的因子载荷水平都比较高，条目之间关联密切，因子方差解释贡献率58.269%。因此，将因子得分保存为新变量并命名为CJDX，为后文变量分析做准备（表6-17、表6-18）。

表6-17　成就导向因子分析——KMO和Bartlett的检验

取样足够度的 Kaiser-Meyer-Olkin 度量		0.764
Bartlett 的球形度检验	近似卡方	200.332
	df	6
	Sig.	0.000

表6-18　成就导向因子分析——解释的总方差

成分	初始特征值			提取平方和载入		
	合计	方差的（%）	累积（%）	合计	方差的（%）	累积（%）
1	2.331	58.269	58.269	2.331	58.269	58.269
2	0.655	16.375	74.645			
3	0.547	13.682	88.326			
4	0.467	11.674	100.000			

注：提取方法为主成分分析。

2. 自控性分量表

自控性分量表KMO值为0.754，Bartlett球形检验卡方值为233.479，在0.01水平上显著，说明适合做因子分析。而且，各个条目的因子载荷水平都比较高，条目之间关联密切，因子方差解释贡献率60.278%。因此，将因子得分保存为新变量并命名为ZKX（表6-19、表6-20）。

表6-19　自控性因子分析——KMO和Bartlett的检验

取样足够度的 Kaiser-Meyer-Olkin 度量		0.754
Bartlett 的球形度检验	近似卡方	233.479
	df	6
	Sig.	0.000

表6-20　自控性因子分析——解释的总方差

成分	初始特征值			提取平方和载入		
	合计	方差的（%）	累积（%）	合计	方差的（%）	累积（%）
1	2.411	60.278	60.278	2.411	60.278	60.278
2	0.680	17.010	77.288			
3	0.507	12.684	89.972			
4	0.401	10.028	100.000			

3. 信心分量表

信心分量表KMO值为0.827，Bartlett球形检验卡方值为387.329，显著，而且各个条目的因子载荷水平都比较高，条目之间关联密切，因子方差解释贡献率70.868%。因此，将因子得分保存为新变量并命名为XX（表6-21、表6-22）。

表6-21　信心因子分析——KMO和Bartlett的检验

取样足够度的 Kaiser-Meyer-Olkin 度量		0.827
Bartlett 的球形度检验	近似卡方	387.329
	df	6
	Sig.	0.000

表6-22　信心因子分析——解释的总方差

成分	初始特征值			提取平方和载入		
	合计	方差的（%）	累积（%）	合计	方差的（%）	累积（%）
1	2.835	70.868	70.868	2.835	70.868	70.868
2	0.458	11.453	82.321			
3	0.369	9.229	91.550			
4	0.338	8.450	100.000			

4. 机会感知分量表

机会感知分量表KMO值为0.798，Bartlett球形检验卡方值为428.610，显著，而且各个条目的因子载荷水平都比较高，条目之间关联密切，因子方差解释贡献率72.455%。因此，将因子得分保存为新变量并命名为JHGZ（表6-23、表6-24）。

表6-23　机会感知因子分析——KMO和Bartlett的检验

取样足够度的 Kaiser-Meyer-Olkin 度量		0.798
Bartlett 的球形度检验	近似卡方	428.610
	df	6
	Sig.	0.000

表6-24　机会感知因子分析——解释的总方差

成分	初始特征值			提取平方和载入		
	合计	方差的（%）	累积（%）	合计	方差的（%）	累积（%）
1	2.898	72.455	72.455	2.898	72.455	72.455
2	0.443	11.086	83.541			
3	0.396	9.907	93.448			
4	0.262	6.552	100			

5. 责任力分量表

责任力分量表KMO值为0.759，Bartlett球形检验卡方值为183.523，显著，而且各个条目的因子载荷水平都比较高，条目之间关联密切，因子方差解释贡献率

56.914%。因此，将因子得分保存为新变量并命名为ZRL（表6-25、表6-26）。

表6-25 责任力因子分析——KMO和Bartlett的检验

取样足够度的 Kaiser-Meyer-Olkin 度量		0.759
Bartlett 的球形度检验	近似卡方	183.523
	df	6
	Sig.	0.000

表6-26 责任力因子分析——解释的总方差

成分	初始特征值			提取平方和载入		
	合计	方差的（%）	累积（%）	合计	方差的（%）	累积（%）
1	2.277	56.914	56.914	2.277	56.914	56.914
2	0.672	16.804	73.718			
3	0.545	13.637	87.355			
4	0.506	12.645	100.000			

6.创造力分量表

创造力分量表KMO值为0.744，Bartlett球形检验卡方值为198.837，显著，而且各个条目的因子载荷水平都比较高，条目之间关联密切，因子方差解释贡献率57.521%。因此，将因子得分保存为新变量并命名为CZL（表6-27、表6-28）。

表6-27 创造力因子分析——KMO和Bartlett的检验

取样足够度的 Kaiser-Meyer-Olkin 度量		0.744
Bartlett 的球形度检验	近似卡方	198.837
	df	6
	Sig.	0.000

表6-28 创造力因子分析——解释的总方差

成分	初始特征值			提取平方和载入		
	合计	方差的（%）	累积（%）	合计	方差的（%）	累积（%）
1	2.301	57.521	57.521	2.301	57.521	57.52
2	0.735	18.370	75.891			
3	0.493	12.325	88.215			
4	0.471	11.785	100.000			

7.企业情境分量表

企业情境分量表KMO值为0.698，Bartlett球形检验卡方值为110.656，显著，而且各个条目的因子载荷水平都比较高，条目之间关联密切，因子方差解释贡献率49.038%。因此，将因子得分保存为新变量并命名为QYQJ（表6-29、表6-30）。

表6-29　企业情境因子分析——KMO和Bartlett的检验

取样足够度的 Kaiser-Meyer-Olkin 度量		0.698
Bartlett 的球形度检验	近似卡方	110.656
	df	6
	Sig.	0.000

表6-30　企业情境因子分析——解释的总方差

成分	初始特征值			提取平方和载入		
	合计	方差的（%）	累积（%）	合计	方差的（%）	累积（%）
1	1.962	49.038	49.038	1.962	49.038	49.038
2	0.805	20.132	69.170			
3	0.678	16.952	86.122			
4	0.555	13.878	100.000			

8.时间情境分量表

时间情境分量表KMO值为0.710，Bartlett球形检验卡方值为94.980，显著，而且各个条目的因子载荷水平都比较高，条目之间关联密切，因子方差解释贡献率47.615%。因此，将因子得分保存为新变量并命名为SJQJ（表6-31、表6-32）。

表6-31　时间情境因子分析——KMO和Bartlett的检验

取样足够度的 Kaiser-Meyer-Olkin 度量		0.710
Bartlett 的球形度检验	近似卡方	94.980
	df	6
	Sig.	0.000

表6-32　时间情境因子分析——解释的总方差

成分	初始特征值			提取平方和载入		
	合计	方差的（%）	累积（%）	合计	方差的（%）	累积（%）
1	1.905	47.615	47.615	1.905	47.615	47.615
2	0.777	19.437	67.052			
3	0.704	17.594	84.647			
4	0.614	15.353	100.000			

6.4.2　各分量表与总分之间的相关性分析

通过计算各分量表之间的相关系数、各分量表与整个测验总分之间的相关系数作为指标进一步考察量表的结构效度。有关心理测验的测量学属性研究表明，如果各分量表与整个测验总分数间的相关系数均明显高出各分量表的相关系数，表明测验的结构效度良好，也能够证明对分量表的因素分析是合适的。测验中各个分量表之间的相关系数低，并且在一定范围内，就表明各分量表既能对整个测验做出贡献，同时各自又具有一定的相对独立性。如果各分量表的相关太低，说明量表测量的是一些完全不同的特征，而不是研究中关心的特征；如果分量表的相关太高，则表明各量表所测量的因素互相重合，有些分量表可能不需要。从表6-33中可以看出，创造力与机会感知的相关关系为0.649最高，最低为0.304，各个量表之间具有中等程度相关，各个分量表间的相关明显低于分量表与总分之间的相关，说明并无多重共线性问题，该量表的结构效度很好，公因子提取合理、有效。

表6-33　各分变量相关性

项目		CJDX	ZKX	JHGZ	ZRL	XX	CZL	Jcxlm
CJDX	Pearson 相关性	1	0.394**	0.407**	0.304**	0.423**	0.506**	0.692**
	显著性(双侧)		0.000	0.000	0.000	0.000	0.000	0.000
	N	216	216	216	216	216	216	216
ZKX	Pearson 相关性	0.394**	1	0.363**	0.321**	0.333**	0.343**	0.628**
	显著性(双侧)	0.000		0.000	0.000	0.000	0.000	0.000
	N	216	216	216	216	216	216	216
JHGZ	Pearson 相关性	0.407**	0.363**	1	0.539**	0.559**	0.649**	0.802**
	显著性(双侧)	0.000	0.000		0.000	0.000	0.000	0.000
	N	216	216	216	216	216	216	216
ZRL	Pearson 相关性	0.304**	0.321**	0.539**	1	0.393**	0.507**	0.699**
	显著性(双侧)	0.000	0.000	0.000		0.000	0.000	0.000
	N	216	216	216	216	216	216	216
XX	Pearson 相关性	0.423**	0.333**	0.559**	0.393**	1	0.568**	0.747**
	显著性(双侧)	0.000	0.000	0.000	0.000		0.000	0.000
	N	216	216	216	216	216	216	216
CZL	Pearson 相关性	0.506**	0.343**	0.649**	0.507**	0.568**	1	0.815**
	显著性(双侧)	0.000	0.000	0.000	0.000	0.000		0.000
	N	216	216	216	216	216	216	216
Jcxlm	Pearson 相关性	0.692**	0.628**	0.802**	0.699**	0.747**	0.815**	1

注：**表示在0.01水平（双侧）上显著相关

6.4.3　验证性因素分析

探索性因素分析对企业家决策心理锚的内在结构已经作了初步的分析，得到的结果与理论构思基本一致，为验证这样的结构模式是否具有更高的稳定性，有必要借助更高级的统计方法——结构方程建模技术，进行验证性因素分析，它是对探索性因素分析作进一步的分析和推论。SEM是一种应用面很广的数学模型，可用于分析涉及潜变量的复杂关系，是用来检验某一理论模型或假设模型是否适合的统计技术。在本研究中运用Lisrel8.7软件进行验证性因素分析。我们的研究较多地采用了结构方程建模技术来确定企业家决策心理锚的基本结构。以往研究在采用CFA时多采用两样本交叉证实的方法，但是近年来也有学者提出可以采取统一样本进行验证（Bentler，1995；杜红，2001）。我们未采用同一调查问卷分两样本分别验证的方法，而是用同一样本进行EFA和CFA，主要基于两个原因：原因之一是企业家决策样本的收集的困难，企业家不同于普通决策者，受到数量与时间的双重限制；原因之二，这也是最主要原因，是考虑到两样本分别验证的方法是基于研究者对因素结构知之甚少，或者指标变量与因素之间关系均是未知的情况下，先用EFA进行测试，得到基本结构以后再用第二个样本进行CFA验证。在本研究中，由于已有预备研究和理论分析，对企业家决策心理锚结构在理论上已有较充分的认识，因而可以直接运用CFA方法。从研究的立场来看，CFA并不足以完全取代EFA，两者反而具有相辅相成的功效（邱皓政，2009）。在实际分析中还是先进行了EFA分析和再进行CFA综合分析，先用EFA分析因素的维度及其信度和效度，再用CFA来验证和最终确定结构，这也要求针对同一份问卷从不同角度进行数据开发与验证，从而提高实证分析的严谨性与科学性。

1.决策心理锚内在结构六因子模型

用验证性因子分析的数据，对所提出的构想模型进行测算与检验，得到决策心理锚内在结构六因子模型的标准化解（图6-2、表6-34）。

各指标并没有绝对的标准，一般认为，卡方自由度的比值越小，说明模型拟合度越优，比值在1~5间，表示模型的拟合度较好；在1~3之间，表示模型具有好的拟合度。GFI为良性拟合指数，该指标值均介于0和1之间，数值越大，说明模型拟合度越优，大于0.9时，表示模型拟合度较好。CFI是比较拟合指数，数值在0和1之间，该值越大说明模型拟合度越好；当CFI值大于0.9时，说明模型可以接受。IFI是增值拟合指数，该指标介于0和1之间，其值越大则模型拟合度越好；IFI值大于0.9，说明模型可以接受。RMSEA为近似均方根残差，RMSEA的值越小，说明模型拟合度越好。一般认为RMSEA值小于或等于0.08，表明模型可以接受，小于0.05表示模型拟合度很好。在对前人拟合标准的批评基础上，温忠麟等（2004）建议要突破显著性水平为0.05或0.01的限制，采取卡方值检验，在N<1000时，卡方值的显著性水平就可以接近0。

实证结果表明，卡方自由度比值为1.89，满足不超过5的标准，介于1~3之间，说明模型拟合效果颇佳。GFI为0.92，CFI和IFI分别为0.96，均显著大于0.9的标准。RMSEA为0.064，满足小于等于0.08的标准。以上指标综合反映出，验证性因子分析结果与本研究的理论构想有着高一致性，这表明企业家决策心理锚问卷具有良好的结构效度，验证了企业家决策心理锚内在结构六因子模型是稳定的、良好的。

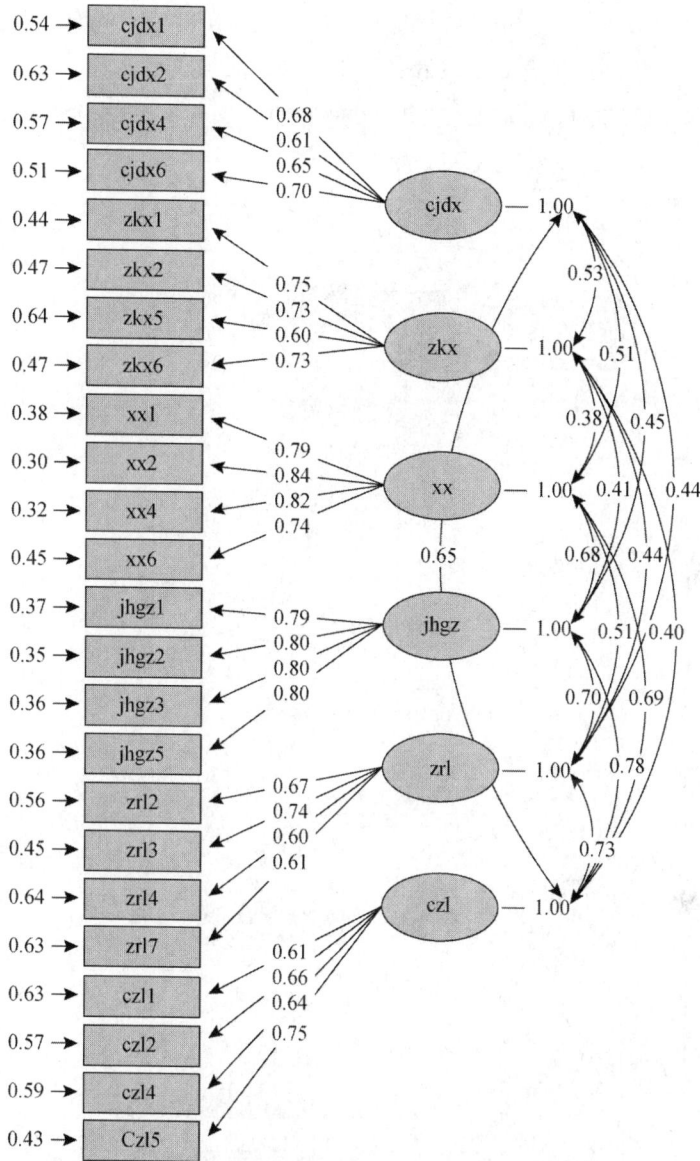

图6-2 决策心理锚内在结构六因子模型标准化路径

表6-34 决策心理锚内在结构六因子模型拟合度指标值

指标	CHI	df	CHI/df	GFI	CFI	IFI	RMSEA
数值	447.61	237	1.89	0.92	0.96	0.96	0.064

2.决策心理锚内在结构三因子模型

拟合结果表明，卡方自由度比值为4.04，满足不超过5的标准，说明模型拟合效果较好。GFI为0.90，与0.9的建议标准相持平。CFI和IFI分别为0.93，均大于0.9的标准，说明拟合效果好。RMSEA为0.079，略小于0.08的建议标准。以上指标综合反映出，三因子模型的拟合效果较好，但是不如六因子模型，但是也说明验证性因子分析结果与本研究的理论构想有着较高的一致性（图6-3、表6-35）。

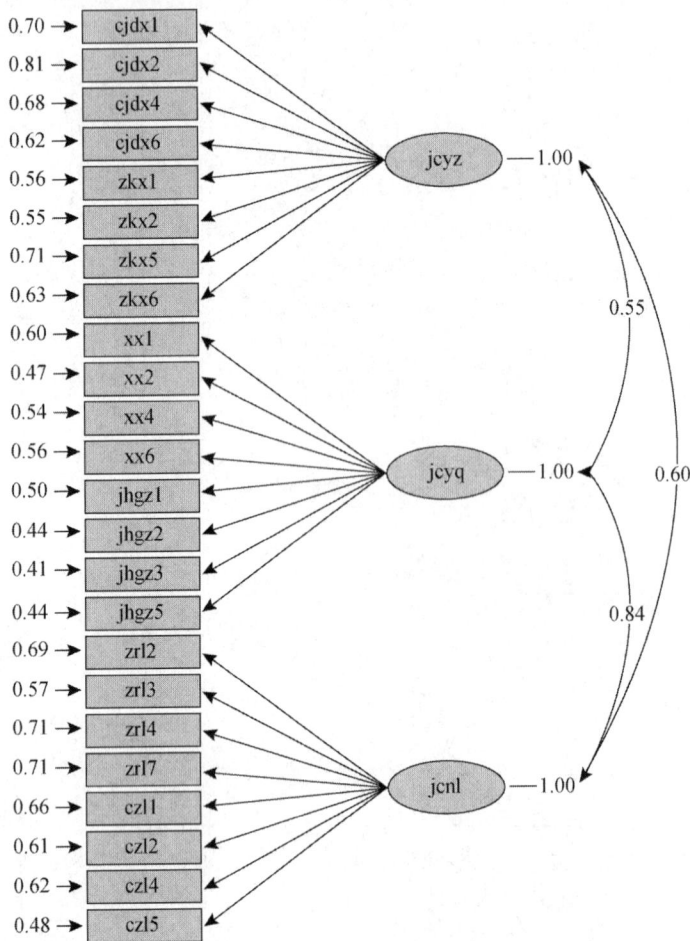

图6-3　决策心理锚内在结构三因子模型标准化路径

表6-35　决策心理锚内在结构三因子模型拟合度指标值

指标	CHI	df	CHI/ df	GFI	CFI	IFI	RMSEA
数值	1005.63	249	4.04	0.90	0.93	0.93	0.079

3.决策心理锚内在结构单因子模型

实证结果表明，卡方自由度比值为5，与标准持平，说明模型拟合效果一般。GFI为0.67，介于0和1之间，比较高，与0.8的标准比较接近。CFI和IFI分别为0.87，比较高，接近0.9的标准，说明拟合效果比较好。RMSEA为0.136，大于0.08的建议标准。以上指标综合反映出，单因子模型的拟合效果比较差（图6-4、表6-36）。

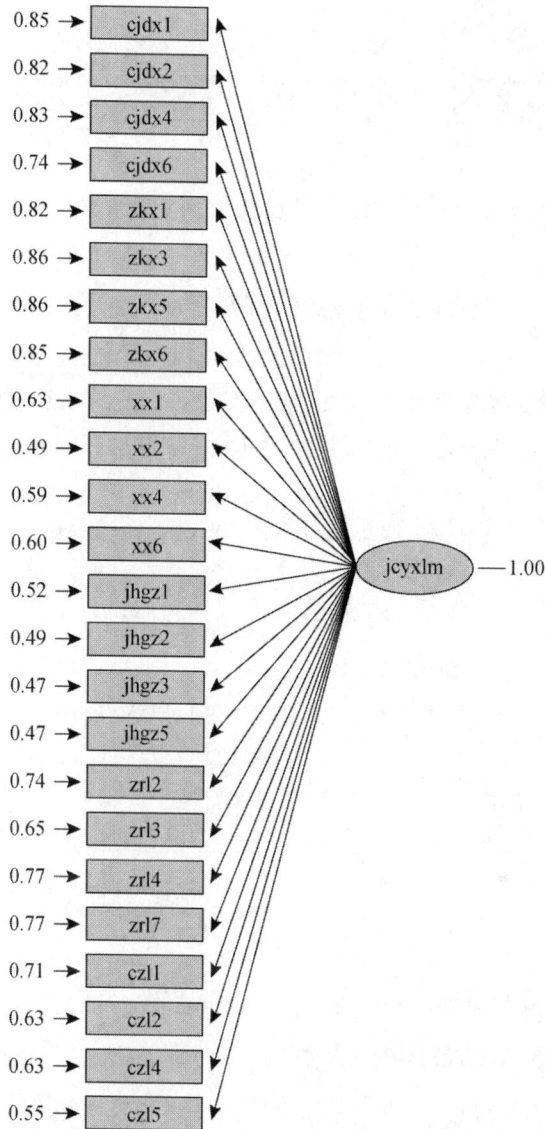

图6-4 决策心理锚内在结构单因子模型标准化路径

表6-36 决策心理锚内在结构单因子模型拟合度指标值

指标	CHI	df	CHI/ df	GFI	CFI	IFI	RMSEA
数值	1260.17	252	5	0.67	0.87	0.87	0.136

　　总体来看，企业家决策心理锚内在结构的不同因子结构都具有良好的结构，具有较强的稳定性。但是单因子模型的拟合效果明显不如其他模型。这显示出，企业家决策心理锚是具有一定层次、结构的心理标准结构。至此，第4章的理论得到了模型的检验与证实。

6.5 企业家决策心理锚运行机理实证分析

6.5.1 企业家决策心理锚的影响机理实证分析

6.5.1.1 企业情境与时间情境对决策心理锚的影响机理实证分析

为了进一步验证企业情境（QYQJ）与时间情境（SJQJ）对企业家决策心理锚（Jcxlm）关系假设，需要运用回归分析来对假设进行验证。以QYQJ、SJQJ为自变量，Jcxlm为因变量。这些变量均采用因子得分生存新变量，然后再进行数据转换而得（后面的决策意志、决策预期、决策能力变量来源与此相同）。用表6-37、表6-38所列回归模型表示其关系。

表6-37　企业情境和时间情境对决策心理锚的影响模型汇总

模型	R	R平方	调整R平方	标准估计的误差
1	0.615[a]	0.378	0.372	3.47462

注：a.预测变量：（常量），QYQJ，SJQJ。

表6-38　企业情境和时间情境对决策心理锚的影响系数

模型		非标准化系数		标准系数	t	Sig.	共线性统计量	
		B	标准 误差	试用版			容差	VIF
1	（常量）	-1.004×10^{-13}	0.236		0.000	1.000		
	SJQJ	2.448	0.242	0.558	10.106	0.000	0.957	1.045
	QYQJ	0.727	0.242	0.166	3.002	0.003	0.957	1.045

注：a.因变量：Jcxlm。

从上述回归系数及显著性检验表中可以看出，时间情境的回归系数为2.448，企业情境的回归系数为0.727，P值分别为0.000和0.003，方差膨胀因子VIF均为1.045，因此能在1%和5%的显著性水平下接受时间情境和企业情境对企业家决策心理锚有影响的假设，从而支持了前面的理论分析。因此：

H1：企业情境对企业家决策心理锚有影响，得到验证。

H2：时间情境对企业家决策心理锚有影响，得到验证。

6.5.1.2 企业家决策心理锚的内在因素影响机理实证分析

根据以往理论和本研究假设，企业家决策心理锚构成因素之间具有一定的影响机制。以上相关分析也表明，企业家决策意志、决策预期、决策能力之间显著相关，这表明它们之间可能会存在着一种因果关系。为了进一步验证企业家决策心理锚内在因素的影响机理，需要运用回归分析来对假设进行验证。

1.决策意志对决策能力的影响分析

为了进一步验证企业家决策意志对企业家决策能力关系假设，运用回归分析来对假设进行验证。以企业家决策意志（jcyz）为自变量，企业家决策能力（jcnl）为因变量，用表6-39、表6-40所列回归模型表示其关系。

表6-39　企业家决策意志对决策能力的影响模型汇总

模型	R	R平方	调整R平方	标准估计的误差
1	0.509[a]	0.259	0.255	1.49800

注：a.预测变量：（常量），jcyz。

表6-40　企业家决策意志对决策能力的影响系数

模型		非标准化系数		标准系数	t	Sig.
		B	标准 误差	试用版		
1	（常量）	-1.008×10^{-13}	0.102		0.000	1.000
	jcyz	0.529	0.061	0.509	8.646	0.000

注：a.因变量：jcnl。

R平方为0.259，说明自变量可以解释因变量变动的43.9%，即决策意志对决策能力的影响程度或解释程度为25.9%。从上述回归系数及显著性检验表中可以看出，决策意志的回归系数为0.529，t值为8.646，P值小于0.01，因此能在1%的显著性水平下接受企业家决策意志对企业家决策能力有显著的正面影响的假设，从而支持了前面的理论分析。因此：

H3：企业家决策意志对决策能力有正向影响，得到验证。

2.决策意志与决策能力对决策预期的影响分析

为了进一步验证企业家决策意志与决策能力对企业家决策预期（jcyq）关系假设，需要运用回归分析来对假设进行验证。以企业家决策意志和决策能力为自变量，企业家决策预期为因变量，用表6-41、表6-42所列回归模型表示其关系。

表6-41　企业家决策意志与决策能力对决策预期的影响模型汇总

模型	R	R平方	调整R平方	标准估计的误差
1	0.726[a]	0.526	0.522	1.22073

注：a.预测变量：（常量），jcnl，jcyz。

表6-42　企业家决策意志与决策能力对决策预期的影响系数

模型		非标准化系数		标准系数	t	Sig.	共线性统计量	
		B	标准 误差	试用版			容差	VIF
1	（常量）	1.001×10^{-13}	0.083		0.000	1.000		
	jcyz	0.230	0.058	0.218	3.975	0.000	0.741	1.349
	jcnl	0.600	0.056	0.590	10.774	0.000	0.741	1.349

注：a.因变量：jcyq。

R平方为0.526，说明自变量可以解释因变量变动的52.6%，即决策意志和决策能力对决策预期的影响程度或解释程度为52.6%。从上述回归系数及显著性检验表中可以看出，决策意志的回归系数为0.230，决策能力的回归系数为0.600，t值分别为3.975和10.774，P值均小于0.01，方差膨胀因子VIF均不高，因此能在1%的显著性水平下接受企业家决策意志和决策能力对企业家决策预期有显著的正面影响的假设，从而支持了前面的理论分析。因此：

H4：企业家决策意志对决策预期有正向影响，得到验证。

H5：企业家决策能力对决策预期有正向影响，得到验证。

6.5.2 企业家决策心理锚对风险决策行为的影响机理实证分析

6.5.2.1 企业家决策意志、决策预期、决策能力对风险决策行为的影响分析

表6-43、表6-44所列回归模型表示其关系。

表6-43 企业家决策意志、决策预期、决策能力对风险决策行为的影响模型汇总

模型	R	R平方	调整R平方	标准估计的误差
1	0.663[a]	0.439	0.431	1.59687

注：a.预测变量：（常量），jcnl，jcyz，jcyq。

表6-44 企业家决策意志、决策预期、决策能力对风险决策行为的影响系数

模型		非标准化系数		标准系数	t	Sig.	共线性统计量	
		B	标准 误差	试用版			容差	VIF
1	（常量）	10.528	0.109		96.893	0.000		
	jcyz	0.299	0.079	0.236	3.803	0.000	0.690	1.449
	jcyq	0.443	0.090	0.369	4.937	0.000	0.474	2.111
	jcnl	0.207	0.091	0.170	2.288	0.023	0.480	2.085

注：a.因变量：D4。

R方为0.439，说明自变量可以解释因变量变动的43.9%，即决策意志、决策预期、决策能力三个自变量对风险决策行为（D4数据为企业家创业决策与投资决策数据转换而来）的影响程度或解释程度为43.9%。其中，回归系数（B值），是用来评估自变量对因变量直接影响的程度，或称为路径系数。从上述回归系数及显著性检验表中可以看出，决策意志的回归系数为0.299，t值为3.803；决策预期的回归系数为0.443，t值为4.937；决策能力的回归系数为0.207，t值为2.288。决策意志和决策预期的显著性水平Sig.值均小于0.01，而决策能力的显著性水平小于0.05。三个自变量的方差膨胀因子VIF均不高。因此，在P=0.05水平下企业家决策意志、决策预期

和决策能力对风险决策行为有显著的正向影响。

回归方程为

$$D4=10.528+0.299×jcyz+0.443×jcyq+0.207×jcnl$$

H6：企业家决策心理锚对企业家风险决策行为有正向影响，得到验证。

6.5.2.2 决策意志对风险决策行为的影响分析

为了进一步验证企业家决策意志对企业家风险决策行为关系假设，需要运用回归分析来对假设进行验证。以企业家决策意志为自变量，企业家风险决策行为为因变量，用表6-45、表6-46所列回归模型表示其关系。

表6-45 企业家决策意志对风险决策行为的影响模型汇总

模型	R	R平方	调整R平方	标准估计的误差
1	0.513[a]	0.263	0.260	1.82159

注：a.预测变量：（常量），jcyz。

表6-46 企业家决策意志对风险决策行为的影响系数

模型		非标准化系数		标准系数	t	Sig.
		B	标准 误差	试用版		
1	（常量）	10.528	0.124		84.940	0.000
	jcyz	0.651	0.074	0.513	8.745	0.000

注：a.因变量：D4。

从上述回归系数及显著性检验表中可以看出，决策意志的回归系数为0.651，t值为8.745，Sig.值为0.000，因此能在1%的显著性水平下接受企业家决策意志对企业家风险决策行为有显著的正面影响的假设，从而支持了前面的理论分析。但是，R平方为0.263，说明决策意志对风险决策行为的影响程度或解释程度为26.3%，低于决策意志、决策预期与决策能力的多变量的共同作用。即便如此：

H7：企业家决策意志对企业家风险决策行为有正向影响，得到验证。

6.5.2.3 决策能力对风险决策行为的影响分析

为了进一步验证企业家决策能力对企业家风险决策行为关系假设，运用回归分析来对假设进行验证。以企业家决策能力为自变量，企业家风险决策行为为因变量，用表6-47、表6-48所列回归模型表示其关系。

表6-47 企业家决策能力对风险决策行为的影响模型汇总

模型	R	R平方	调整R平方	标准估计的误差
1	0.548[a]	0.301	0.297	1.77472

注：a.预测变量：（常量），jcnl。

表6-48　企业家决策能力对风险决策行为的影响系数

模型		非标准化系数		标准系数	t	Sig.
		B	标准 误差	试用版		
1	（常量）	10.528	0.121		87.183	0.000
	jcnl	0.669	0.070	0.548	9.592	0.000

注：a.因变量：D4。

从上述回归系数及显著性检验表中可以看出，决策意志的回归系数为0.669，t值为9.592，Sig.值为0.000，因此能在1%的显著性水平下接受企业家决策能力对企业家风险决策行为有显著的正面影响的假设，从而支持了前面的理论分析。但是，R平方为0.301，说明决策能力对风险决策行为的影响程度或解释程度为30.1%，低于决策意志、决策预期与决策能力的多变量的共同作用。即便如此：

H8：企业家决策能力对企业家风险决策行为有正向影响，得到验证。

6.5.2.4　决策预期对风险决策行为的影响分析

为了进一步验证企业家决策预期对企业家风险决策行为关系假设，运用回归分析来对假设进行验证。以企业家决策预期为自变量，企业家风险决策行为为因变量，用表6-49、表6-50所列回归模型表示其关系。

表6-49　企业家决策预期对风险决策行为的影响模型汇总

模型	R	R平方	调整R平方	标准估计的误差
1	0.610[a]	0.372	0.369	1.68156

注：a.预测变量：（常量），jcyq。

表6-50　企业家决策预期对风险决策行为的影响系数

模型		非标准化系数		标准系数	t	Sig.
		B	标准 误差	试用版		
1	（常量）	10.528	0.114		92.013	0.000
	jcyq	0.732	0.065	0.610	11.263	0.000

注：a.因变量：D4。

从上述回归系数及显著性检验表中可以看出，决策预期的回归系数为0.732，t值为11.263，Sig.值小于0.01，因此能在1%的显著性水平下接受企业家决策预期对企业家风险决策行为有显著的正面影响的假设，从而支持了前面的理论分析。但是，R平方为0.372，说明决策预期对风险决策行为的影响程度或解释程度为37.2%，低于决策意志、决策预期与决策能力的多变量的共同作用。即便如此：

H9：企业家决策预期对企业家风险决策行为有正向影响，得到验证。

研究假设情况检验汇总见表6-51。

表6-51 研究假设情况检验汇总

	研究假设内容	是否得到验证
H1	企业情境对企业家决策心理锚有影响	得到验证
H2	时间情境对企业家决策心理锚有影响	得到验证
H3	企业家决策意志对决策能力有正向影响	得到验证
H4	企业家决策意志对决策预期有正向影响	得到验证
H5	企业家决策能力对决策预期有正向影响	得到验证
H6	企业家决策心理锚对企业家风险决策行为有正向影响	得到验证
H7	企业家决策意志对企业家风险决策行为有正向影响	得到验证
H8	企业家决策能力对企业家风险决策行为有正向影响	得到验证
H9	企业家决策预期对企业家风险决策行为有正向影响	得到验证

6.5.3 企业家与企业特征变量的差异研究

企业家人口特征，包括多个维度，如年龄、团队任期、教育水平和专业、职业经验、文化、性别、国籍等（张平，2007）。国内还有诸多学者考察了企业家与高管团队人口统计学特征（魏立群、王智慧，2002；古家军、胡蓓，2008；陈传明、孙俊华，2008；陈忠卫、常极，2009；杨鑫、金占明，2011；陈守明、范嘉斯、余光胜，2012），最常见的是对性别、年龄与学历的研究，但是研究的结论并不一致。例如，有研究认为，由于学习、记忆等认知能力随着年龄的增长而减弱，因此，年轻企业家在决策过程中具有敏锐的机会感知能力，更容易接受和采纳新观点和行为，勇于创新；也有的研究认为，年龄大的企业家经验、经历丰富，机会感知、风险判断以及风险的承受能力更强。类似地，有关性别、学历等对决策心理的影响，学者同样观点各异。我们认为企业家的决策心理锚因不同的性别、年龄、学历等人口统计学特征而可能具有差异，其对企业家决策心理尚不能构成显著影响。企业家在企业中的职位或岗位特征，总体上反映了年龄与学历特征。总体来说，随着年龄的增长与学历水平的提高，企业家容易晋升到更高的管理岗位。高层次管理岗位的决策大都涉及全公司的战略利益，具有长期性、整体性特征，决策的非程序化特征更为明显，因而对决策者的心理素质要求更高。岗位层次越高，意味着企业家经历更多的管理工作，拥有更多的决策经验，自身的决策心理也更容易得到塑造与完善。因此，不同岗位特征的企业家的决策心理锚可能存在差异。

关于企业特征的研究相对较少。不同行业的门槛不同，有的需要很大的投入，有的需要很快的资金回报，有的行业风险很高，因此，不同行业的企业家的决策心理存在差异。不同规模企业的企业家因为其决策范围与决策重要性程度而有所区别，因而不同规模企业的企业决策心理锚可能存在差异。企业年龄越大，企业家心理可能越稳定，对成功的渴望可能越低，对市场变化不够敏感。因而，不同企业成立年限的企业决策心理锚可能存在差异。

由表6-52可知：Levene统计量的值为0.397，对应的 P 值为0.529，故接受原假设（原始数据方差齐性），认为原始数据是方差齐性的。

表6-52　性别特征的方差齐性检验

Levene Statistic	df1	df2	Sig.
0.397	1	214	0.529

则下文的方差分析采用正常的方法进行，具体结果见表6-53。

表6-53　性别特征的方差分析表（Anova）

	Sum of Squares	df	Mean Square	F	Sig
Between Groups	94.566	1	94.566	5.012	0.026
Within Groups	4037.347	214	18.866		
Total	4131.912	215			

由上述方差分析表可以看出：F 统计量的值为5.012，对应的 P 值为0.026，故拒绝原假设"不同性别在决策心理锚上的均值是没有显著差异的"，认为不同性别的决策心理锚是不同的。

表6-54表明：Levene统计量的值为12.749，对应的 P 值为0.000（$p<0.05$），故拒绝原假设（原始数据服从方差齐性假定），认为原始数据是方差是非齐性的。则下文的方差分析采用Brown-Forsythe方法进行，具体结果见表6-55。

表6-54　年龄特征的方差齐性检验

Levene Statistic	df1	df2	Sig.
12.749	3	212	0.000

表6-55　年龄特征的 Robust Tests of Equality of Means

	Statistic[a]	df1	df2	Sig.
Brown-Forsythe	4.616	3	25.918	0.010

注：a. Asymptotically F distributed.

由上述方差分析结果可以看出：Brown-Forsythe统计量的值为4.616，对应的 P 值为0.010（$p<0.05$），说明不同年龄的企业家在决策心理锚上的均值是存在显著性差异的。故拒绝原假设（不同年龄的企业家在决策心理锚上的均值是没有显著差异的），即不同年龄的企业家在决策心理锚上的均值是不相等的。具体的差异见表6-56。

表6-56　年龄特征的多重比较

(I) 年龄	(J) 年龄	Mean Difference (I-J)	Std. Error	Sig.	95% Confidence Interval	
					Lower Bound	Upper Bound
30岁以下	31~40岁	3.06163*	0.942	0.029	0.287	5.836
	41~50岁	3.41065*	1.048	0.020	0.464	6.358
	50岁以上	7.76231*	2.340	0.019	1.116	14.409
31~40岁	30岁以下	-3.06163*	0.942	0.029	-5.836	-0.287
	41~50岁	0.349	0.640	0.947	-1.323	2.021
	50岁以上	4.701	2.188	0.187	-1.684	11.086
41~50岁	30岁以下	-3.41065*	1.048	0.020	-6.358	-0.464
	31~40岁	-0.349	0.640	0.947	-2.021	1.323
	50岁以上	4.352	2.235	0.252	-2.103	10.806
50岁以上	30岁以下	-7.76231*	2.340	0.019	-14.409	-1.116
	31~40岁	-4.701	2.188	0.187	-11.086	1.684
	41~50岁	-4.352	2.235	0.252	-10.806	2.103

注：*. The mean difference is significant at the 0.05 level.

30岁以下的企业家与31~40岁的企业家在决策心理锚上是存在显著性差异的，其中由均值差为3.06163可以看出30岁以下的企业家要明显高于31~40岁的企业家。30岁以下的企业家与41~50岁的企业家在决策心理锚上是存在显著性差异的，其中由均值差为3.41065可以看出30岁以下的企业家要明显高于41~50岁的企业家。30岁以下的企业家与50岁以上的企业家在决策心理锚上是存在显著性差异的，其中由均值差为7.76231可以看出30岁以下的企业家要明显高于50岁以上的企业家。

表6-57表明：Levene统计量的值为3.269，对应的P值为0.022（$p<0.05$），故拒绝原假设（原始数据服从方差齐性假定），认为原始数据是方差是非齐性的。则下文的方差分析采用Brown-Forsythe方法进行，具体结果见表6-58。

表6-57　学历特征的方差齐性检验

Levene Statistic	df1	df2	Sig.
3.269	3	212	0.022

表6-58　学历特征 Robust Tests of Equality of Means

	Statistic[a]	df1	df2	Sig.
Brown-Forsythe	3.475	3	12.008	0.051

注：a. Asymptotically F distributed.

由上述方差分析结果可以看出：Brown-Forsythe统计量的值为3.475，对应的P值为0.051（$p>0.05$），故接受原假设（不同性别在决策心理锚上的均值是没有显著差异的），认为不同学历的企业家决策心理锚不存在统计意义上的显著性差异。

由表6-59可知：Levene统计量的值为5.642，对应的P值为0.001，故认为原始数据是方差是非齐性的。则下文的方差分析采用Brown-Forsythe方法进行，具体结果见表6-60。

表6-59　职位特征的方差齐性检验

Levene Statistic	df1	df2	Sig.
5.642	3	212	0.001

表6-60　职位特征的 Robust Tests of Equality of Means

	Statistic[a]	df1	df2	Sig.
Brown-Forsythe	9.609	3	197.705	0.000

注：a. Asymptotically F distributed.

由上述方差分析结果可以看出：Brown-Forsythe统计量的值为9.609，对应的P值为0.000（$p<0.05$），说明不同职位的企业家在决策心理锚上的均值是存在显著性差异的。故拒绝原假设（不同职位的企业家在决策心理锚上的均值是没有显著差异的），认为不同职位的企业家在决策心理锚上的均值是不相等的。具体的差异见表6-61。

表6-61　职位特征的多重比较

(I)职位	(J)职位	Mean Difference (I-J)	Std. Error	Sig.	95% Confidence Interval Lower Bound	Upper Bound
总经理以上	总经理	−0.606	0.682	0.811	−2.403	1.191
	副总经理	0.419	0.781	0.950	−1.635	2.472
	副总以下其他高管	2.68514*	0.812	0.007	0.563	4.807
总经理	总经理以上	0.606	0.682	0.811	−1.191	2.403
	副总经理	1.025	0.691	0.453	−0.789	2.839
	副总以下其他高管	3.29095*	0.726	0.000	1.401	5.181
副总经理	总经理以上	−0.419	0.781	0.950	−2.472	1.635
	总经理	−1.025	0.691	0.453	−2.839	0.789
	副总以下其他高管	2.26634*	0.820	0.033	0.129	4.404
副总以下其他高管	总经理以上	−2.68514*	0.812	0.007	−4.807	−0.563
	总经理	−3.29095*	0.726	0.000	−5.181	−1.401
	副总经理	−2.26634*	0.820	0.033	−4.404	−0.129

注：*. The mean difference is significant at the 0.05 level.

总经理以上职位的企业家与副总职位以下其他高管在决策心理锚上是存在显著性差异的，其中由均值差为2.68514可以看出总经理以上职位的要明显大于副总以下其他高管。总经理职位的企业家与副总以下其他高管在决策心理锚上是存在显著性差异的，其中由均值差为3.29095可以看出总经理职位的要明显大于副总以下其他高管。副总经理职位的企业家与副总以下其他高管在决策心理锚上是存在显著性差异的，其中由均值差为2.26634可以看出副总经理职位的要明显大于副总以下其他高管。

表6-62表明：Levene统计量的值为1.684，对应的P值为0.046（$p<0.05$），故拒绝原假设（原始数据服从方差齐性假定），认为原始数据是方差是非齐性的。则下文的方差分析采用Brown-Forsythe方法进行，具体结果见表6-63。

表6-62　行业特征的方差齐性检验

Levene Statistic	df1	df2	Sig.
1.684	10	205	0.046

表6-63　行业特征的Robust Tests of Equality of Means

	Statistic[a]	df1	df2	Sig.
Brown-Forsythe	1.918	10	33.567	0.077

注：a. Asymptotically F distributed.

由上述方差分析结果可以看出：Brown-Forsythe统计量的值为1.918，对应的P值为0.077（$p>0.05$），说明不同行业的企业家在决策心理锚上的均值是不存在显著性差异的。故接受原假设（不同行业的企业家在决策心理锚上的均值是没有显著差异的），认为不同行业的企业家在决策心理锚上的均值在统计意义上不存在显著差异。

表6-64表明：Levene统计量的值为0.633，对应的P值为0.674（$p>0.05$），故接受原假设（原始数据方差齐性），认为原始数据是方差齐性的。则下文的方差分析采用正常的方法进行，具体结果见表6-65。

表6-64　企业性质特征的方差齐性检验

Levene Statistic	df1	df2	Sig.
0.633	5	210	0.674

表6-65　企业性质特征的方差分析表（Anova）

	Sum of Squares	df	Mean Square	F	Sig.
Between Groups	493.944	5	98.789	5.703	0.000
Within Groups	3637.968	210	17.324		
Total	4131.912	215			

由上述方差分析表可以看出：F统计量的值为5.703，对应的P值为0.000（$p<0.05$），说明不同性质企业的企业家在决策心理锚上的均值是存在显著性差异的。故拒绝原假设（不同性质企业的企业家在决策心理锚上的均值没有显著性差异），即不同性质企业的企业家在决策心理锚上的均值是不相等的。具体差异可由表6-66所列

结果判断。

表6-66 企业性质特征的多重比较

(I) 企业性质	(J) 企业性质	Mean Difference (I-J)	Std. Error	Sig.	95% Confidence Interval	
					Lower Bound	Upper Bound
国有企业	集体企业	−0.200	1.313	1.000	−3.977	3.577
	民营企业	0.981	0.883	0.876	−1.558	3.520
	中外合资企业	−0.908	1.096	0.962	−4.059	2.243
	外商独资企业	2.489	1.405	0.486	−1.552	6.530
	其他	11.288*	2.533	0.000	4.002	18.573
集体企业	国有企业	0.200	1.313	1.000	−3.577	3.977
	民营企业	1.181	1.105	0.893	−1.996	4.358
	中外合资企业	−0.708	1.281	0.994	−4.393	2.977
	外商独资企业	2.689	1.554	0.513	−1.781	7.159
	其他	11.487*	2.619	0.000	3.956	19.019
民营企业	国有企业	−0.981	0.883	0.876	−3.520	1.558
	集体企业	−1.181	1.105	0.893	−4.358	1.996
	中外合资企业	−1.889	0.834	0.214	−4.289	0.511
	外商独资企业	1.508	1.212	0.815	−1.979	4.995
	其他	10.307*	2.431	0.000	3.313	17.300
中外合资企业	国有企业	0.908	1.096	0.962	−2.243	4.059
	集体企业	0.708	1.281	0.994	−2.977	4.393
	民营企业	1.889	0.834	0.214	−0.511	4.289
	外商独资企业	3.397	1.375	0.138	−0.559	7.353
	其他	12.196*	2.517	0.000	4.957	19.434
外商独资企业	国有企业	−2.489	1.405	0.486	−6.530	1.552
	集体企业	−2.689	1.554	0.513	−7.159	1.781
	民营企业	−1.508	1.212	0.815	−4.995	1.979
	中外合资企业	−3.397	1.375	0.138	−7.353	0.559
	其他	8.799*	2.666	0.014	1.131	16.466
其他	国有企业	−11.288*	2.533	0.000	−18.573	−4.002
	集体企业	−11.487*	2.619	0.000	−19.019	−3.956
	民营企业	−10.307*	2.431	0.000	−17.300	−3.313
	中外合资企业	−12.196*	2.517	0.000	−19.434	−4.957
	外商独资企业	−8.799*	2.666	0.014	−16.466	−1.131

* The mean difference is significant at the 0.05 level.

由表6-66可以看出：

（1）来自其它性质的企业的企业家与来自国有、集体、民营、中外合资、外商独资等企业的企业家在决策心理锚上是存在显著性差异的（P值均小于0.05），并且由均值差可以判断：来自其它性质的企业的企业家在决策心理锚上的均值要明显低于来自国有、集体、民营、中外合资、外商独资等企业的企业家。

（2）除此之外，来自国有、集体、民营、中外合资、外商独资等企业的企业家在决策心理锚上是不存在显著性差异的（P 值均大于 0.05）。

表 6-67 表明：Levene 统计量的值为 2.314，对应的 P 值为 0.077，故接受原假设，认为原始数据是方差齐性的。则下文的方差分析采用常规的方法进行，具体结果见表 6-68。

表6-67　规模特征的方差齐性检验

Levene Statistic	df1	df2	Sig.
2.314	3	212	0.077

表6-68　规模特征的方差分析表（Anova）

	Sum of Squares	df	Mean Square	F	Sig.
Between Groups	201.842	3	67.281	3.629	0.014
Within Groups	3930.070	212	18.538		
Total	4131.912	215			

由上述方差分析表可以看出：F 统计量的值为 3.629，对应的 P 值为 0.014（$p < 0.05$），故拒绝原假设（不同规模的公司企业家在决策心理锚上的均值是相等的），认为不同规模公司的企业家的决策心理锚是不同的。

表 6-69 表明：Levene 统计量的值为 1.324，对应的 P 值为 0.268（$p > 0.05$），故接受原假设（原始数据方差齐性），认为原始数据是方差齐性的。则下文的方差分析采用正常的方法进行，具体结果见表 6-70。

表6-69　企业成立年限的方差齐性检验

Levene Statistic	df1	df2	Sig.
1.324	3	212	0.268

表6-70　企业成立年限的方差分析表（Anova）

	Sum of Squares	df	Mean Square	F	Sig.
Between Groups	99.997	3	33.332	1.753	0.157
Within Groups	4031.915	212	19.018		
Total	4131.912	215			

由上述方差分析表可以看出：F 统计量的值为 1.753，对应的 P 值为 0.157（$p > 0.05$），故接受原假设（不同成立年限的公司企业家在决策心理锚上的均值是相等的），认为不同企业成立年限的企业家决策心理锚是不存在显著性差异的。

总体来看，不同性别、年龄、职位、企业性质、企业规模的企业家决策心理锚存在显著差异；不同学历、不同行业、企业成立年限的企业家决策心理锚上是不存在显著性差异的。这可能与"学历泛滥"导致学历不能真实反映企业家决策心理有关系。企业家有可能在不同行业、不同企业中从事管理工作，因此不同行业与不同企业成立年限的企业家决策心理锚可能不存在显著差异。

第7章
研究结论与不足

我们探究决策的意义在于理解、预测主体的行为，企业家的种种行为是建立在决策基础上的。但是，"决断这一现象太复杂，太依赖于运气和历史的兴衰变迁，也太受个人风格以及数不清的其他因素的影响，因此不可能简单说清楚，想建立一个精细的决断理论，这种希望极其渺茫。"（诺埃尔·蒂奇、沃伦·本尼斯，2008）复杂因素的出现，使得我们对决策的认知出现了前所未有的困难，再加上各种认知偏差，以至于要实现满意决策也常常是纸上谈兵。

7.1   研究结论

首先，影响企业家决策的心理因素，既不是恒定不变的，也不是完全没有规律、飘忽不定的，而是具有一定结构的相对稳定体。这种稳定体就是决策心理锚，它是个高阶的"三因素双维度"结构，即决策意志因素，主要包括决策成就导向和自控性两维度；决策预期因素，主要包括信心和机会感知两维度；决策能力因素，主要包括责任力和创造力两维度。作为"满意决策"的主体企业家的满意标准与满意水平是相对稳定的，满意标准根据决策意志、决策预期和决策能力的不同组合予以确定，其满意程度与这些因素以及它们的子因素的水平有直接的关系。对大学生和"准企业家"的实验研究显示，企业家决策心理结构与大学生的决策心理结构是存在差异的，与大学生的心理结构相比，企业家的决策心理结构相对稳定与良好。而对16名知名企业的质性研究也显示，企业家决策心理锚是客观存在的，不同的企业家的决策心理锚结构存在差别，有的是决策意志型的，其决策更多地受成就导向和自控性的综合影响，决策意志越强烈，企业做大做强的可能性越大。有的是决策预期型的，受信心和机会感知的综合影响。在信心高涨的时候，企业家们可能会采取比较激进的方案；在感知到是机会而不是威胁的时候，他们会大胆决策，实施风险行为。有的是决策能力型的，其决策更多地受利益相关者的影响，他们更重视防范决策风险，强调企业对社会的责任；在风险可控的同时，他们也会根据企业与市场状况，大胆创新，设计并选择具有创造力的决策方案，从而把握市场机遇。我们的研究显示，不同特性的企业家并不仅仅以某种决策标准进行决策，而是三种决策因素中某种因素占据主导地位，三种决策心理锚类型并不是恒定不变的，因为构成决策心理锚的成就导向、自控性、信心、机会感知、责任力、创造力是随着企业情境和时间情境而变化的。

其次，决策心理锚的结构是合理的。在对决策心理锚存在性研究的基础上，对决策心理锚内在结构的理论分析显示，作为决策意志的主要维度成就导向和自控性，被众多理论研究所关注，与其他决策者相比，企业家的成就导向似乎是天生的，大凡成功的企业家无不具有强烈的成就导向；在企业组织中，不但涉及权力配置与运用，而且存在控制与被控制的组织政治行为，企业家自控性特征维持并体现了其在企业中的地位。企业家责任力与创造力是企业家决策的条件和基础，与追求利润最大化的教条不同，在资源与环境不断紧张的今天，企业家越来越多关注社会责任问题，企业需要与利益相关者保持平衡，防范来自利益相关者的对抗风险。在风险可控的前提下，进行创新决策，搜寻富有竞争力的决策方案。我们的理论研究还显示，决策预期是决策心理锚的重要组成部分，某种意义上，有什么样的决策预期，就会有什么样的决策选择。决策预期与决策意志和决策能力在时间上存在差异，与决策意志和能力的长期效应相比，决策预期更反映了决策的短期效应，决策心理锚的变动在很大程度上是由于决策预期变动引起的。在理论分析的基础上，通过问卷调查对各组成因素进行了测量，通过探索性因素分析，确立了决策心理锚的结构。运用验证性因素分析，发现决策心理锚内在结构的"三因子"模型和"六因子"模型的拟合效果不相上下，均为良好的结构，而单因子竞争模型的拟合结构则明显要逊色许多。

最后，决策意志、决策预期和决策能力各自对风险决策行为具有正向影响，其中决策预期的影响力度更大，其对风险决策行为的影响程度或解释程度为37.2%，决策能力对风险决策行为的影响程度或解释程度为30.1%，而决策意志对风险决策行为的影响程度或解释程度只为26.3%。其中的原因与决策预期对企业家战略决策关系更为"紧密"有关。三者共同对风险决策行为的正向影响程度要高于三者各自的影响,决策心理锚可以解释风险决策行为量变动的43.9%,即决策意志、决策预期、决策能力三个自变量共同对风险决策行为的影响程度或解释程度为43.9%。

同时,决策意志对决策能力有正向影响的假设,决策意志与决策能力对决策预期有正向影响的假设,以及企业情境和时间情境对决策心理锚有影响的假设,都得到了验证。不同性别、年龄、职位、企业性质、企业规模的企业家决策心理锚存在显著差异;不同学历、不同行业、企业成立年限的企业家决策心理锚上是不存在显著性差异的。

总之,通过研究,我们认为决策心理标准是决策选择的依据,直接决定风险行为的产生。企业家决策为"决策心理锚"所锚定,企业家根据决策意志、决策预期和决策能力的整合情况进行决策,企业家心理锚是能够解释甚至可以替代"满意标准"的心理标准,而且这样的理论也的确部分地回答了"马奇问题"。即企业家决策兼顾选择与规则,企业家决策时既考虑对创造性方案进行选择、对机会进行感知判断,也考虑企业使命、企业责任等规则约束;借助于决策心理锚,企业家决策可以因为清晰一致而具有典型性;企业家决策既是一种工具性活动,也是一种解释性活动,企业家根据决策心理锚进行决策,进而制定与阐释企业战略;决策心理锚的视角至少是三维的,有助于从构建个体和社会意义所付出的努力相适应来理解决策;企业家决策不但是自主的、自由的行动,也是与利益相关者、社会、环境相适应的行为。

7.2 研究的不足

(1)样本和数据的局限性。考虑到企业家数据获得的可能性,本研究所涉及的样本没有采用随机抽样的方法,而是采用方便抽样以及委托专业调查机构的方式,这可能在一定程度上影响本研究样本的代表性和实证结果的可靠性。质性研究的样本同样存在数量不够足的缺陷,如果我们收集更多企业家的案例,或许结论会更加可信。未来研究可以采取随机抽样方式,以增加样本的代表性和包容性。可以加大对企业家案例的收集力度,在不同行业、不同规模、不同性质、不同地域、不同成长阶段的企业中采纳企业家样本,尽量全面地描述中国企业家决策心理标准。

(2)虽然企业家决策心理锚的三因素双维度结构被证明是比较有效的、稳定的,但是可能存在更好的结构模型。未来研究,可以进一步将其他因素纳入模型,探寻更加稳定、科学的结构。

（3）数学模型与数学表达力度欠缺。虽然本书是心理学研究视角，理论分析无需借助于数学表达和数学模型，但是未能充分利用统计分析软件的数学模型构建功能毕竟是种遗憾。

（4）世界是普遍联系的，决策意志、决策预期、决策能力与风险决策行为之间，以及成就导向、自控性、信心、机会感知、责任力、创造力之间，它们是相互联系、相互依赖的。但是为了研究的方便，我们并未太多地关注它们之间的双向关系，这简化的模型或许不能真实地反映企业家决策的复杂程度。未来的研究，可以适当关注主要因素之间的相互作用。

附　录

企业家决策问卷

尊敬的先生/女士：

　　您好！首先感谢您作为企业的决策者参与本问卷调查。本调查目的在于研究企业家决策规律，以更好地为您及同事的战略决策提供服务。问卷填写的真实性，将为我们的研究工作带来重大帮助。问卷数据的研究结果并不针对您的企业，我们承诺调研所获信息仅用于学术研究，绝不向第三方提供关于您及企业的任何信息。

　　祝您及企业心想事成，越来越好！

一、个人基本信息

请在正确选项后的括号中打"√"。

您的性别：男（　）　　女（　）

您的年龄：30岁以下（　）　　31~40岁（　）　　41~50岁（　）　　50岁以上（　）

您的学历：大专以下（　）　　大专（　）　　　　本科（　）　　　　硕士及以上（　）

您的职位：总经理及以上（　）　　　总经理（　）　　　副总经理（　）

　　　　　副总经理以下其他高管（　）

二、企业基本情况

请在正确选项后的括号中打上"√"。

企业所属行业	制造业（　）　　金融业（　）　　信息传输、计算机服务和软件业（　） 建筑业（　）　　批发和零售业（　）　　电力、供水、供气业（　） 房地产业（　）　　交通运输、仓储业（　）　　住宿和餐饮业（　） 农林牧渔业（　）　　文化、体育、娱乐业（　）　　其他行业（　）

续表

企业性质	国有企业（　）　　集体企业（　）　　民营企业（　）　　中外合资企业（　） 外商独资企业（　）　　其他（　）
企业规模（员工人数）	200人以下（　）　　201~500人（　）　　501~2000人（　）　　2000人以上（　）
企业成立年限	5年以下（　）　　6~10年（　）　　11~20年（　）　　20年以上（　）

三、问卷主体

请根据您及企业的实际情况，就每个题项的同意程度进行评价，在每题后面的小方格中打√。

完全不同意	不同意	不太同意	一般	比较同意	同意		完全同意	
1	2	3	4	5	6		7	

题号	题　项	1	2	3	4	5	6	7
一、成就导向								
1	我会构想企业使命和愿景							
2	我对与企业使命和愿景有关的决策方案很感兴趣							
3	我愿意努力工作并实现目标							
4	我喜欢并勇于向困难的目标挑战							
5	完成一件有意义的工作我会十分满足和自豪							
6	我喜欢追求卓越业绩							
7	我希望不断超越自己							
8	我希望企业不断超越行业平均水平							
二、自控性								
1	为达到目标，我会排除各种干扰							
2	为完成目标，我会要求有充沛的资源作支撑							
3	一旦确定目标，我会制定明确的工作计划							
4	我的日常工作重点突出							
5	我能够预知将要发生的困难，并采取行动避免困难发生							
6	当我制定计划时，我几乎已经确认如何实施计划							
7	我经常做没有把握的事情							
三、信心								
1	当决定做某事时，我相信自己肯定能做好这件事							
2	通过自己的努力，我能够战胜许多困难							
3	我总是选择一些适合自己能力并富有挑战性的工作							
4	我能够带领团队克服各种工作困难							
5	面临新的挑战时，我常常有种兴奋感							
6	遇到竞争对手的挑战时，我和我团队常常会摩拳擦掌							
7	一项工作如果一开始不顺利，我会很快放弃							
四、机会感知								
1	我能在从未涉足的领域中发现新的商机							

续表

完全不同意	不同意	不太同意	一般	比较同意	同意		完全同意		
1	2	3	4	5	6		7		

题号	题　项	1	2	3	4	5	6	7
2	我常常从别人不看好的投资项目中发现机会							
3	我常发现身边有很多商业机会							
4	当一个投资项目很热时，我会感到其中存在很大风险							
5	我善于从变化的环境中寻找机会							
6	我常常关注中央电视台等重要传媒的新闻报道以捕捉商机							

五、责任力

1	对于自己与团队的工作失误，我会敢于承担责任							
2	企业要为消费者提供优质的商品和服务							
3	我会为下属的成长提供更多的帮助							
4	企业要尽最大努力保护环境							
5	为股东创造价值是我们的第一任务							
6	如果某项决策可能影响其他人利益我会听取相关人士意见							
7	多考虑利益相关者利益的决策方案能够有效防范风险							

六、创造力

1	我经常考虑能够用新的方法发展我的业务							
2	我经常寻找新颖的开拓市场和销售的方法							
3	能把新产品或服务推向市场我感到很自豪							
4	我喜欢尝试不同的方式以达到目标							
5	对付工作困难，我会有更多的解决方案							
6	我常常按照老方法思考问题解决办法							
7	我们为市场提供了有特色的商品和服务							

七、企业情境

1	我们所处的环境具有动态性，在技术、经济和政策等方面变化快							
2	我们所处的环境具有一定的风险性，企业走错一步就可能导致重大损失							
3	由于原有市场的扩张和新市场的出现，企业所处的市场环境变化很大							
4	我们面临紧张的资源和环境压力							
5	企业之间的竞争越来越激烈							
6	与政府保持良好关系，这不重要							
7	利益相关者会对企业的不负责任行为进行抗议与反击							

八、时间情境

1	我相信未来5年我会更有信心做出有效的决策							
2	如果回到5年前，我会把决策工作做得更好							
3	随着年龄的增长，我的决策水平更高了							

续表

完全不同意	不同意	不太同意	一般	比较同意	同意		完全同意	
1	2	3	4	5	6		7	

题号	题　项	1	2	3	4	5	6	7
4	时间紧急时我完全靠直觉决策							
5	时间宽裕时我会注重分析推理以更好决策							
6	把握决策机会很重要							

四、情景案例一

张某，1983年高中毕业后成为一所中学的代课教师。5年后，我国经济持续活跃，他毅然回乡创业，创办了养牛场，梦想成为一名"牛大王"。几年后，虽然与国内的领先企业还有差距，但张总认为未来几年企业完全可能迎头赶上，进入行业前5强，为此企业加大了资金积累，扩大了土地承包规模。

企业的圈养模式虽然经济，但是牛肉质量一般，无法开发高附加值牛肉产品；而且牛容易染病。2010年底以来，食品安全问题频发，消费者对牛肉制品的健康与安全提出了更高的要求。改变肉牛的规模化圈养模式为天然牧养，似乎顺理成章。因为这既满足了消费者的健康与安全需求，也避免来自动物权益保护组织的责难。但是，在天然牧养状态下，牛喜欢打架，牛打架会影响生长发育，也会造成人员受伤，经济损失不小，如何防止牛打架是个老大难的、急需解决的问题。

有天，张总在最新期的养殖业权威杂志中发现，牛是红绿色盲，但可见蓝色的光，而且蓝光能够安抚牛的情绪，使其变得温和，从而大大降低牛打架的可能性。国外一家知名企业给牛佩戴了塑料蓝色眼镜后效果明显，但是眼镜容易损坏。张总考虑是否可以给牛带上一种"蓝色隐形眼镜"。他认为发现了一个很有创意的方案。他向一家知名眼镜公司咨询相关信息。该知名眼镜公司已经在研发针对动物的各种眼镜，在评估技术与成本后，建议成立合资公司，但不做大股东。张总思考了几天，估计了绿色牛肉产品的预期收益，感觉利润可观，有了创立隐形眼镜公司的念头，与眼镜公司约定一个月后进行谈判。于是他召集副手开会，其中1名支持，另3名副总认为这个项目投资存在很大的风险：一是，无法确定牛戴上眼镜后，是否会带来其他意想不到的问题；二是，比较高的牛肉产品价格能否被消费者接受是不确定的。

D1.如果您是张总，您可能创立隐形眼镜公司吗？

完全可能（　）；可能（　）；有点可能（　）；一般（　）；不太可能（　）；
不可能（　）；完全不可能（　）

D2.1个月后，眼镜公司代表到企业谈判，如果您是张总，您会签协议创立隐形眼镜公司吗?

会（　）　　　　　　　不会（　）

五、情景案例二

假设贵企业于2011年兼并了一家民营企业——春辉有限公司，由您出任总经理一职。春辉公司2012年公司盈利4000万元，但市场份额由30%下滑至20%，而主要竞争对手的市场份额由10%增长到25%。经营团队认为形势较为严峻，向您提供三种投资方案:

投资方案1: 期望的市场份额增长40%，需要投入4000万，有50%的成功可能性;

投资方案2: 期望的市场份额增长20%，需要投入2000万，有60%的成功可能性;

投资方案3: 期望的市场份额增长10%，需要投入1000万，有70%的成功可能性;

投资方案1风险较大，您选择的可能性是:

D3.完全可能（　）；可能（　）；有点可能（　）；一般（　）；不太可能（　）；不可能（　）；完全不可能（　）

非常感谢您的支持与帮助!

参考文献

［1］盛宇华，王平.战略决策行为研究［M］.北京：人民出版社，2006.

［2］Powell T C,Lovallo D,Fox C R. Behavioral Strategy［J］. Strategic Management Journal,2011,32（13）:1369-1386.

［3］詹姆斯G. 马奇.决策是如何产生的［M］.北京：机械工业出版社，2007.

［4］西蒙.现代决策理论的基石［M］.北京：北京经济学院出版社，1989.

［5］岳超源.决策理论与方法［M］.北京：科学出版社，2003.

［6］崔西.雷军口述：如何让边缘化金山重回主流［DB/OL］. http://www. iceo. com. cn/, 2013-06-24.

［7］丹·洛瓦洛，丹尼尔·卡内曼.项目投资：为什么总是看走眼？［J］.哈佛商业评论，2003（9）：23，24.

［8］赫伯特A. 西蒙.管理行为［M］.北京：机械工业出版社，2004.

［9］桑特罗克.心理学导论［M］.上海：上海社会科学院出版社，2011.

［10］Frank Knight,Risk.Uncertainty and profit［M］. New York:Houghton Mifflin Co.,1921.

［11］熊彼特.经济发展理论［M］.北京：九州出版社，2007.

［12］Casson M C.the Entrepreneur:An Eeonomic Theory［M］. Oxford:Martin Robertson，1982.

［13］Hambrick D C,Mason P A. Upperechelons:The organization as a reflection of its top managers［J］. Academy of management Review,1984（9）:195-206.

［14］Finkelstein S,Hambrick D. Strategic leadership:Top executives and their effects on organizations［M］. New York:West,1996.

［15］朱振伟，金占明.战略决策过程中程序理性的实证研究［J］.科学学与科学技术管理，2010（3）：113-118.

［16］孟冬妮.企业高层管理者战略决策风险研究［D］.辽宁大学，2011.

［17］冯廷勇.一种不确定情境中决策过程的认知与神经机制研究［D］.西南大学，2007.

［18］Mintzberg H,Raisinhgnai D,Theoret A.The structure of unstructured decision processes［J］.Administrative Science Quarterly,1976（2）:246-275.

［19］诺埃尔·蒂奇，沃伦·本尼斯.决断—成功的领导者怎样做出伟大的决断［M］.北京：中国人民大学出版社，2008.

［20］庄锦英.决策心理学［M］.上海：上海教育出版社，2006.

［21］盛宇华，方志军.管理问题难度的实证研究［J］.经济管理，2006（10）：4-8.

［22］西蒙.管理决策新科学［M］.北京：中国社会科学出版社，1982.

［23］盛宇华.管理决策难度评估模型［J］.经济管理，2002（23）：37，38.

［24］李志，罗章利，张庆林.国内外知名企业家的人格特征研究［J］.重庆大学学报（社会科学版），2008（1）：51-56.

［25］张智光.决策科学与艺术［M］.北京：科学出版社，2006.

［26］贝塔朗菲.一般系统论：基础、发展和应用［M］.林康义，魏宏森，等，译.北京：清华大学出版社，1987.

［27］卡斯特，罗森茨韦克.组织与管理—系统方法与权变方法［M］.北京：中国社会科学出版社，1987.

［28］巴纳德.经理人员的职能［M］.北京：机械工业出版社，2007.

［29］郭立新，陈传明.企业家社会资本、战略决策速度与企业绩效的关系——基于中国企业的实证研究［J］.南京社会科学，2011（10）.

［30］张雄.哲学理性概念与经济性理性概念辨析［J］.江海学刊，1999（6）：81-86.

［31］赫伯特·A.西蒙.西蒙选集（黄涛）［M］.北京：首都经济贸易大学出版社，2002.

［32］西蒙.关于人为事物的科学（修订版）［M］.杨砾译.北京：解放军出版社，1987.

［33］张结海，张玲.现实理性：一个理解经济行为的框架［J］.心理科学进展，2003，11（3）：267-273.

［34］盛宇华.建立行为决策学的几点构想［J］.社会科学家，1989（4）：82-84.

［35］Simon H A. What we know about the creative proeess:frontiers in creative and Innovation management ［M］. Ballinger Publishing Company,1986.

［36］赛尔特，马奇. 企业行为理论 ［M］. 北京：商务印书馆，1963.

［37］波特. 竞争战略 ［M］. 陈小悦译. 北京：华夏出版社，1997.

［38］项保华，李庆华. 企业战略理论综述 ［J］. 经济学动态，2000（7）：70-74.

［39］申荷永. 论勒温心理学中的动力 ［J］. 心理学报，1991（3）：306-312.

［40］Lewin K. Resolving socialconflicts ［M］. Ed. By G. W. Lewin. New York: Harper & Brother Publishers. Pxiv,1948.

［41］刘九林. 当代社会心理学中"勒温传统"的内涵及影响 ［J］. 菏泽学院学报，2005（3）：88-92.

［42］司马贺. 人类的认知—思维的信息加工理论 ［M］. 荆其诚，张厚粲，译. 北京：科学出版社，1986.

［43］王军. 管理决策中的个体认知偏差研究 ［D］. 辽宁大学，2009.

［44］叶浩生. 认知心理学：困境与转向 ［J］. 华东师范大学学报（教育科学版），2010（1）：44-50.

［45］Stogdill R M. Personal factors with leadership:A survey of the literature ［J］. The Journal of Psycholgy，1947（28）：35-71.

［46］MaClellnad D C. Motivational Pattern in Southeast Asia with special reference to the Chinese case ［J］. Journal of social issues,1963,19（1）:6-19.

［47］Atkinson J W. Motivational determinants of risk taking behavior ［J］. Psycholgoical Review,1957,64（3）:359-372.

［48］Dweek C S. Motivational Porcesses affecting learning ［J］. American Psychologist,1986（41）:1041-1048.

［49］杜红. 经理人员成就动机的结构、评价与机制研究 ［D］. 浙江大学，2001.

［50］王沛. 当代领导心理学的理论与研究述评 ［J］. 西北师大学报，2001（3）：86-92.

［51］Bandura A. Social foundation of thoughtand action:A social cognitive theory ［M］. Englewood,Cliffs,NJ:Prentice,Hall,1986.

［52］Fred Luthans,Youssef Carolyn M,Avolio Bruce J. 心理资本 ［M］. 李超平，译. 北京：中国轻工业出版社，2007.

［53］高英. 心理资本对知识型员工工作绩效影响的实证研究 ［D］. 辽宁大学，2011.

［54］ Luthans F,Avey J B,Avolio B J. Psychological capital development:Toward a micro-intervention ［J］. Journal of Organziational Behavior,2006（27）:387-393.

［55］柯江林，孙健敏，李永瑞. 心理资本：本土量表的开发及中西比较 ［J］. 心理学报，2009，9（41）：875-888.

［56］ Allais M. Le comportement de l' homme rationanel devant le risque:Critique des postulats et axioms de l' ecole Americaine ［J］. Econometrica, 1953（21）:503-546.

［57］ Kahneman D,Tversky A. Prospect theory:An analysis of decision under risk ［J］. Econometrica,1979.

［58］ Weinstein. Overconfidence and Market Efficiency with Heterogeneous Agents ［J］. Economic Theory,1996,30（2）:313-336.

［59］ Weinstein,Neil D. Unrealistic Optimism About Future Life Events ［J］. Journal of Personality and Social Psychology,1980（39）:806-820.

［60］ Kunda,Ziv.Motivated Inference:Self-serving Generation and Evaluation of Causal Theories ［J］. Journal of Personality and Social Psychology,1987（53）:636-647.

［61］ Shiller R J. Market Volatility and Investor Behavior ［J］. American Economic Review,1990,80（2）:

［62］ Busenitz L W,Barney J B. Differences between entrepreneurs and managers in large organizations:Biases and heuristics in strategic decision- making ［J］. Journal of Business Venturing,1997,12（1）:9-30.

［63］陈震红，董俊武.中国创业者的风险感知与创业决策——以武汉"中国光谷"的创业者为例 ［J］.当代财经，2007（9）：10-16.

［64］李心丹，王冀宁，傅浩. 中国个体证券投资者交易行为的实证研究 ［J］.经济研究，2002（11）：54-64.

［65］王宁，茅宁.对有限理性个体投资者心理偏差的研究新进展 ［J］.经济理论与经济管理，2005（6）：58-63.

［66］ Anderson N H. A cognitive theory of judgment and decision. In B. Brehmer,H. Jungermann,P. Lurens & G Sevon（Eds.）,New direction in research on decision making. Amsterdam:Elsever,1986.

［67］ Kozielecki J. Psychological decision theory ［J］. Reidel publishing company, 1977.

［68］ Selten R. Aspiration adaptation theory ［J］. Journal of Mathematical Psychology,1998（42）:191-214.

[69] 莱茵哈特·泽尔滕，高雷.有限理性论 [J] .审计与经济研究，2011（1）:3-9.

[70] Li S. A behavioral choice model when computational ability matters [J] .Applied Intelligence,2004,20（2）:147-163.

[71] Li S. Equate to differentiate theory:A coherent bi-choice model across certainty, uncertainty and risk [D] . University of New South Wales,1994.

[72] 刘永芳.快速节俭启发式——基于有限理性和生态理性的简单决策规程 [J] .心理科学，2003（1）: 56-59.

[73] Todd Peter M,Gigerenzer G. Putting Naturalistic Decision Making into the Adaptive Toolbox [J] . Journal of Behavioral Decision Making,2001,14（5）:381-382.

[74] Brandstatter E,Gigerenzer G,Hertwig R.The priority heuristic:Making choices without trade-offs [J] . Psychological Review,2006,113（2）:409-432.

[75] Sarasvathy,S D. Causation and effectuation:Toward a theoretical shift from economic inevitability to entrepreneurial contingency [J] . Academy of Management Review, 2001,26（2）:243-164.

[76] Sarasvathy S. D. Making it happen:Beyond theories of the firm to theories of firm design [J] . Entrepreneurship:Theory & Practice,2004,28（6）:519-532.

[77] 秦剑.基于创业研究视角的效果推理理论及实证研究前沿探析与未来展望 [J] .外国经济与管理，2010（7）: 1-7.

[78] 徐文政，盛宇华.预期组合：将不确定性纳入预期理论的新方法 [J] .南京社会科学，2011（8）: 25-27.

[79] 郭新强，盛宇华.有限理性决策选择性预期形成机制及影响因素分析 [J] .学术论坛，2011（8）: 63-68.

[80] 刘霞，潘晓良.不确定性风险选择的抱负水平—相对效用整合理论 [J] .心理科学，1998（21）: 412-416.

[81] 叶泽方.非确定型决策方法决策目标及决策结果可靠性研究 [J] .管理工程学报，2000（2）: 59-61.

[82] 李广海，陈通.基于有限理性行为决策机理与评价研究 [J] .中国地质大学学报（社会科学版），2007（6）: 30-33.

[83] 唐馨.浅谈实际工作中决策理论"满意准则"的运用 [J] .经营管理者，2009（6）: 280.

［84］ Nandini Rajagopalan,Rasheed Abdul M A,et al. 战略决策过程：批判性回顾与未来研究展望［J］. 管理世界，2012（1）：157-169.

［85］ Papadakis V M,Lioukas S,Chambers D. Strategic decision-making processes: The role of management and context［J］. Strategic Management Journal,1998,19（2）：115-147.

［86］宋继承，潘建伟. 企业战略决策中 SWOT 模型的不足与改进［J］. 中南财经政法大学学报，2010（1）：116-120.

［87］ Tversky A,Kahneman D. Extensional versus intuitive reasoning:The conjunction fallacy in probability judgment［J］. Psychological Review,1983,90（4）:293-315.

［88］ Cooper A C,Woo C Y,Dunkelbcrg W C. Entrcprcncurs' Perceived Chance for success［J］. Journal of Business Venturing,1988,3（2）:97-108.

［89］李怀祖. 决策理论导引［M］. 北京：机械工业出版社，1993.

［90］ Lisa Sayegh,William P,Anthony,et al. Managerial decision-making under crisis: The role of emotion in an intuitive decision process［J］. Human Resource Management Review,2004,14（2）:179-199.

［91］ Velasquez M G,Rostankowski C. Ethics:theory and practice［M］. Englewood Cliffs,NJ:Prentice Hall,1985.

［92］ Jones T M. Ethical Decision Making by Individualsin Organizations:An Issue Contingent Model［J］. Academy of Management Review,1991（160）:366-395.

［93］张坊. 领导者德才素质及岗位匹配研究［D］. 南京师范大学，2005.

［94］谭艳艳，汤湘希. 会计伦理决策影响因素研究—基于计划行为理论的检验［J］. 会计研究，2012（9）：24-32.

［95］甘怡群，张妙清，宛小昂，等. 用中国人个性量表（CPAI）预测国有企业中高层管理者的绩效［J］. 应用心理学，2002（3）：35-39.

［96］ Fishbein M,Ajzen I. Belief,Attitude,Intention an Behavior,an Introduction to theory and research［M］. Mass:Addison-Wesley,1975:11-56.

［97］ Ajzen I,Fishbein M. Understanding Attitudes and Predicting Behavior［M］. Englewood Cliffs:Prentice-Hall,1980:132-201.

［98］ Ajzen I. The theory of planned behavior［J］. Organizational behavior and human decision processes,1991,50（2）:179-211.

［99］ Letcher L,Niehoff B. Psychological capital and wages:A behavioral economic approach［R］. paper submitted to beconsidered for presentation at the Midwest Academy of Management,Minneapolis,M N,2004.

［100］Holyoak K J. Analogical thinking and Human intelligence ［J］. Advances in the Psychology of Hunan Intelligence,1984.

［101］Senge Peter M. The Fifth Discipline:The Art and Practice of the Learning Organization,1990.

［102］姚凯，陈曼.企业家心智模式对企业多元化战略决策的影响［J］.经济理论与经济管理，2009（12）：60-65.

［103］骆志豪，胡金星.高层管理者的心智模式研究［J］.学海，2010（6）：56-59.

［104］Miller D. The correlates of entrepreneurship in three types of firms ［J］. Management Science,1983（29）:770- 791.

［105］Lumpkin G T,Dess G G. Clarifying the entrepreneurial orientation construct and linking it to performance ［J］. Academy of Management Review,1996（21）135-172.

［106］Judge T,Bono J,Llies R,et al. Personality and Leadership:A qualitative and quantitative review ［J］. Journal of Applied Psychology,2002（87）：765-780.

［107］贾良定，唐翌，李宗卉，等.愿景型领导：中国企业家的实证研究及其启示［J］.管理世界，2004（2）：84-96.

［108］刘向东.战略领导特征及其对企业战略选择和绩效影响机制研究［D］.南开大学，2011.

［109］Epley N,Gilovich T. Putting adjustment back in the anchoring and adjustment heuristic:Differential processing of self- generated and experimenter- provided anchors ［J］. Psychological Science,2001（12）:391-396.

［110］李斌，徐富明，王伟，等.锚定效应的种类、影响因素及干预措施［J］.心理科学进展，2010（1）：34-45.

［111］施恩.职业锚：发现你的价值［M］.北京：中国财政经济出版社，2004.

［112］罗珉.企业战略行为研究述评［J］.外国经济与管理，2012（5）：35-44.

［113］刘应宗.决策本质简论［J］.北京理工大学学报，2001（3）：3-9.

［114］Deci E L,Ryan R M. Handbookofself- deter- mination research. Rochester ［M］, NY:University of RochesterPress,2003.

［115］Alchain A A,Demsetz H. Production,Information Costand Economic Organization ［J］. American Economic Review,1972（5）.

［116］杨其静.企业家的企业理论［M］.北京：中国人民大学出版社，2005.

［117］丁栋虹.企业家主导下的企业合约模式研究［J］.中国工业经济，2002
（5）：79-85.

［118］王广亮，张屹山.权力视角下的企业契约分解与变迁［J］.中国工业经
济，2007（10）：87-94.

［119］朱国泓，杜兴强.控制权的来源与本质：拓展、融合及深化［J］.会计研
究，2010（5）：54-62.

［120］林毅夫.自生能力、经济转型与新古典经济学的反思［J］.经济研究，
2002（12）：15-24.

［121］Mises L V. Human action:A treatise on economics ［M］. London:Hodge,
1949：325-326.

［122］托尔.曼动物和人的目的性行为［M］.北京：北京大学出版社，2010.

［123］沙彦飞.基于企业生命周期的企业家社会责任及精神耦合研究［J］.管理
学报，2012（7）：1278-1283.

［124］何大安.行为经济人有限理性的实现程度［J］.中国社会科学，2004
（4）：91-101.

［125］艾瑞里.怪诞行为学［M］.北京：中信出版社，2008.

［126］张国锋，李祖枢.不确定行为选择情绪机制［J］.计算机科学，2011
（5）：252-257.

［127］叶泽方.新的决策准则："满意"与"最优"结合——谈西蒙决策理论在
实际工作中的运用［J］.决策探索，1996（01）：18-19.

［128］王炳书.浅论决策合理性的标准［J］.青海社会科学，1997（4）：55-60.

［129］王垒.人格结构的动态分析［J］.心理学报，1998（4）：409-418.

［130］Bratman M E. Practical intention ［M］. Cambridge,MA:Harvard University
Press,1987.

［131］Brockhaus R H. Risk taking propensity of entrepreneurs ［J］. Academy of
Management Journal,1980（23）：509-520.

［132］周三多，陈传明.管理学［M］.北京：高等教育出版社，2010.

［133］贺小刚，李新春.企业家能力与企业成长：基于中国经验的实证研究
［J］.经济研究，2005（10）：101-111.

［134］Miller G A,Galanter E,Pribram K. H. Plans and the structure of behavior
［M］. New York:Holt,Rinehart,&Winston,1960.

［135］何大安. 理性选择向非理性选择转化的行为分析［J］. 经济研究，2005（8）：73-83.

［136］李新春，宋丽红. 传承意愿、行业潜能与家族控制——基于全国私营企业调查的实证检验［J］. 吉林大学社会科学学报，2013（1）：111-114.

［137］杜晓. 2012年度报告详解企业家犯罪深层原因［N］. 法制日报，2013-01-21.

［138］惠青山. 中国职工心理资本内容结构及其与态度行为变量关系实证研究［D］. 暨南大学，2009.

［139］Warneryd,K-E. Demystifying Rational Expectations Theory through an Economic-Psychological Model. In:Gerrit Antonides,W. Fed van Raaij and Shlomo Maital:Advances in Economic Psychology. John Wiley&Sons Ltd,1997.

［140］Keynes J M. The General Theory of Employment,Interest and Money［M］. London:Macmillan,1936.

［141］Muth J F. Rational Expectations and the Theory of Price Movements［M］. Econometrica,1961.

［142］Gervaisand,Odean. Does Trading Improve Individual Investor Performance［J］. Review of Quantitative Finance and Accounting,2003,22（3）:199-217.

［143］陈刚，谢科范，郭伟. 创业者机会感知、风险感知、风险偏好的机理及量度［J］. 武汉理工大学学报，2009（6）：1-5.

［144］Kirzner I M. Competition and Entrepreneurship［M］. Chicago:The University of Chicago Press,1973.

［145］陈震红. 创业者创业决策的风险行为研究［D］. 武汉理工大学，2004.

［146］Kahneman D,Lovallo D. Timid choices and bold forecasts:A cognitive perspective on risk-taking［J］. Management Science,1994,39（1）:17-31.

［147］Palich,Baghy. Using cognitive theory to explain entrepreneurial risk-taking:Challenging conventional wisdom［J］. Journal of Business Venturing,1995,10（6）,425-438.

［148］Sitkin SB,Pablo AL. Reconceptualizing the determinants of risk behavior［J］.Academy of Management Review,1992,17（1）:9-38.

［149］白云涛，郭菊娥，席酉民. 高层管理团队风险偏好异质性对战略投资决策影响效应的实验研究［J］. 南开管理评论，2007（10）：25-30.

［150］Fiegenbaum A,Tomas H. Attitudes towards risk and the risk-return paradox:

Prospect theory explanations［J］. Academy of Management Journal,1988（31）:85-106.

［151］Sitkin S B,Weingart L R. Determinants of Risky Decision-Making Behavior:A Test of the Mediating Role of Risk Perceptions and Propensity［J］. Academy of Management Journal,1995,38（6）:1573-1592.

［152］李志，李慧.张庆林企业家创新决策能力现状的实证研究［J］.重庆大学学报（社会科学版），2009（1）：42-47.

［153］方志军，盛宇华.企业高管测评模式分析［J］.经济管理，2004（01）：60-62.

［154］刘进，揭筱纹.企业家战略领导能力战略决策机制与企业绩效关系的实证研究［J］.经济经纬，2012（6）：87-92.

［155］Slovic P,Finucane M,Peters E. Rational Actors or Rational Fools:Implications of the Affect Heuristic for Behavioral Economics［J］. Journal of Socio-Economics,2002,31（4）:329-342.

［156］罗珉.企业战略行为研究述评［J］.外国经济与管理，2012（5）：35-44.

［157］穆尔.竞争的衰亡：商业生态系统时代的领导与战略［M］.北京：北京出版社，1999.

［158］Freeman E. Strategic Management. A Stakeholder Approach［M］. Pitman Boston MA,1984.

［159］Trevino L K. Ethical decision making in organizations:A person-situation interactionist model［J］. Academy of Management Review,1986,11（3）:601-617.

［160］欧阳润平，宁亚春.西方企业社会责任战略管理相关研究述评［J］.湖南大学学报，2009（2）：48-52.

［161］Alexander C S,Becker H J. The use of vignettes in survey research［J］. Public Opinion Quarterly,1978（42）:93-104.

［162］McMahon J,Harvey R. An Analysis of the Factor Structure of Jones' Moral Intensity Construct［J］. Business Ethics,2006,64（4）:381-404.

［163］张茉楠，李汉铃.给予人之资源观的企业家创造性决策研究［J］.中国软科学，2005（8）：113-120.

［164］井润田，刘萍.创新决策过程中团队领导的控制模型研究［J］.电子科技大学学报（社科版），2006（5）：40-43.

［165］Riegel K F. Towards a dialectic theory of development［J］. Human Development,1975（18）:50-64.

［166］ Plomin R,Daniels D. Why are children in the same family so different from one another? ［J］. Behavioral and Brain Sciences,1987（10）1-16.

［167］毕研玲, 李纾. 有限理性的 "占优启发式" 和 "齐当别" 决策模型的作为-当 Allais 悖论杠杆撬动了期望效用理论 ［J］. 心理科学进展, 2007, 15（4）: 682-688.

［168］罗宾斯. 组织行为学 ［M］. 北京: 中国人民大学出版社, 1997.

［169］张玉利, 田新, 王瑞. 创业决策: Effectuation 理论及其发展 ［J］. 研究与发展管理, 2011（2）: 48-57.

［170］ Richard O C,Murthi B P S,Ismail K. The Impact of Raecial Diversity on Intermediate and Long- Term Performance:The Moderating Role of Environmental Context ［J］. Strategic Management Joumal,2007（28）:

［171］ Dess G,Beard D. Dimensions of organizational task environments ［J］. Administrative Science Quarterly,1984（29）:52-73.

［172］ HovaKimian A. The role of target leverage in security issues and repurchases ［J］. Journal of Business,2004（77）:1041-1071.

［173］ Lawrence R R,Lorsch J W. Organization and Environment,Boston Harvard University ［J］. Graduate School of Business Administration，1967.

［174］张茉楠. 企业家环境扫描的影响要素及理论框架研究 ［J］. 现代管理科学, 2005（4）: 37-40.

［175］茅宁, 王宁. 有限理性个体投资者行为机理的实证研究 ［J］. 管理科学, 2008（1）: 91-100.

［176］刘东华, 和金生. 企业战略决策动态能力构建—利益相关者方法 ［J］. 经济问题探索, 2011（5）: 85-90.

［177］刘洪. 组织复杂性: 动因、控制与利用 ［J］. 经济管理, 2007（1）: 32-35.

［178］刘洪. 组织复杂性管理研究评述 ［J］. 管理学家（学术版）, 2008（3）: 270-280.

［179］ Vanden Abeele,P:Economic Agents Expectations in a Psychological Perspective. In:Van Raaij,WF., G. Van Veldhoven and K. E. Warneryd（eds.）,Handbook of Economic Psychology,Dordrecht:Kluwer,1988.

［180］谢晓非, 王晓田. 成就动机与机会威胁—认知 ［J］. 心理学报, 2002, 34（2）: 236-239.

［181］谢晓非, 李育辉. 风险情景中机会和威胁认知 ［J］. 心理学报, 2002, 34

（3）：319-326.

［182］Feather N T.Expectations and Actions.Hillsdale,NJ:Lawrence Erlbaum. P63 gy, 1982,14（4）:615-633.

［183］周菲.风险决策中的认知心理学问题［J］.辽宁大学学报：哲社版，1999（4）：24-28.

［184］邱皓政.量化研究与统计分析［M］.重庆：重庆大学出版社，2009.

［185］贺小刚.企业家能力与企业成长：一个能力理论的拓展模型［J］.科技进步与对策，2006（9）：45-49.

［186］张焕勇.企业家能力与企业成长关系研究［D］.复旦大学，2007.

［187］金杨华，吕福新.关系取向与企业家伦理决策——基于"浙商"的实证研究［J］.管理世界，2008（8）：100-106.

［188］凌文辁，方俐洛.心理与行为测量［M］.北京：机械工业出版社，2003.

［189］温忠麟，侯杰泰，马什赫伯特.结构方程模型检验：拟合指数与卡方准则［J］.心理学报，2004，36（2）：186-194.

［190］张平.高层管理团队的异质性与企业绩效的实证研究［J］.管理学报，2007（4）：501-508.

［191］魏立群，王智慧.我国上市公司高管特征与企业绩效的实证研究［J］.南开管理评论，2002（4）：16-22.

［192］古家军，胡蓓.企业TMT特征异质性对战略决策的影响［J］.管理工程学报，2008（3）：30-35.

［193］陈传明，孙俊华.企业家人口背景特征与多元化战略选择——基于中国上市公司面板数据的实证研究［J］.管理世界，2008（05）：124-135.

［194］陈忠卫，常极.高层管理团队异质性理论的研究视角及其比较［J］.统计与决策，2009（3）：173-176.

［195］杨鑫，金占明.从个体特征到企业绩效——战略管理研究路径解析［J］.管理学报，2011（2）：220-225，232.

［196］陈守明，范嘉斯，余光胜.企业家人口背景特征与企业社会绩效的相关性研究［J］.统计与决策，2012（6）：174-177.

致　谢

　　本研究是在导师盛宇华教授的悉心指导下完成的，恩师厚实的学术功底给我以信心，敏锐的学术灵感给我以启迪，首先对盛老师表示真诚的谢意。本研究建立在诺贝尔经济学奖获得者西蒙的理论基础之上，是对他的"满意标准"理论的再解释与修缮。每读一遍西蒙的著作，都会有点"后怕"的感觉，从而削弱了对他的理论进行怀疑的信心。每每在这个时候，才会想起博士面试时刻，盛老师及李晏墅教授反复询问我，读了几本西蒙的著作？一向自认为或努力追求坦诚的我，总是会实事求是地说，读了几本，但是都忘记了。现在想起来，如果当时深度研读西蒙的作品，或许会加速本书的完稿。如果铭记盛老师的要求，或许能够早点从西蒙的思想中汲取智慧与启迪。

　　在迷茫与无力之时，有幸得到了方志军教授、李晏墅教授、潘镇教授、王平教授等"高人指点"与鼓励。忘不了方老师对我的统计分析方法的指导；忘不了李老师的"将'快乐管理'与'快乐读书'"相结合的建议；忘不了潘老师的"不要怕，你一定可以通过的"的鼓励、"内容分析方法比问卷客观，但更难"的忠告；忘不了王老师的对"锚"的评价。

　　作品的顺利完成，同样得到了同学、同事的鼎力支持。从统计软件的技术指导，到行文的遣词造句，他们给了我无私的帮助。他们是陈涛博士、邓子鹃博士、季海菊博士、李建升博士、刘满成博士、徐文政博士、姚震宇博士、张小兵博士、张立博士、朱至文博士。

　　感谢接受我访谈与调查的企业家朋友，尤其是孙长斌先生、孙洋先生。

　　感谢南京师范大学商学院周燕老师、吴军红老师、胡华老师、张新星的关心与鼓励。

作品的最终完成也是在爱人刘爱芹女士、儿子沙博翰、侄子沙博文的支持与"督促"下完成的。

最后感谢范从来教授、刘洪教授、尚庆飞教授、金晓瑜教授、蒋伏心教授、许崇正教授和潘镇教授等学界前辈对作品的批评与指正。

感谢淮阴工学院重点学科——工商管理学科的支持。

谨以此书表达我的深深谢意。

沙彦飞

2014年10月26日

淮安 亿力未来城